U0063842

組織

韌性

如何穿越危機
持續增長？

曹仰鋒　著

ORGANIZATIONAL
RESILIENCE

中華書局　香港管理學院出版社

組織韌性

——如何穿越危機持續增長？

著　　者　曹仰鋒

責任編輯：江　帆　熊玉霜
裝幀設計：高　林
排　　版：陳美連
印　　務：劉漢舉

出　　版　中華書局（新加坡）有限公司
　　　　　新加坡亨德申路 211 號亨德申工業大廈 # 05-04 室
　　　　　電話：(65) 6278 3535 傳真：(65) 6278 6300
　　　　　電郵：info@commercialpress.com.sg
　　　　　網址：http://www.chunghwabook.com.hk

　　　　　香港管理學院出版社
　　　　　香港中環域多利皇后街 9 號中商大廈 6 字樓
　　　　　電話：(852) 2334 8282
　　　　　傳真：(852) 3747 1326
　　　　　電郵：info@hkaom.edu.hk
　　　　　網址：https://www.hkaom.edu.hk

發　　行　香港聯合書刊物流有限公司
　　　　　香港新界荃灣德士古道 220-248 號
　　　　　荃灣工業中心 16 樓
　　　　　電話：(852) 2150 2100 傳真：(852) 2407 3062
　　　　　電子郵件：info@suplogistics.com.hk

印　　刷　美雅印刷製本有限公司
　　　　　香港觀塘榮業街 6 號 海濱工業大廈 4 樓 A 室

版　　次　2021 年 11 月初版
　　　　　© 2021 中華書局（新加坡）有限公司　香港管理學院出版社

規　　格　16 開（240mm×170mm）

ISBN　　978-981-18-2105-9

目　錄

第6章　**精一戰略**

專注最擅長的領域做到極致 ⚬⚬⚬⚬⚬ 125

第7章　**穩健資本**

提高企業的資本韌性 ⚬⚬⚬⚬⚬ 151

第8章　**互惠關係**

戰勝生存危機的基石 ⚬⚬⚬⚬⚬ 177

推薦序一

中國企業需要強大的"組織韌性"

北京大學光華管理學院院長　劉俏

　　在研究者的話語體系裹，中國經濟有兩種呈現形式：一種是反映為 GDP（國內生產總值）規模和增速的中國經濟，目前正經歷着增長速度、動能及模式的巨大變遷；另一種是反映在經濟社會結構層面上的中國經濟——呈現在全要素生產率增速，產業和就業結構，企業的投資資本收益率，收入在政府、企業和個人之間的分配，全球價值鏈定位，研發強度和創新能力等方面。在中國經濟的核心邏輯正發生變化的大背景下，反映在經濟社會結構層面上的經濟能更真實地反映中國的經濟社會發展。我一直認為，研究經濟的微觀基礎——企業，已經成為觀察中國經濟社會結構發展和變遷的一個重要視角。一個國家經濟的韌性很大程度上取決於企業組織的韌性。

　　僅就規模而論，中國企業已經實現了快速崛起——2019 年按營業收入衡量的全球規模最大的 500 家企業暨《財富》全球 500 強企業中已經有 129 家企業來自中國（包括中國台灣和中國香港），中國的全球 500 強企業數量也首次超過美國。然而，在經歷了 40 餘年高速發展後，支撐我國經濟持續高速增長的諸多因素開始逐步弱化。多年高速增長積累的結構性痼疾、外部環境的變化和內生增長動能轉換使得繼續依靠要素投入的傳統增長邏輯受到挑戰。簡單地以要素投入為特點的規模導向型的企業經營模式不再適用於到來的新時代。我們的企業在未來很長一段時間內將不得不面臨各式各樣的 "黑天鵝" "灰犀牛"，企業領導者也將不得不持續地思考，他們所領導的企業怎樣才能穿越危機、保持成長。

　　面對撲面而來的各種挑戰，什麼樣的企業才能交出 "穿越危機持續增長" 的合格答卷？企業怎樣培養價值創造的能力？我很高興地看到，曹仰鋒教授即將付梓的著作《組織韌性》對這個問題做出了極有價值的探索。

　　曹仰鋒現在是光華管理學院的管理實踐教授，一直以來都專注於企業管理實踐和管理研究。他對各類企業的管理實踐，以及如何從中提煉出具有 "一般性意義" 的管理啟示有深度的思考和研究。透過對西南航空、蘋果、微軟、星巴克、京瓷、樂高等企業的分析，曹仰鋒強調 "組織韌性"（organizational resilience）對於成就偉大企業的重要意義。他將組織韌性定義為 "企業在危機中重構組織資源、流程和關係，從危機中快速復原，並利用危機實現逆勢增長的能力"，強調 "（組織韌性）不但能夠幫助企業走出困境，而且能夠推動企業在危機中實現增長"。

　　曹仰鋒在書中通過案例分析描述了西南航空、蘋果、微軟、星巴克、京瓷、樂高等 6 家高韌性企業所遭遇的各種危機，以及它們的應對措施。他聚焦於兩個核心問題：第一，高韌性企業在穿越危機、實現逆勢增長時採取了哪些關鍵措施？第二，是什麼因素塑造了高韌性企業的 "韌性" 能力？基於對這兩個問題的分析，曹仰鋒提出一個完整的理論體系。他在書中提出，組織韌性是包括戰略韌性、資本韌性、關係韌性、領導力韌性和文化韌性在內的能力組合。每一項韌性能力的背後都有一個顯著的驅動因素："精一戰略"

塑造了戰略韌性，"穩健資本" 塑造了資本韌性，"互惠關係" 塑造了關係韌性，"堅韌領導" 塑造了領導力韌性，"至善文化" 塑造了文化韌性。曹仰鋒在書中也對企業和企業領導者如何修煉這五項韌性能力提出了具體的建議。

　　這本書對正處於從規模上的 "大" 向價值創造能力上的 "偉大" 轉型的中國企業有極大的參考價值。儘管中國企業在短時間內實現了規模上的崛起，但是我們的企業在價值創造方面還沒有呈現出令人信服的表現，我們也鮮有具有國際競爭力的品牌，而擁有一大批投資資本收益率高、能夠創造價值、具有國際競爭力的企業是高質量發展的核心要義。如果說中國企業實現規模上的崛起完成的是第一次長征，那麼在中國經濟社會發展進入一個新的階段，急需新的經濟增長邏輯和新的微觀基礎之際，有着更宏偉視野、更具創新精神的中國企業實現從大到偉大的飛躍，堪稱中國企業的第二次長征。

　　如何打造一大批擁有差異化產品或服務及持續創新能力的中國企業？偉大的企業立意高遠，追求為最多人提供最大程度的福祉，堅持不懈地創造價值。在這裏，價值創造不僅僅是為股東創造價值，從而實現股東權益最大化。價值創造也包括為所有的利益相關方（stakeholders）包括僱員、客戶、供貨商、社區等提供長久的福祉。偉大企業不僅展示出市場價值創造的能力，更多展現出的是定義美好的能力和實現美好的願望，是滿足人們對美好生活需求的能力。"膽怯者從未出發，弱者死於路上，剩下我們獨自前行。"（耐克創始人奈特語）前行中的中國企業需要強大的 "組織韌性" 去應對各種能夠想像或是想像不到的來自需求端和供給端的挑戰，去成就偉大。曹仰鋒提出的五項韌性能力為新時代下中國企業順利完成 "從大到偉大" 的轉型提供了價值引領、問題診斷及解決方法。

　　我也想藉此機會談一些關於管理學研究的想法。我從來都認為好的管理學研究的對象，是具有一般意義的重要問題，目的是增進對基礎規律的認知，讓企業和企業領導者不至於在同一個地方反覆跌倒。沒有什麼比一個好的理論更實用。一個毫無一般性的解釋能力，特殊得只能解釋個別現象而無法延伸到其他現象的 "理論"，是不能被稱為理論的；而同樣一個能夠解釋一切現象，在任何情況下都不可能被證偽或者被更好的理論替代的 "理論"，是典型的 "套套邏輯"（tautology），同樣也不能被稱為理論。好的研究，好的理論，基於科學理性的研究範式，它一定發端於實踐，根植於實踐，也將服務於實踐。中國管理研究今天最大的問題，不是範式問題，而是研究 "真問題" 的極度稀缺。

　　曹仰鋒教授的這本專著，用科學的研究範式，研究企業面臨的 "真問題"，並得到具有一般性意義的管理學見解與啟示。我誠摯地向讀者推薦這本書。

2020 年 4 月 21 日於北京頤和園路 5 號

推薦序二

以變制變，剩者為王

海爾集團總裁　周雲傑

人有悲歡離合，月有陰晴圓缺，此事古難全。2020 年初，我們不幸地遭遇了新冠肺炎疫情，這無疑是一個黑天鵝事件，對個體企業，對中國經濟乃至全球經濟的影響是難以想像的。如何做到邱吉爾所言的永遠不要浪費一次好危機帶來的機遇（Never waste a good crisis.），實現化危為機？曹仰鋒教授在《組織韌性》一書中，圍繞構成高韌性企業的韌性能力組合，從戰略韌性、資本韌性、關係韌性、領導力韌性和文化韌性等幾個方面給正在經歷抗疫戰爭的企業以很好的啟示。"黑天鵝"是偶然突發性事件，但企業管理者一定要清楚地認識到，在企業發展過程中，黑天鵝事件的出現是確定的，不確定的是你無法知道它何時出現，以什麼方式出現。因此，需要企業具有管理不確定性的能力，我想這也是曹教授的用心所在。

2 月 29 日，我和曹仰鋒教授一起參加了《中外管理》雜誌社關於"企業戰疫"的公益直播活動，談到了企業應對疫情的短期、中期、長期策略。特別強調了在思維模式層面，不能有"貿易戰加疫情，這是雪上加霜，我們熬不過去了……"的想法。如果有這種想法，企業必死無疑；企業至少要主動迎接冬天的到來，提前準備好棉衣，對企業而言，現金流是至關重要的，好比在森林裏遇到老虎，重要的不是比老虎跑得快，而是要跑贏對手，這就是市場法則，優勝劣汰，剩者為王。當然，最好的思維模式則是，冬天來了，積極做"風雪"的生意。抗擊全球疫情，醫療防疫物資的研發、製造、銷售企業獲得了大量的訂單，在相當長一段時間內，疫苗和 5G（第 5 代移動通信系統）、芯片一樣，會成為醫藥界的行業熱點，科技界的聚焦點，甚至會成為國家的戰略資產。世界各國紛紛出台各種刺激經濟的政策，給企業提供了新的機會，關鍵看哪個企業具有發現機會的眼力和把握機會的能力。

管理"不確定性"是企業的一種競爭力，我個人理解，可從四個方面思考：第一，制定清晰的企業戰略且堅定不移。正如書中所提到的戰略韌性，企業只有堅持精一戰略，在經營過程中才不會為了追求短期利益而放棄企業的戰略初心，做到"將軍趕路，不攆小兔"。第二，企業組織既要有剛性，又要有柔性。以海爾為例，顛覆傳統科層制，轉向以平台加鏈群和小微節點的網狀組織。平台是剛性的，包括強大的中台和穩定的後台，以保證企業聚焦戰略，利用平台做大生態做成大事業；而鏈群和小微節點的組織則是柔性的，就好比水母一樣，每個小微節點不需中樞指揮，可即時對用戶需求做出反應，捕捉市場機會，滿足用戶體驗。第三，構建共創共贏的生態系統。在物聯網時代，產品將被場景替代，行業將被生態覆蓋，企業間的競爭也會演變成生態之間的競爭，因此打造一個利益攸關方共創共贏的生態體系，是可持續發展的關鍵能力。第四，建立與創造價值、傳遞價值相匹配的激勵機制。人是企業最寶貴的財富，員工最需要的不是結果的公平，而是機會的公平，讓每個員工收益與其創造的用戶價值掛鉤，可以激發員工的創造力和使命感，為企業可持續發展創造無限的可能。

　　我很欣賞電視劇《天道》裏的一句台詞："忍是一條線，能是一條線，忍和能之間就是生存空間，忍人所不能忍，能人所不能，你的生存空間就會比別人的大。"對人是如此，對企業又何嘗不是呢？企業在面對各種不確定性時，要有頑強的意志力讓自己活下來，堅持到最後；同時，企業要順應時代，進行數字化的重生，形成有"技術黑科技"和"管理黑科技"支撐的企業"黑海戰略"，穿越危機，實現持續增長。正如《孫子兵法》所云："知彼知己，勝乃不殆，知天知地，勝乃可全。"

　　曹仰鋒教授在《組織韌性》一書中，以學者和企業管理實踐者兩種視野、雙重身份探究企業的組織韌性，對企業應對新冠疫情所帶來的不確定性是很有價值的。

2020 年 4 月 5 日於青島

推薦序三

希望企業家們能早些讀到

中國企業聯合會、中國企業家協會常務副會長兼理事長　朱宏任

一　•

　　2020 年注定要在人類經濟社會發展史上留下重重的印記。就中國來說，一開年，新冠肺炎疫情就來勢洶洶，在湖北武漢肆虐，影響到華夏各地。疫情嚴重威脅着人民群眾的身體健康和生命安全，極大地侵害了經濟社會的正常肌體。依靠上下同心，全民勠力，中國用兩個多月的時間和巨大的代價爭取到防控疫情全面好轉的局面。

　　中國的疫情得到了控制，但新冠肺炎疫情惡魔的影子還在全球遊蕩，急劇上升的疫情感染人數和致死人數，成為壓在各國人民心頭的巨石，令人喘不過氣來。在中國已經奏效的嚴格隔離措施，一度被部分發達國家所睨視，現已成為大多數國家效法的榜樣。疫情失控、難控，人流、物流、資金流的堵塞和中斷，迅速波及經濟的各個層面和社會的每一個角落。

　　全球資本市場經歷了暴風驟雨式的跌宕起伏，各國股市大幅跳水，美國股市 10 天內 4 次熔斷，讓股神巴菲特都連連驚呼：活了 90 年也沒見過這種場面。各國政府不顧邊際效應的遞減這個不爭的事實，先後採取力度空前的救市措施，期盼能夠遏制住混亂中的經濟大衰退，結果如何，人們拭目以待。

　　企業是市場經濟的主體。新冠病毒戕害社會、攪亂市場的直接後果，不僅是對生命的摧殘，而且使眾多企業成為這種情況下受損害最大的對象。如果把這場衝擊經濟最甚的疫情稱作危機，那麼每一位企業家、每一位企業界人士都要直面當下前所未有的重大風險並回答下面這兩個問題：企業該做什麼來應對危機？企業能做什麼來穿越危機？

　　毋庸置疑，疫情面前，企業需要政府強有力的支持以復工復產。無論大企業還是中小微企業，若不能順利地復工復產，企業生存就會成問題，這不僅僅是一個經濟問題，而且是關係到充分就業的社會問題，關係到 "穩就業" 目標實現的問題。政府要做的是，為受傷的經濟肌體，特別是不同規模的企業快速療傷，加大資金注入以控制企業失血，打通堵點接續斷點使供應鏈生產鏈恢復暢通，啟動重大需求添加動力，營造讓企業家恢復信心的市場環境。

　　與此同時，企業自身的努力也必不可少。面對進化史上的每一次巨災，幸存下來並最早復蘇的往往是那些生命力最頑強的個體。幾乎每一家企業從誕生之日起，企業家都會面對浩瀚莫測的市場經濟大海，懷揣着令企業成長壯大的願景，駕駛企業的航船去遠航。但真正能夠成功到達彼岸、滿載而歸的，唯有那些敢於迎擊風浪、不畏艱險戰勝困難的企業家。每一家企業，無論具有什麼樣的底蘊與條件，都要面對並接受各類風險乃至危機的考驗。如果企業家們在遇到危機經受挑戰的過程中，能夠從搏擊風雨、歷經生死、平安歸來的其他企業那裏，獲取寶貴的經驗與教訓，能在危機前後，反思他人和自己的傷痛，為防範風險危機設置多重保險，都可以説是獲取了難得的財富。這也是我向企業家們推薦這本書的初衷。

二

　　曹仰鋒教授在企業管理領域矢志耕耘，在多本專著中都論及企業管理的歷史以及信息時代管理學的最新進展，涉及管理變革的各個方面。而此次奉獻給讀者特別是企業家的新作則有着特殊的意義。因為我們知道，在激戰過程中，再也沒有什麼比及時送到的武器彈藥和補充給養為一線浴血奮戰的戰士所需要了。曹仰鋒教授的《組織韌性》不僅為企業闡釋了加強組織體系重構以提升企業風險管理、危機管理之道，而且在企業抗擊疫情、戰勝危機、恢復正常經營的重要時刻，為企業家送上了精神食糧。

　　曹仰鋒教授將 "組織韌性" 定義為企業在危機中重構組織資源、流程和關係，從危機中快速復原，並利用危機實現逆勢增長的能力；並根據 "組織韌性" 的強弱程度，將企業分為四類：脆弱性企業、低韌性企業、中韌性企業和高韌性企業。他指出，只有高韌性企業能夠穿越多次生存危機，從危機中快速復原，走出困境，還能夠利用每一次危機帶來的成長機會，實現在逆境中持續增長。

　　曹仰鋒教授的研究沒有拘泥於理論體系的構建、證明、分析和闡述，而是採取了多案例對比的研究方法，集中選取的對象是大家耳熟能詳的西南航空、蘋果、微軟、星巴克、京瓷、樂高等 6 家分別來自美國、日本和丹麥的著名全球公司，它們共同的特點是發展歷史都在 40 年以上且遭遇過重大危機又成功地走出困境，並獲得持續增長。可以説，這些案例讀起來毫不生澀，企業家的思考、判斷、作風決定了企業的成敗得失。每一個企業的案例不僅生動鮮活，而且脈絡清晰、邏輯嚴密、關係簡潔，高韌性企業的各個特質躍然紙上。

　　曹仰鋒教授將幫助高韌性企業走出危機並獲得持續增長的原因進行了系統梳理，提出了構成組織韌性體系的 5 個維度：戰略、資本、關係、領導力、文化；強調了構成高韌性企業的 5 個核心策略：精一戰略、穩健資本、互惠關係、堅韌領導和至善文化，據此歸納出打造高韌性企業的 17 條關鍵措施。他山之石，可以攻玉。這些在知名企業應對危機、持續增長中得出的認識、措施、經驗教訓與思考，無疑將成為每一位帶着問題閱讀此書的企業家與讀者的可貴借鑒和參照。

三

　　一場大的危機過去之後，作為補償，深刻的反思將會使後來者有可能避免踏入同一條河流。企業家的實踐為學者、研究者提供了不可或缺的案例與舞台。儘管面對新的科技革命和產業變革，藉助信息化手段推動的經濟社會得以以前所難以企及的速度發展，但"黑天鵝""灰犀牛"的影響常常在提醒聲中不期而至。

　　必須看到，在社會、經濟、政治、生態、技術等因素的共同影響下，企業正面臨着越來越大的外部不確定性和內部不穩定性的雙重挑戰。外部不確定性主要來自企業發展環境的變化。受外界種種因素的衝擊，企業把握發展方向、掌控發展戰略的能力受到考驗。如果缺乏創新，不能因變而變、借力生變、主動求變，就可能在快速變化的市場中被無情淘汰。內部不穩定性更多受到企業自身因素的影響。企業組織體系的構建、戰略的制定和掌控、激勵機制的設計和執行、運行狀態的協調和保障、經營安全與風險危機的管控、核心競爭力與人才隊伍的培育、可持續發展目標的推進，無論哪一個內部環節出現問題，都可能破壞企業穩健發展的平衡與節奏，造成挫折甚至災難。

　　應對企業內外部挑戰的有效舉措，可以從不同方面、用多種方式加以描述，但都可以歸結到技術創新與管理創新兩個方面。相對於容易將注意力集中到技術創新領域而言，企業家在提升企業自身內功的管理創新上不應有須臾的忽視與放鬆。應該看到，在新背景下，企業管理機制正從集中管控轉向授權賦能，從依靠制度、流程管理及紀律約束轉向價值觀管理，從強調分工、分權、分利轉向強調溝通與協作，從權力、指令式驅動轉向願景與大數據驅動，這已成為不可迴避的大趨勢。

企業必須進一步解放思想，對標世界一流企業，充分運用新理念、新技術、新方法和新工具，探索實踐新的管理模式，在全面深化改革中不斷推動管理創新，以一種有效、經濟、智能、綠色的方式調集各種資源，不懼各種危機影響，努力實現企業高質量發展。

曹仰鋒教授的《組織韌性》作為管理學的研究專著，可以為研究者和從事管理專業教學與學習的老師和同學提供參考。但我衷心希望有更多企業家、企業界的相關人士能盡早讀到此書，為應對已經遇到、正在遇到、將要遇到的危機提供一份難得而有益的借鑒。如果曹仰鋒教授在完成"企業可持續成長"系列研究課題的過程中，能夠挖掘整理更多關於具備高韌性特質的中國企業案例，將是一件令人欣喜的事情。我們期待着。

2020 年 4 月 4 日

推薦序四

精一始終 方得長勝

香港浸會大學教授 魏立群

　　我幾乎從不為人寫序，即便是自己的教材出版，前序也很簡短，總是覺得讀者應該按照自己的理解對待作品，通讀也好，選讀也罷，都是讀者的自由。接到仰鋒的電話邀請為他的《組織韌性——如何穿越危機持續增長》一書的繁體版寫序，還是在隔離期間，我毫不猶豫地應承下來。現在看是跟從了直覺的內心回饋——自己是真心覺得這是本好書，值得推薦；也深有體會，有話說。事實上，去年本書簡體版剛剛出版時拿到仰鋒送來的書稿，讀了目錄就感覺是本好書，然後一口氣讀完，意猶未盡。隨即便在自己的課上引用了其中的一些案例和觀點。

　　正值疫情，大量企業遇到了問題，也是考驗企業的時候：當代企業家應該依什麼樣的價值觀發展企業，才能使基業長青？仰鋒通過分析 6 家高韌性企業給出了答案。有人可能覺得舉幾個案例不難，但是有說服力的案例分析並不容易。基於詳實且典型的資料進行單案例細描，同時有多案例的焦點維度比較，推演出共性的結論，這一過程完全體現了仰鋒在案例研究方面的功底，因此其洞察和結論才頗具價值。對於仰鋒的嚴謹，我有例為證。一日接到仰鋒電話向我考證某間公司的績效指標，對其報告所用的指標名稱有些猶疑。

為仰鋒這本書所吸引，首先是有共鳴：承襲文化傳統的中國企業應該是最有耐心"為長久計"的，然而今日的企業多從當下着眼，"只爭一時"的經營心態使得企業越來越脆，離韌性越來越遠。一念之差，就可能丟了主業；更有企業對什麼是自己擅長的領域都無法確認，更談不上做到極致。因此，我相信仰鋒結合大家熟知的企業案例，在嚴謹分析和論證的基礎上提出的"精一戰略"對企業家們啟發很大，不僅能夠幫助大家理解背後的邏輯，同時明白了怎樣做才能實現專一。

同時，對這本書所強調的互惠關係和堅韌領導，我也認為相當重要。我們常說，在當代高度競爭的企業經營環境下，吸引和保留優秀員工是企業競爭力的源泉。然而，怎樣才能真正做到此點？其根本在於員工與企業之間的關係，而真正能保留且不斷吸引人才加入的企業正是那些與員工建立了互惠關係的企業。建立在單向關係基礎上的企業也許可以掙一時，但一定贏不了長久。

也許由於我的研究領域是戰略領導學，對仰鋒將韌性領導與至善文化放在前後兩章更是認同。文化是領導的理念，體現企業領導的價值觀。換句話說，只有領導的價值觀對了，才可能有正確的戰略觀，領導力才能發揮作用。那什麼是價值觀呢？其實它就是一些符合人性的基本理念，簡單到如"患難見真情"這樣的最基本的信條。我相信大家和我一樣，讀這本書一定也能發現，那些越是危機越不裁員的企業之領導人，正是秉持這些最基本的信念。當你把它列為組織的價值觀並踐行，員工自然感念你的不離不棄，對你緊緊跟隨，達到任何留人策略也達不到的境界。

　　從《海爾轉型》一書開始，我便成了仰鋒的忠實讀者，為此"破戒"寫序，也為其案牘勞形的精神所感動。仰鋒是一位高產作家，但他的書都是自己深思熟慮，廣泛搜集資料、嚴謹考證創作而成，有新意，有深度，對企業家以及學者、讀者都有啟發，的的確確實現了服務當代企業發展的目標。最後一句話總結，正如這本書所強調的精一深耕精神，亦如作者一貫的努力，也算是寄語所有奮鬥中的中國企業家們：慎終如始，則無敗事。

2021 年 8 月 9 日於香港白石角科學園

高韌性，高成長，高價值
（代自序）

　　2021 年，全球經濟在新冠肺炎疫情的衝擊下面臨嚴峻的挑戰，經濟發展的動盪性也給企業的增長帶來了極大的不確定性。在全球經濟邁入大變局的背景下，許多企業的生存與發展正在面臨嚴峻考驗。在這次巨大的危機中，沒有一個人是局外人，沒有一家企業能獨善其身。當危機來臨的時候，我們無法選擇恐懼和退縮，對危機的恐懼只會加重危機帶來的傷害。直面危機、迎難而上是每一個管理者的唯一選擇。

　　"永遠不要浪費一次危機帶來的機遇"（Never waste a good crisis），邱吉爾的這句名言總能夠給那些身處危機中的人們帶來無窮的希望和力量。但是，極少有人會鼓掌歡迎危機的到來，因為危機常常伴隨着災難和危險。邱吉爾領悟到一個深刻的道理：危機中蘊含着 "機會的種子"。但前提是，企業首先必須在危機中活下來，才能抓住未來成長的機會。危機給許多人、許多企業帶來的是災難，而不是機會！

　　衰落的底點也是繁榮的起點。要想在危機中實現從 "衰退" 到 "繁榮" 的涅槃，要想在危機中獲得持續增長，就需要深入了解卓越企業成功穿越危機的原則和策略。從那些具有數十年，甚至上百年發展歷史的企業來看，活得越久，經歷的危機越多，也正是在危機的一次次錘煉和磨難之中，企業不斷從衰落走向繁榮，從平庸走向卓越。

在過去的十幾年，我一直專注於研究企業的戰略轉型與組織變革，研究的核心問題是企業如何在不確定的環境中進行戰略轉型和商業模式創新？企業如何利用組織變革獲得持續增長？本書是我關於"企業可持續成長"系列研究課題的一部分，我對企業如何實現"U 型復蘇"深感興趣，我想探究企業從衰落走向繁榮背後的機制。

在具體的研究問題上，我選擇研究"組織韌性"對企業可持續性增長的影響。我將"組織韌性"（Organizational Resilience）定義為企業在危機中重構組織資源、流程和關係，從危機中快速復原，並利用危機實現逆勢增長的能力。"韌性"是與"脆性"相對而言的。當一個企業擁有的"組織韌性"越強，越有助於企業快速從危機中復原並獲得持續增長。反之，如果一個企業的組織能力"越脆弱"，就會導致其在危機中越陷越深，最終被危機吞噬。

本書聚焦於問答兩個問題：是什麼措施讓高韌性企業走出危機並獲得持續增長？是什麼因素塑造了高韌性企業的組織韌性？

為了回答以上兩個問題，探尋高韌性企業（HREs, High Resilient Enterprises）穿越危機、逆勢增長的能力，我採用多案例對比的研究方法，在案例選擇上設定了兩個基本標準：公司發展歷史在 40 年以上；公司遭遇過重大危機，且成功地走出危機困境，並獲得了持續增長。最終，我選擇了西南航空、蘋果、微軟、星巴克、京瓷、樂高等 6 家分別來自美國、日本和丹麥的高韌性企業進行深入研究。這 6 家企業都擁有超過 40 年的發展歷史，最年長的公司是丹麥的樂高，它成立於 1932 年，已經有 89 年歷史了；最年輕的是成立於 1976 年的蘋果公司，至今也已經 45 年。這 6 家企業的平均歷史為 57 年，毫無疑問，這 6 家公司在過去幾十年的時間裏都經歷了多次生存危機，但它們都不僅頑強地活了下來，而且充分利用危機所帶來的機遇，實現了逆勢增長。

當然，這 6 家高韌性企業在成長過程中所遭遇的危機不盡相同，有的危機來自外部劇變的環境，有的危機源於內部戰略的迷失，但不管如何，這些高韌性企業的領導者們在危機中所遭遇的"拷問"和"磨難"遠遠超出局外人的想像，危機中的每一項重大決策都會陷入兩難境地，就像是在高空中走鋼絲一樣，稍有不慎就會跌落下來。

從這 6 家高韌性企業（HREs）的實踐經驗來看，領導者打造高韌性企業需要"系統思考"，需要在戰略、資本、關係、領導力、文化等五個方面制定相互匹配、相互協同的措施。通過對這 6 家高韌性企業的對比研究，我發現了打造高韌性企業應該堅持的五個核心策略，它們分別是：精一戰略、穩健資本、互惠關係、堅韌領導和至善文化，我將這五個原則稱之為高韌性企業的"五項修煉"，並在此基礎上詮釋了打造高韌性企業的十七條關鍵措施。這五項"修煉"渾然一體，相互影響，不可分割，它們共同塑造了強大的組織韌性。

本書在結構上共分為 11 章。

我在第 1 章簡要地概述了 6 家高韌性企業的發展歷史，以及它們所遭遇的生存危機，在危機中所採取的措施，並解釋了組織韌性的五個維度和影響因素。

從第 2 章到第 5 章，我詳細分析了核心案例西南航空公司在其發展歷史上所遭遇的四次大危機，解讀了西南航空在四次危機中所採取的關鍵措施，讓讀者能夠全場景式地了解企業在危機中所遇到的真實難題，體會在危機中決策的難度，並為帶領自己的企業走出危機尋找靈感和方案。

從第 6 章到第 10 章，我詳細解釋了影響組織韌性的五大因素，即高韌性企業的五項修煉。第 6 章聚焦於精一戰略，第 7 章聚焦於穩健資本，第 8 章聚焦於互惠關係，第 9 章聚焦於堅韌領導，第 10 章聚焦於至善文化。在每一章的具體寫作中，我先剖析核心案例西南航空，然後，再選擇其他高韌性企業進行對比，這既可以讓讀者能夠從單一案例中深度了解組織韌性的形成機制，又能夠從廣度上了解組織韌性的影響因素。

當下，企業面臨的經營環境越來越複雜，不確定性越來越大。自然災害、顛覆性技術、突發的事件等等，都可能會對企業的正常運營產生致命的危機。在動盪的環境中，企業領導者需要從戰略的高度思考如何塑造組織的韌性，打造高韌性企業，唯有如此，企業才能夠從危機中適應、復原、超越，並獲得持續增長。

巨大的歷史災難也會帶來巨大的歷史進步，只有在危機中成為"剩者"，才能最終"勝者"。在第 11 章，我給企業領導者們提出了打造高韌性企業的具體實踐建議。

在危機中企業首先要"活下去"，再想辦法活得好，活得久。從西南航空、蘋果、微軟、星巴克、京瓷、樂高等 6 家高韌性企業所提煉出的"五項修煉"具有普適性的意義，企業可以從這些高韌性企業身上學習塑造組織韌性的經驗，也可以從它們所犯過的錯誤中汲取教訓。高韌性企業長期堅持"有備無患"的經營原則，在危機到來之前盡量做好充分準備，正如海爾集團總裁周雲傑所言，要在夏天的時候準備過冬的棉衣。"韌性"這種能力需要長期的投資才能逐步積累和沉澱下來，才能夠形成公司抵禦危機的核心力量。

當下，這 6 家高韌性企業也正在遭受史無前例的挑戰。比如，所有的航空公司都在面臨"飛行史上最嚴重的危機"，西南航空正在面臨着第五次危機，它正在利用自己的組織韌性採取積極措施應對危機。

組織理論的奠基人、斯坦福大學 James G. March 教授認為，學者寫文章、寫書的一個基本目標是激發讀者想到一些"美麗的、有用的意義"，激發讀者的聯想力和創造力。我也真誠地希望本書的一些觀點、一些措施能夠為企業渡過危機提供一些幫助，能夠激發出領導者走出危機的正能量和創造力。

衷心感謝北京大學光華管理學院院長劉俏教授、海爾集團總裁周雲傑先生、中國企業聯合會、中國企業家協會常務副會長兼理事長朱宏任先生、香港城市大學商學院 Yanni Yan 教授、香港浸會大學工商管理學院魏立群教授在百忙中為本書寫推薦序或評論。

　　感謝聯合出版集團副總裁趙東曉先生的大力引薦和熱情支持，使得本書順利出版。感謝香港管理學院和中華書局相關人員在本書出版過程中的艱辛付出與努力工作。

　　感謝我的太太和女兒長期以來對我寫作的堅定支持和無私的關愛！

　　最後，真心祝願廣大的企業能夠從這次百年不遇的危機中活下來，活得好，活得久。

曹仰鋒

2021 年 8 月 10 日

第 1 章 —— 第 11 章

穿越危機

六家高韌性企業

在動盪時期，企業必須保持精幹有力，必須要既能承受壓力又能迅速行動以抓住機會。……最緊要的是，每一個組織都傾向於避免不愉快，而讓人最不愉快、最不受歡迎的就是把資源向成果集中，因為那總是意味着說 "不"。

——彼得·德魯克

什麼是高韌性企業？

2001年，"9‧11事件"給美國航空業帶來了災難性影響，航空業面臨生死危機。公眾對乘坐飛機的恐懼，再加上恐怖襲擊引起的美國經濟衰退，導致需求下滑，讓整個行業遭受了巨大損失。在恐怖襲擊發生的幾週內，美國幾家大型航空公司取消了20%的航班，並且平均解僱了約16%的員工。2001年至2002年間，美國航空業總體損失高達200億美元。恐怖襲擊還給美國航空公司帶來了深遠的不利影響，一些航空公司被迫持續減少航班，大量裁員，而有些航空公司則被迫出售、關閉或申請破產保護。比如，美國航空（US Airways）以及隨後的聯合航空（United Airlines）相繼申請破產保護。2005年，美國整個航空業虧損100億美元，由於石油價格上漲，達美航空（Delta AirLines）和美西航空（America West Airlines）申請破產保護。從2001年到2005年，5年間美國航空業累計虧損超過400億美元。

然而，在這場危機中，只有一家航空公司，美國西南航空公司（以下簡稱西南航空）在恐怖襲擊發生後以最快的速度實現了正常運營，它也沒有效仿其他公司的減薪和裁員策略，而是喊出了"不裁員、不降薪、顧客無條件退票"的口號。西南航空從危機中快速恢復到正常運營狀態，相對於2000年，其2001年的營業收入並沒有大幅下滑，同比只下降了1.7%。在整個行業大幅虧損的情況下，西南航空在2001年竟然實現了贏利，而且從2001年到2007年保持了連續贏利的紀錄，這一成就在美國航空業中是絕無僅有的。

更令人驚訝的是，西南航空利用其他航空公司減少航線、縮減運力的機會，開闢了新的航線，提高了市場份額，在危機中實現了逆勢增長。

為什麼西南航空有能力從危機中快速復原，走出困境？一些研究者將這種能力解釋為 "組織韌性"，並將其定義為：化解危機帶來的壓力，讓組織快速復原並走出困境的能力。顯然，和其他航空公司相比，西南航空擁有很強的組織韌性。

然而，西南航空不僅走出了危機，而且利用危機實現了擴張，如邱吉爾所言，永遠不要浪費一次好危機帶來的機遇。1971 年至今，西南航空至少經歷了包括 "9·11 事件" 在內的四次大危機，不僅每次都成功走出了危機，而且實現了逆勢增長。也就是說，西南航空所擁有的組織韌性並不僅僅是從危機中復原的能力，更是在危機中持續增長的能力。

本書拓寬了組織韌性的能力邊界，將組織韌性定義為企業在危機中重構組織資源、流程和關係，從危機中快速復原，並利用危機實現逆勢增長的能力。"韌性" 是與 "脆性" 相對而言的，顯然，一家企業擁有的組織韌性越強，越有助於其快速從危機中復原並獲得持續增長。反之，一個企業的組織能力脆弱，就會導致其在危機中越陷越深，最終被危機吞噬。

根據組織韌性的強弱程度，我將企業分為四類：脆弱性企業、低韌性企業、中韌性企業和高韌性企業。對一家脆弱性企業而言，危機帶來的只是災難，脆弱性企業在危機面前不堪一擊；低韌性企業可以抵禦小型危機帶來的衝擊和壓力；中韌性企業可以從大多數的危機中快速復原，走出困境。只有高韌性企業才能夠穿越多次生存危機，不僅能夠快速復原，走出困境，還能夠利用每一次危機帶來的成長機會，實現持續增長。顯然，西南航空公司是一家高韌性企業。

本書聚焦於研究高韌性企業，研究的核心問題有兩個：第一，高韌性企業在戰勝危機、實現逆勢增長時採取了哪些關鍵措施？第二，是什麼因素塑造了高韌性企業的韌性？

　　為了回答以上兩個問題，探尋高韌性企業戰勝危機和逆勢增長的 "獨門絕招"，本書採用多案例對比的研究方法，在案例選擇上設定了兩個基本標準：企業發展歷史在 40 年以上；企業多次遭遇重大危機，且成功地走出危機，並獲得了持續增長。最終，我選擇了西南航空、蘋果、微軟、星巴克、京瓷、樂高等 6 家分別來自美國、日本和丹麥的高韌性企業進行深入研究。這 6 家企業都擁有超過 40 年的發展歷史，最年長的公司是丹麥的樂高，它成立於 1932 年，已經有 88 年歷史了；最年輕的是成立於 1976 年的蘋果公司，至今也已經 44 年了。這 6 家企業的平均發展歷史為 56 年，毫無疑問，這 6 家公司在過去幾十年的時間裏都經歷了多次生存危機，但它們都不僅頑強地活了下來，而且充分利用危機所帶來的機遇，實現了逆勢增長（表 1-1）。

表 1-1　研究案例：6 家高韌性企業

案例企業	所在國家	創立時間	案例類型	案例特徵
西南航空	美國	1971 年	核心案例	經歷的四次大危機：第一次危機（1979—1985），第二次危機（1990—1997），第三次危機（2001—2007），第四次危機（2008—2015）。從 1973 年至 2019 年，持續贏利 47 年
蘋果	美國	1976 年	對比案例	1996 年蘋果瀕臨倒閉，史蒂夫·喬布斯 1997 年回到公司，帶領蘋果戰勝危機，並重塑了蘋果商業模式。蘋果成為第一家市值達到 1 萬億美元的企業

案例企業	所在國家	創立時間	案例類型	案例特徵
微軟	美國	1975 年	對比案例	2014 年微軟在消費端硬件和移動互聯網領域陷入 "戰略困境"，薩提亞·納德拉擔任 CEO（首席執行官），帶領微軟走出轉型危機，重塑商業模式，成為市值達到 1 萬億美元的企業
星巴克	美國	1971 年	對比案例	2008 年星巴克瀕臨倒閉，霍華德·舒爾茨重新擔任 CEO，制訂重塑計劃，帶領星巴克走出危機，並在以後實現了持續增長
京瓷	日本	1959 年	對比案例	京瓷在過去 60 年的時間裏，遭遇了互聯網泡沫、金融危機、大地震等不少危機，稻盛和夫帶領京瓷度過一次次危機，連續贏利 59 年
樂高	丹麥	1932 年	對比案例	從 1997 年開始，樂高陷入了長達 8 年的財務危機，瀕臨破產。2004 年，約根·維格·克努斯托普被聘任為 CEO，制訂了艱難的復興計劃，樂高終於浴火重生

　　進入 2020 年，又一場席捲全球的重大危機不期而至。2020 年 3 月 9 日，道瓊斯工業平均指數下跌超過 2000 點，美股觸發了 23 年以來的首次熔斷[1]，上次熔斷是在 1997 年 10 月 27 日。3 月 10 日，被譽為 "股神" 的巴菲特在接受採訪時表示，是全球新冠肺炎疫情和原油市場的大幅動盪給了資本市場一記重拳。他還調侃地說："如果活得夠久，你什麼都能夠看到。"

　　事實上，僅僅過了兩天，美股在 3 月 12 日再次觸發熔斷，當日道瓊斯指數大跌 2352.6 點，日跌幅達到 9.99%。一週之內，美股兩次觸發熔斷，連續遭遇"黑色星期一"和"黑色星期四"，這在美國資本市場的歷史上也是從來沒有發生過的。更恐怖的是，3月16日，美國股市再次迎來"黑色星期一"，道瓊斯指數大跌約3000點，創美國資本市場歷史上最大單日下跌點數。兩週之內，美股三次觸發熔斷。一時間，美國即將陷入經濟衰退的聲音在全球市場上蔓延開來，全球投資者陷入集體恐慌。

的確，企業活得越久，經歷的危機也就越多。從本書所選擇的6家高韌性企業來看，它們都經歷過多次危機，也正是在危機的一次次錘煉之中，它們從衰落走向繁榮，從平庸走向卓越。

卓越源於磨難，衰落的底點也是繁榮的起點。企業領導者要想從危機中走出困境，要想在危機的"至暗時刻"實現從衰退到繁榮的涅槃，獲得持續增長，就需要持續培育企業的韌性，致力於打造高韌性企業。接下來，就讓我們從西南航空開始，逐一了解這6家高韌性企業如何穿越一次次危機，化險為夷，在逆境中實現可持續增長。

西南航空：在危機中持續贏利 47 年

這是一家在世界商業史上充滿傳奇色彩的公司，也是一家創造了奇跡的公司。

"赫伯，讓我們一起成立一家航空公司吧！"

羅林·金（Rollin W. King）出生於1931年4月10日，他是一個不折不扣的夢想家，從哈佛大學獲得了工商管理碩士（MBA）學位，醉心於做投資顧問。1966 年的一個下午，羅林在一家酒吧裏，拿起桌子上的一張餐巾，在紙上畫了三條線，斜靠在桌子上，向他的老朋友赫伯‧凱萊赫（Herbert D. Kelleher）嘟嘟囔囔地説出了這麼一句話。

赫伯鬆了鬆領帶，微微皺起了眉頭，他知道羅林畫出的三條線代表的是三條航線。"羅林，你瘋了嗎？"但，過了一小會，他笑了起來，對羅林説，"好啊，讓我們開始吧！"[2]

西南航空的歷史最早可以追溯到 1967 年，由羅林‧金和赫伯‧凱萊赫共同創辦，總部設在得克薩斯州的達拉斯。赫伯‧凱萊赫在回憶中説，他之所以答應羅林去做一家航空公司，是因為在當時這是幾乎不可能的事情。赫伯‧凱萊赫是一個不服輸的人，喜歡接受挑戰。後來，"永不服輸，挑戰不可能"成為西南航空的企業精神。

由於航線審批問題遲遲未能解決，西南航空直到 1971 年才開始正式運營業務。1971 年 6 月 18 日，"空中巴士"從達拉斯的愛田機場起飛，西南航空三架波音 737-200 噴氣式飛機正式投入運營，航線限定在得克薩斯州的三個城市：達拉斯、休斯敦、聖安東尼奧，也就是羅林‧金在餐巾紙上畫出的三條線。航班的安排是非常密集的，從達拉斯到休斯敦每一小時有一個航班，從達拉斯到聖安東尼奧每兩個小時有一個航班。同年 10 月 1 日，第四架波音 737-200 開始投入運營。

西南航空的定位是"空中巴士"，乘客以那些在其他城市上班的商務人士為主，主要是方便這些人到另外一個城市工作。從 1971 年 6 月 18 日到 12 月 31 日，西南航空在開業的第一年實際上正常運營了半年時間，但卻取得了不俗的成績。既定航班的起飛率達到 99%，而且航班非常準時，97% 的航班都在設定時間 5 分鐘之內完成起飛，這在當時的航空業是絕無僅有的。另外，西南航空的市場份額不斷擴大，在從達拉斯到休斯敦的這條航線上，它的市場份額達到了 37%，而其主要競爭對手的市場份額則從 75% 下降到 46%。[3]

西南航空的撒手鐧是"低票價"，在 1972 年 7 月，達拉斯到休斯敦的單程票價是 26 美元，往返雙程票價是 50 美元，這比競爭對手的票價低 4~6 美元。而到了同年的 10 月 30 日，西南航空將單程票價進一步下調到 20 美元，而週末的機票更便宜，單程票價為 13 美元（雙程 26 美元），這進一步擠壓了競爭對手的市場空間，它的市場份額很快增加到 53%，客座率達到 37.5%。

和當時的其他航空公司相比，西南航空的服務顯得非常"另類"，服務項目少，採用即時售票，不給顧客預留座位。雖然提供的硬件服務很簡單，但是，西南航空卻非常注重提供獨特的服務體驗。從 1971 年開始，公司就把"關愛顧客"確定為服務的核心主題，尤其是那些穿着"熱褲和長靴"的空姐更是吸引了不少乘客的眼球。

在創業之初，西南航空的"老師"是遠在加州聖迭戈的太平洋西南航空公司（Pacific Southwest Airlines，以下簡稱 PSA），當時，PSA 是美國一家知名的廉價航空公司，且因給顧客帶來快樂的服務而深受喜愛。西南航空的創始人赫伯·凱萊赫決定完全複製 PSA 的模式，他系統研究學習了 PSA 的運營模式和服務模式。時任總裁拉瑪爾·繆斯還帶隊到 PSA 參觀交流，並受到了 PSA 管理團隊的熱烈歡迎，他們毫無保留地傳授 PSA 的運營經驗，並贈給拉馬爾·繆斯一套完整的運營手冊。"西南航空完全複製了 PSA，簡直可以說就是 PSA 的一個複印件。"拉馬爾·繆斯在接受採訪時，從不掩飾西南航空早期對 PSA 的複製。但是，令人意想不到的是，西南航空這位"學生"的成績遠遠超過了"老師"，最終成為世界最大的廉價航空公司，而 PSA 卻於 1987 年被全美航空公司併購。

從 1972 年到 2019 年，西南航空遭遇了許多挑戰，經歷了多次生存危機，比如 1979 年的石油危機、1982—1983 年的經濟危機、1990—1994 年的經濟危機、2001 年的"9·11 事件"、2008 年的金融危機、2019 年的波音 737MAX 事件等，這些危機都給西南航空帶來重大的生死考驗。當然，還有當下正在遭遇的由新冠肺炎疫情引發的生存危機。

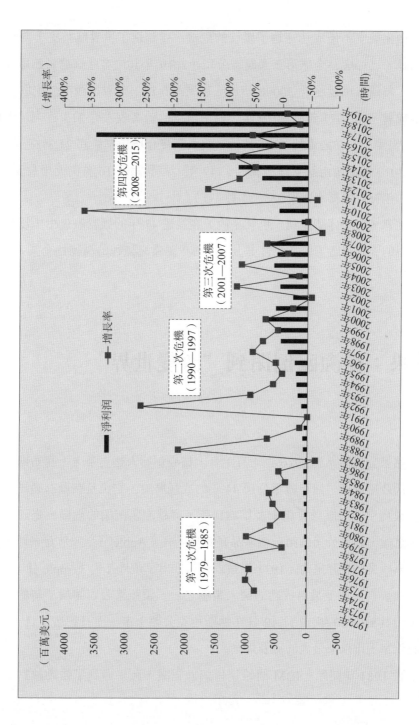

圖 1-1　西南航空公司淨利潤與增長率（1972—2019）

西南航空不僅成功穿越了過往的危機，還創造了世界航空史上前無古人的紀錄，已經成為全球第三大航空公司。2019 年其旅客運輸總量超過 1.6 億人次，每週航班量將近 30000 班次。從業績指標上來看，西南航空取得了驕人的成就。從 1971 年到 2019 年，西南航空的營業收入從 213 萬美元增長到 224.3 億美元，在過去的 49 年其營業收入年複合增長率達到 21.3%。從 1973 年到 2019 年，西南航空連續贏利了 47 年，淨利潤從 16 萬美元增長至 23 億美元，年複合增長率達到 23%。（圖 1-1）

注意，它是連續贏利，也就是說，在長達 47 年的經營歷史中，沒有一年是虧損的！它創造了企業經營史上的奇跡，是當之無愧的高韌性企業。

蘋果：從瀕臨倒閉到 "改變世界"

蘋果公司創立於 1976 年 4 月 1 日，核心創始人是史蒂夫·喬布斯和斯蒂夫·沃茲尼亞克。回顧蘋果公司 44 年的成長歷史，它也是在極為動盪的不確定性環境中，經歷過長達十多年的衰落，穿越瀕臨倒閉的危機，走到了全球企業之巔。蘋果公司的第一個產品是蘋果一代（Apple I），是喬布斯等人在一個車庫裏組裝起來的。1977 年蘋果公司推出了蘋果二代（Apple II），這一產品被譽為商業上最為成功的個人電腦之一，讓蘋果公司開創了新的行業，也助力其於 1980 年 12 月 12 日在納斯達克公開上市，而且創造了自 1956 年福特汽車上市以來最大的募資規模。

從 1981 年開始，IBM 開始銷售個人電腦，蘋果遇到了強勁的對手。為了應對競爭，喬布斯決定投巨資開發麗薩電腦，他希望通過麗薩電腦將圖形用戶界面革命帶到全世界，讓它在“宇宙中留下一個凹痕”。1983 年麗薩電腦上市，這是全球首款將圖形用戶界面和鼠標結合起來的個人電腦，售價高達 9995 美元，但是，這次喬布斯非常不幸，麗薩電腦沒有重塑電腦行業的革命，而是幾乎無人問津，產品一敗塗地。更慘的是在 1985 年，因為在麥金塔電腦（Mac）項目上投下的巨大賭注，喬布斯遭蘋果公司董事會解僱，被迫離開公司。

從 1986 年至 1996 年，是蘋果公司衰落的十餘年，其電腦產品主要聚焦在桌面出版與教育等細分市場上，沒有開發出革命性的產品，產品線也很混亂，和微軟公司因知識產權打了近 8 年的官司，在個人電腦市場上，份額從 20% 跌落到 5%。1997 年，蘋果公司虧損高達 10.4 億美元。

1997 年，喬布斯重新回到蘋果公司並出任 CEO。喬布斯重塑蘋果公司的第一個關鍵策略就是結束了與微軟長達 10 年的版權和專利爭鬥，兩家公司重新建立戰略夥伴關係。喬布斯的激情回歸，再加上與微軟的合作，給蘋果打了一針強心劑。1997 年 8 月，在 Macworld 大會當天的交易日結束時，蘋果公司股票收盤於 26.31 美元，當日漲幅高達 33%，這一天的暴漲給蘋果公司的市值增加了 8.3 億美元，喬布斯將蘋果公司從死亡線上拉了回來。[4]

喬布斯拯救蘋果公司的第二個策略是“專注做極致的產品”，他認為蘋果公司已經忘記了如何真正地做好最基本的東西，要想起死回生就需要“努力回到好產品、好營銷和好分銷這些最基本的東西”。喬布斯開始大刀闊斧地砍掉不同的型號和產品，精簡產品線，他設計了一個四方格的產品矩陣，橫軸是消費級和專業級，縱軸是台式和便攜式，喬布斯認為蘋果公司只需要做四個偉大的產品，每個方格一個產品，把每一款產品都變成世界級的產品。1998 財年，蘋果公司終於止虧為盈，實現了 3.09 億美元的盈利。[5]

從 2001 年開始，蘋果公司的發展進入了快車道，基於“數字中樞”戰

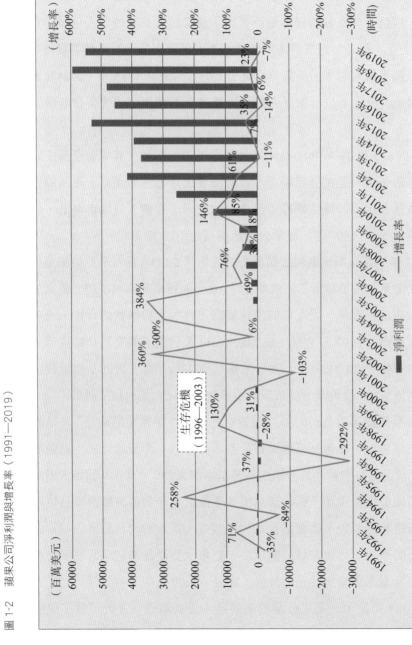

圖 1-2　蘋果公司淨利潤與增長率（1991—2019）

略，蘋果公司將戰略的目標調整為“塑造用戶數字生活方式”。蘋果將數字多媒體播放器 iPod 和音樂應用平台 iTunes 連接起來，開創了“硬件＋軟件＋服務”的平台生態商業模式。基於同樣的商業模式邏輯，蘋果於 2007 年推出了智能手機 iPhone，並將其與蘋果應用程序商店 App Store 連接起來。蘋果公司逐步轉型為連接用戶“數字生活”的平台生態企業。

2018 年 8 月，蘋果公司成為資本市場歷史上第一家市值突破 10000 億美元的企業，它的軟硬件一體化的生態戰略功不可沒。蘋果公司將 iPod、iPhone、iPad（蘋果平板電腦）、Apple Watch（蘋果手錶）等世界級硬件產品和 iTunes、App Store 等軟件服務平台連接起來，通過硬件產品帶動內容消費，獲得了生態收益。

圖 1-2 展示了蘋果公司自 1991 年以來的淨利潤及其增長率。1991 年，蘋果公司淨利潤為 3.1 億美元；2019 財年，蘋果公司淨利潤達到 553 億美元。從 1991 年到 2019 年，蘋果公司淨利潤年複合增長率達到 20.3%，堪稱世界上最賺錢的企業之一。

“活着就是為了改變世界”，這是喬布斯的一句名言。

微軟：在萬物互聯時代重回巔峰

1975 年 4 月 4 日，兩位技術極客，也是兩位好朋友，20 歲的比爾·蓋茨和比他大兩歲的保羅·艾倫，利用編寫 Basic 程序語言賺來的第一桶金，共同創辦了微軟公司（Microsoft），由比爾·蓋茨擔任公司首任 CEO。從 1975

年到今天，微軟公司 45 年發展歷史上共有三任 CEO。2000 年 1 月 13 日，比爾·蓋茨將 CEO 的位置讓給了史蒂夫·鮑爾默，自己擔任公司首席軟件架構師。2014 年 2 月 4 日，47 歲的薩提亞·納德拉成為公司第三任 CEO。

在比爾·蓋茨時代，微軟公司創造了輝煌，奠定了在個人電腦時代操作系統的霸主地位。微軟公司的輝煌源於與 IBM 的結緣，1981 年，IBM 開始銷售個人電腦，同年，微軟公司就從 IBM 獲得了一份大合同，幫助 IBM 開發操作系統。由於時間緊張，微軟公司從一家電腦公司購買了 86-DOS 操作系統，改進並將它改名為 MS-DOS，授權給 IBM 使用，IBM 將其更名為 PC-DOS，而微軟公司因為保留了 MS-DOS 的所有著作權，又可以將其改裝後出售給其他個人電腦廠商。最終，微軟公司不僅成為 IBM 個人電腦操作系統的供應商，還成為其他個人電腦廠商的操作系統供應商，這真是一舉兩得的好事情。[6]

1983 年 11 月，微軟公司開始開發 Windows 操作系統，並於 1985 年秋季發佈了 Windows 1.0。1986 年 3 月 13 日，微軟公司在納斯達克上市，隨後加快了發展步伐，進軍電腦硬件市場，也涉足了遊戲市場。1990 年，微軟公司推出了 Office 辦公系統，並很快在市場上佔據了主導地位。在比爾·蓋茨時代，微軟公司依靠 Windows 操縱系統和 Office 辦公套件兩大產品系列，主宰了整個個人電腦時代的操作系統和辦公系統。從 1992 年到 2000 年，微軟公司獲得了高速發展，贏利能力很強，每年淨利潤連續增長，年增幅在 20%~58%，1992 年淨利潤為 7.1 億美元，2000 年淨利潤高達 94 億美元，而 2000 年蘋果公司的淨利潤只有 7.9 億美元（圖 1-3）。

2000 年，史蒂夫·鮑爾默擔任 CEO，正好趕上了風起雲湧的互聯網時代。移動互聯網的蓬勃興起，智能手機和其他移動設備的出現，逐步改變了計算機產業的競爭格局，尤其是隨着蘋果公司和谷歌公司的逐步壯大，微軟公司的發展受到了嚴峻的挑戰。谷歌公司和蘋果公司都在致力於利用"軟硬

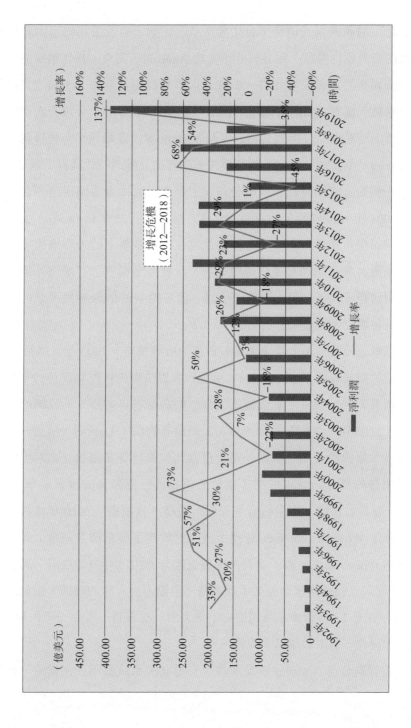

圖 1-3　微軟公司淨利潤及增長率（1992—2019）

一體化"的商業模式構建平台生態系統，比如，谷歌公司不僅開發出了各種各樣的智能硬件產品，而且構建了基於 Android（安卓）操作系統的生態圈；蘋果公司更勝一籌，將硬件、軟件和內容無縫銜接起來，不僅有自己的 iOS 操作系統，還有 iPod、iPhone、iPad、Apple Watch 等世界級智能硬件產品，這些智能終端產品直接與 iTunes、App Store 等內容服務平台連接起來，打造了獨特的"端雲網一體化"商業模式，在移動互聯網時代獲得了競爭優勢。[7]

在移動互聯網時代，微軟公司這家世界級軟件企業顯現出"衰落"的跡象，2001 年、2004 年公司淨利潤分別大幅下滑了 22% 和 18.3%。公司在戰略上也開始變得動搖不定。一方面要保持在軟件產業上的王者地位，另一方面為了應對谷歌公司和蘋果公司的競爭，在戰略上採取了"跟進"策略，鮑爾默試圖通過"軟硬一體化"模式構建一個基於 Windows 操縱系統的生態圈，以對抗谷歌公司和蘋果公司。

微軟公司在戰術上採取了比較激進的收購策略。2007 年，微軟公司以 60 億美元的價格收購了 aQuantive，這是一家提供廣告軟件和服務的企業，其目的是與谷歌公司競爭，加強搜索引擎中的數字廣告業務，但收購的整合並不成功。2008 年，微軟公司以 5 億美元的價格收購了 Danger，這是一家提供移動軟件和服務的企業，微軟公司希望藉此加強自身在移動互聯網上的能力，但併購後的整合同樣不成功。微軟公司投入巨資開發的搜索引擎 Bing（必應），和谷歌相比，市場佔有率很低，業務一直虧損。2010 年 4 月，微軟公司發佈了 Windows Surface 智能手機，但智能手機業務在銷量上無法和蘋果公司的 iPhone 相比。為了提高硬件製造能力，2013 年 9 月 3 日，微軟公司以約 72 億美元收購諾基亞公司手機業務，但還不到一年的時間，微軟公司就於 2014 年 7 月 17 日宣佈了公司歷史上最大的一次裁員，要在一年內削減 1.8 萬個工作崗位，這次收購基本失敗。

在谷歌公司 Android 系統和蘋果公司 iOS 系統的兩面夾擊下，微軟公司在移動操作系統上已經沒有了優勢，而且一連串的併購失誤也讓微軟公司元氣大傷。2012 年，其淨利潤大幅下滑 27%。從 2000 年到 2013 年，微軟公司年度淨利潤從 94 億美元增加到 219 億美元，而同期蘋果公司年度淨利潤從 7.9 億美元增加到 370 億美元，蘋果公司趕超了微軟公司並將其遠遠地甩在了後面。在此期間，微軟公司在資本市場上表現一般，其市值一直在 1000 億至 3000 億美元之間波動。微軟公司對抗谷歌公司和蘋果公司的戰略基本失敗，一時陷入了戰略困境，公司面臨極大的發展危機。

　　2014 年 2 月 4 日，微軟公司任命薩提亞‧納德拉擔任公司 CEO，薩提亞開始了艱難的重塑微軟之路。薩提亞提出了“移動為先”和“雲為先”的雙輪驅動戰略，戰略目標是構建一個以人類體驗為中心的跨設備流動的信息世界。在移動互聯網時代，蘋果公司定義了產品的移動性；在雲計算時代，微軟公司將定義人類體驗的移動性。移動性和雲服務的融合構成了薩提亞重塑微軟的基石。[8]

　　在戰術上，薩提亞採取了聚焦與開放策略。首先，將微軟的核心業務都專注在移動性業務和雲服務上，放棄與此不相關的業務，加強人工智能與雲計算能力。比如，2016 年 5 月，微軟公司以 3.5 億美元將諾基亞手機業務出售給了富士康。2017 年，微軟提出了“人工智能（AI）為先”的戰略。

　　其次，不再與蘋果公司和谷歌公司採取對抗的戰略，不再建立一個基於 Windows 操作系統的生態系統，而是採取開放的態度，與谷歌公司合作，融入 Android 的生態系統。2017 年 10 月，微軟公司宣佈不再銷售或製造新的基於 Windows 10 的移動設備。在 2019 年 10 月 2 日，微軟公司發佈了 Surface Duo 這款智能手機，其操作系統並不是自己的 Windows 系統，而是定製版的谷歌公司 Android 系統。微軟公司之所以選擇 Android 系統，一方面是看上了其龐大的用戶基礎與第三方應用儲備，另一方面也是因為其開源與高度靈活的定製性有利於微軟公司在上面搭建能與 Windows 平台協調一致的應用生態與使用體驗。[9]

從 2014 年到 2019 年，微軟公司逐步走出了危機，尤其以 Azure 為代表的智能雲業務收入快速增長，在 2019 年第四季度首次超過了以傳統 Windows 銷售為代表的個人電腦業務的收入，Azure 雲服務成為驅動微軟成長的新動力。在 2019 財年，Azure 雲服務收入超過 380 億美元，毛利率達到了 63%。

微軟公司錯過了移動互聯網時代的發展機遇，但是抓住了雲計算時代帶來的機會，在薩提亞的帶領下，歷經重生的微軟公司又回到了這個時代的巔峰。2019 年 4 月，微軟公司市值首次突破了 1 萬億美元，2019 年度的淨利潤大幅增長，淨利潤總額高達 390 億美元（圖 1-3）。

星巴克：巨輪駛出困境

星巴克的創業故事頗有些浪漫色彩。生活在西雅圖的作家戈爾登·鮑克酷愛咖啡，但讓他苦惱的是不能在西雅圖買到優質的咖啡豆，只好每個月開車到 140 英里[*]之外的加拿大溫哥華去購買咖啡豆，這讓鮑克疲憊不堪，最終他決定進口咖啡豆，開一家咖啡店。鮑克找到了另外兩位合夥人澤夫·西格爾、傑里·鮑德溫，三人每人投資了 1350 美元，從銀行貸款 5000 美元，共籌集了 9050 美元創業資金。

1971 年 3 月 29 日，世界上第一家星巴克店在西雅圖的派克市場開業

---

[*]　1 英里約為 1.61 千米。——編者注

了，但這家店和現在的星巴克店業務完全不同，只賣咖啡豆，後來也開始銷售一些製作咖啡的小設備。直到 1982 年，星巴克的業務一直都是銷售優質咖啡豆，在西雅圖一共有 5 家店。當年星巴克有一件大事情發生，29 歲的霍華德·舒爾茨（Howard Schultz）8 月份從紐約帶着妻子和愛犬，驅車萬里把家搬到了西雅圖，加盟星巴克，主管星巴克的營銷工作。第二年，舒爾茨前往意大利米蘭出差，強烈地感受到意大利式咖啡館的魅力，回到美國後，竭力勸鮑德溫將星巴克的模式調整為意大利式的咖啡館，直接銷售杯裝咖啡，但是，鮑德溫根本不同意。無奈之下，舒爾茨於 1985 年從星巴克辭職，第二年創立了 "天天咖啡"，到 1987 年時，天天咖啡已經有了 11 家店。同年 6 月，因為鮑德溫要去加州伯克利經營另外一家咖啡店，就把星巴克賣給了舒爾茨，星巴克的命運從此被改寫。[10]

買下了星巴克後，舒爾茨終於有機會按照自己的戰略思路大幹一番了，他決定全部按照意大利式咖啡館的模式重新經營星巴克，目標是在 5 年之內開設 125 家店。星巴克接下來幾年的發展速度遠遠超過了舒爾茨最初的預計，到 1992 年時，星巴克已經擁有了 165 家店，這些店面主要覆蓋美國和加拿大的 8 個城市。1992 年 6 月 26 日，星巴克以每股 17 美元的價格在納斯達克成功上市，不久股價就暴漲到每股 33 美元，從此，星巴克迎來了新的發展階段，並於 1996 年開始了全球化擴張，1999 年進入中國市場。

從 1993 年到 2007 年，星巴克實現了爆炸式增長。舒爾茨將星巴克定位成供人們休閒、交流、商務的 "第三空間"，創造出了獨特的 "星巴克體驗"，1993 年星巴克的店面數量只有 272 家，而到 2007 年就暴增到 15011 家。在此期間，公司的淨利潤也大幅增加，從 1993 年的 800 萬美元增長到 2007 年的 6.73 億美元。

輝煌也會孕育危機。2008 年，席捲全球的金融危機爆發，全球經濟的衰退也給星巴克帶來了致命影響，多年來爆炸式增長所積累下的問題終於開始暴露出來。星巴克開始品嘗快速擴張帶來的苦果，曾經被人津津樂道的“星巴克體驗”在顧客心目中失去了獨特性，產品品質下降，顧客體驗大幅下降。

2008 年 1 月 8 日，董事局主席舒爾茨重新擔任 CEO，開始了一系列優化管理、降低成本、提升品質的變革措施。當年，星巴克淨利潤大幅下滑了 54%，從 2007 年的 6.7 億美元下降到 3.2 億美元。同年 5 月，每股股價也從 2007 年的 35 美元高位跌到每股 16 美元。2008 年，星巴克關閉了 600 家門店，裁員 1.2 萬人，在 2008 年美國公司裁員排行榜上排名第 8 位。2009 年 1 月 28 日，星巴克又宣佈關閉 300 家分店，裁員 6700 人。[11]

從 2008 年開始的這次變革持續了將近 8 年時間，直到 2017 年 4 月，舒爾茨才把 CEO 的位置交給凱文・約翰遜。在這期間，星巴克在 2013 年遭遇了一次巨大的生存危機，由於在與卡夫食品公司的官司中敗訴，星巴克被裁定向卡夫食品公司支付 27.8 億美元的賠款，幸運的是星巴克當年有充足的現金儲備，最終支付了這筆巨額賠償金，剔除賠償金產生的費用，當年的淨利潤是 17.2 億美元。

2016 年和 2017 年，星巴克遭遇了成長危機，市場疲軟，公司盈利幾乎停滯不前。從 2018 年開始，凱文・約翰遜啟動了新一輪的變革和重組。

儘管遭遇了重重危機，星巴克從 1988 年到 2019 年還是取得了輝煌的成績。在這期間，除了創業初期的 1988 年、1989 年分別虧損了 80 萬和 100 萬美元，從 1990 年開始，這家高韌性企業持續贏利 29 年，1990 年淨利潤 100 萬美元，2019 年淨利潤達到 35.9 億美元，淨利潤年複合增長率為 32.6%（圖 1-4）。

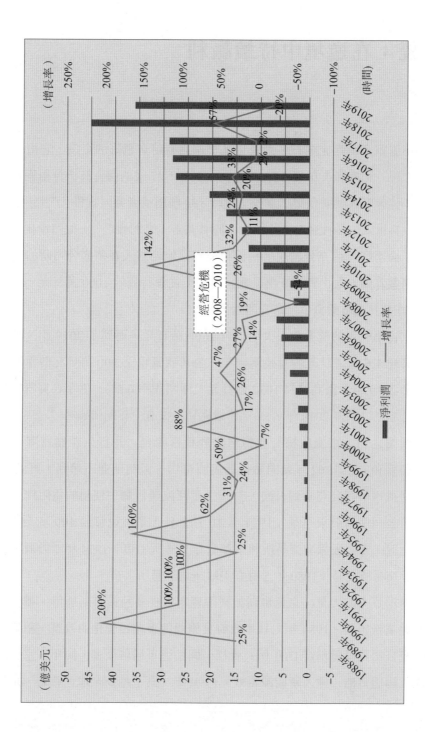

圖 1-4　星巴克淨利潤及增長率（1988—2019）

京瓷：在逆境中持續贏利

　　第五家高韌性企業日本京瓷也是一家具有傳奇色彩的企業，它由"日本經營之聖"稻盛和夫創立。1959 年 4 月 1 日，27 歲的陶瓷技術員稻盛和夫和其他 7 位合夥人共同創辦了京瓷。當時，這些創業者共同宣誓："為了全員的幸福，為世人、為社會，齊心協力，同甘共苦，共同奮鬥"，他們還在宣言上按上了血手印，這充分體現了稻盛和夫與其他合夥人在創立公司時的遠大志向。創業者個人共出資 300 萬日元，再加上從銀行貸的 1000 萬日元，共募集了 1300 萬日元啟動資金，京瓷開始了運營。[12]

　　京瓷第一年的營業收入大約只有 2600 萬日元，而到了 2019 年，其營業收入高達 1.6 萬億日元。營業第一年，公司就實現了 300 萬日元的淨利潤，而到了 2019 年，淨利潤為 1032 億日元，淨利潤率 6.5%。更令人驚訝的是，京瓷自成立以來至 2019 年，59 年連續贏利，沒有一年虧損過。

　　創業之初，京瓷的核心業務聚焦於精密陶瓷，用於生產精密陶瓷零部件。稻盛和夫在 1962 年就開始拓展美國市場，但初期並不順利，直到 1965 年才從得州儀器公司拿到合同，為其生產阿波羅計劃中使用的電阻棒。此後幾年，公司業務發展迅猛，1971 年 10 月 1 日，京瓷以每股 400 日元的價格發行新股，在大阪證券交易所和京都證券交易所上市。1974 年 2 月股票在東京證券交易所交易，1980 年 5 月在美國紐約交易所上市。

　　藉助資本的力量，京瓷也開始從陶瓷零部件業務擴張到通信、辦公設備等其他業務領域。1984 年，日本政府實施通信事業民營化的政策，稻盛和夫以京瓷公司為母體創辦 DDI 株式會社，開始進軍通信產業。同年，京瓷開始生產太陽能電池，進入新能源領域。1990 年，為了推動全球化戰略，京瓷收購美國 AVX 電子零部件製造商，成為提供多種電子零件的綜合電子零部件生產企業。2000 年 1 月 1 日，DDI 與 KDD、IDO 合作成立 KDDI 集團，進入了移動通信業務領域。

2001 年對京瓷來說是具有里程碑意義的一年，當年其營業收入突破了 1 萬億日元，淨利潤達到了 2072 億日元。此後的京瓷，擴張速度加快，2008 年合併了三洋的手機業務，在智能手機領域深耕。

到 2019 年底，京瓷集團主要包含六大核心業務：汽車與工業零部件、半導體零部件、電子元器件、信息通信、辦公文檔解決方案、生活與環保業務等。除生活與環保業務規模尚小之外，其他五個核心業務的規模比較均衡。從 2019 年的 1.6 萬億日元的營業收入佔比來看，第一大業務辦公文檔解決方案業務佔比 23.1%，營業收入達到 3751 億日元；第二大電子元器件業務佔比 22.5%，營業收入達到 3648 億日元（圖 1-5）。

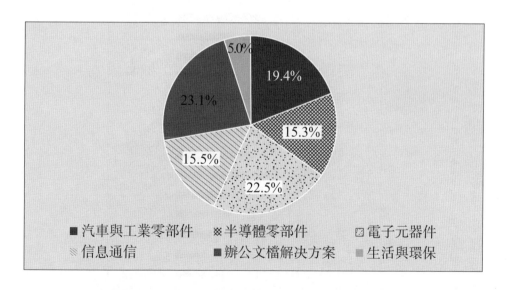

圖 1-5　京瓷六大類業務按營業收入規模佔比（2019）

圖 1-6　京瓷公司營業利潤與增長率（1992—2019）[13]

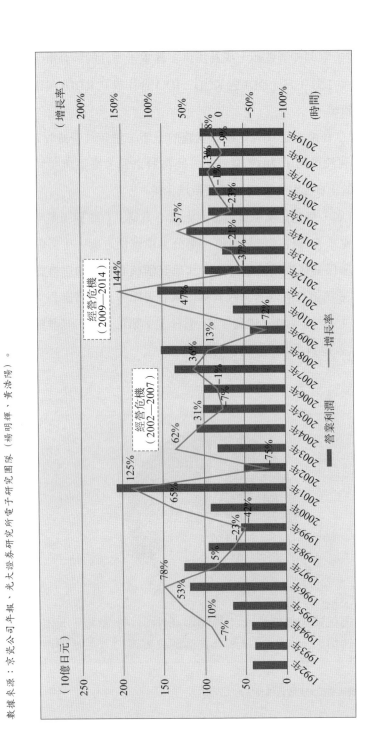

數據來源：京瓷公司年報、光大證券研究所電子研究團隊（楊明輝、黃浩陽）。

京瓷的業務擴張模式非常獨特，依靠稻盛和夫創造的"京瓷哲學"和阿米巴經營模式，不斷吸納一些經營業績不太好的企業加入京瓷。京瓷則利用獨特的經營理念，植入阿米巴經營模式，使得這些業績本來不好的企業走出經營困境，京瓷也藉機進入了不同的產業。

京瓷從 1959 年成立，在過去 60 年的時間裏，遭遇了互聯網泡沫、金融危機、大地震等不少危機，和西南航空相似，京瓷在危機中也堅持不裁員、不減薪的政策，並成功度過多次危機，實現了持續增長。從 1992 年到 2019 年，京瓷淨利潤的增長經歷了多次震盪，一度呈現下滑趨勢，但從創業以來連續贏利 59 年，也充分證明了京瓷這家公司擁有強大的組織韌性（圖 1-6）。

樂高：從危機中浴火重生

第六家高韌性型企業是來自丹麥小城比隆（Billund）的樂高公司，在丹麥備受敬仰，曾經瀕臨倒閉，但最終從危機中浴火重生，成為享譽世界的最大的積木玩具製造商。

樂高的歷史始於 1932 年，創始人是木匠奧勒·科爾克·克里斯蒂安森（Ole Kirk Kristiansen，1891—1958），最初是生產木製玩具。

奧勒的兒子古德弗雷德·科爾克·克里斯蒂安森（Godtfred Kirk Christiansen）從 12 歲開始就和他一起在工作坊工作。奧勒給公司起了一個非常有意境且朗朗上口的名字：樂高（LEGO），這個詞源自丹麥短語"leg godt"，意思是"玩得很好"（play well）。樂高是一家很有理念的企業，早在 1936 年，奧勒就將"只有做到最好才足夠"（Only the best is good enough.）作為經營理念，到 1939 年時，工廠有 10 名員工。1940 年，丹麥被德國佔領，古德弗雷德未能按原計劃去德國學習，便開始和父親一起管理工廠，1957 年，古德弗雷德開始全面管理工廠。1960 年遭遇了一次大火，木製玩具被燒毀，從此他們不再生產木製玩具，只生產塑料積木玩具。1968 年 6 月 7 日，樂高第一家"樂高樂園"在比隆開放，當日吸引了 3000 名遊客。

在整個 20 世紀 70 年代，樂高的發展並不順利，增長緩慢，尤其是國外市場增長停滯不前。1977 年，古德弗雷德的兒子凱爾·科爾克·克里斯蒂安森（Kjeld Kirk Kristiansen）從瑞士回到丹麥後，加入了樂高管理團隊。1979 年，凱爾出任公司 CEO，從此拉開了樂高變革的序幕。

凱爾認為，樂高當時最大的問題是驕傲於自己的技術和產品，這是典型的產品導向，而不是顧客導向，要想走出困境就需要改變認知模式，從孩子和家長們的視角來看玩具的樂趣。凱爾開始了大刀闊斧的改革，將公司的定位從"拼搭玩具"升級為"富有創造力和啟發性的高質量玩具"。根據顧客不同的年齡段進行產品定位，將產品分為各種不同的系列。比如，將德寶（DUPLO）定位成專為嬰童設計的玩具；將拼搭積木玩具命名為樂高，並細分成樂高城市、樂高太空、樂高城堡三個產品系列；此外，針對遊戲和興趣愛好者推出了 XYZ 系列，其中有為女孩設計的裝扮類玩具 Scala 系列。凱爾的變革讓樂高走出危機，在 20 世紀 80 年代取得了巨大成功，開創了樂高歷史上輝煌的 10 年。到 1990 年，樂高擁有 6355 名員工，稅前利潤達到 10 億丹麥克朗。

1991 年到 2000 年，是樂高雄心勃勃快速擴張的 10 年，也是危機重重的 10 年。1996 年，凱爾給樂高制定了新的願景："樂高品牌將在 2005 年成為全世界有孩子的家庭中最受歡迎的玩具品牌。"在這個願景的指引下，樂高於 1997 年確定了四大新業務領域：樂高樂園，為吸引家庭前來遊玩設計的產品；

樂高授權，為兒童生活方式設計的產品；樂高媒體，為兒童設計的媒體產品；樂高教育，為兒童和學校設計的產品。其中樂高樂園業務耗資巨大，樂高的戰略目標是在 2005 年前建設 4 個新的樂高樂園。[14]

　　過度的產品擴張導致核心業務的資源被分散，這給樂高埋下了危機的種子，也導致樂高很快就陷入財務危機。1997 年，樂高的淨利潤從 4.7 億丹麥克朗大幅下滑至 6200 萬丹麥克朗，下滑幅度高達 86.8%。第二年，樂高推出"瘦身計劃"，精簡結構，裁員 1000 多人，但短期措施並未止住盈利下滑，1998 年樂高在其歷史上首次出現虧損，當年虧損達到 1.94 億丹麥克朗。1999年，得益於"星球大戰"系列產品的熱銷，樂高扭虧為盈，淨利潤達到 2.73億丹麥克朗。這次業績上的好轉，實際上並沒有解決公司核心業務的根本問題，但是給了樂高管理團隊一個假象，讓他們以為公司財務走出了困境，這使得高層管理團隊制定了一個更宏大的戰略：在全球開設樂高零售店。這幾年過度的擴張導致樂高在 2000 年虧損擴大到 9.16 億丹麥克朗，高層管理團隊分崩離析，公司陷入絕境。

　　樂高在 20 世紀 90 年代的經營困境，除了由於亞洲經濟危機導致其國際市場銷售下滑之外，更重要的是公司內部的原因，樂高在這幾年醉心於成為"最受歡迎的玩具品牌"這一定位，偏離了積木玩具這一核心業務，有限的資源被分配到其他並不贏利的新業務上，結果導致核心業務資源配置不足，產品競爭力下降，贏利能力變弱。

　　幸運的是，2001 年樂高發佈的"哈利·波特"系列產品在全球熱銷，產品供不應求，這使得其當年實現扭虧為盈，淨利潤達到 4.33 億丹麥克朗，但依靠單一產品帶來的增長輝煌僅僅維持了兩年時間，2003 年、2004 年成為樂高歷史上的"至暗時刻"，樂高分別虧損了 10.72 億、19.31 億丹麥克朗，樂高陷入了最嚴重的生存危機。

　　2004 年 1 月 8 日，首席運營官波爾·普勞曼被解僱，他從 1999 年起一直是實際上的最高管理者，在企業內部承擔了 CEO 的角色。不久，樂高創始人的第三代傳承人凱爾辭去 CEO 職位，年僅 35 歲的高級副總裁約根‧維格‧克努斯托普被聘任為 CEO，他與首席財務官傑斯普‧歐文森成為新管理團隊的核心人物。新管理團隊不久就公佈了走出危機的幾個方案：削減開支、關注核心業務和提高運營效率。新管理團隊意識到，公司為了達到 "在 2005 年成為全世界有孩子的家庭中最受歡迎的玩具品牌" 這一目標，盲目開闢了太多的新業務，包括樂高樂園、品牌零售店、書籍、兒童服飾、手錶、遊戲等。現在，他們要聚焦核心業務，出售非核心業務。樂高將產品分為三類並制定了不同的策略：盈利最高的是 "星球大戰"、"哈利波特" 和 "生化危機" 系列，擴大生產和銷售；盈利中等的是 "樂高城市系列" 和 "樂高機械系列"，加大新產品開發力度；盈利最差的有專為女孩設計的拼裝產品，則停止生產。2005 年，樂高以 4.65 億美元的價格將樂高樂園 70% 的股權出售給了黑石集團。同年，新管理團隊正式啟動 "共同願景" 變革計劃，歷時 7 年，分為三個階段：生存（2004—2005 年）、穩固（2006—2008 年）和增長（2009—2010 年）。[15]

約根和傑斯普走出危機的措施是，優先考慮短期目標，削減開支，暫時把夢想放在一邊，要先從危機中活下來，再談夢想。這些短期措施很有效果，2005 年樂高扭虧為盈，當年贏利 5.05 億丹麥克朗，管理團隊在危機中終於看到了曙光。

接下來，新管理團隊面臨的問題是，如何讓樂高重新回到持續增長的軌道上來。約根需要帶領新團隊找到驅動樂高增長的原動力，他開始思考樂高為什麼存在，什麼是樂高獨一無二的。最終，他和新管理團隊把樂高的品牌願景確定為：系統提供具有創新性、趣味性的高質量玩具來培養未來的建設者，讓他們建造能想像到的和無法想像到的一切。

和 1996 年樂高的願景相比，2005 年提出的這一願景又回到了樂高的核

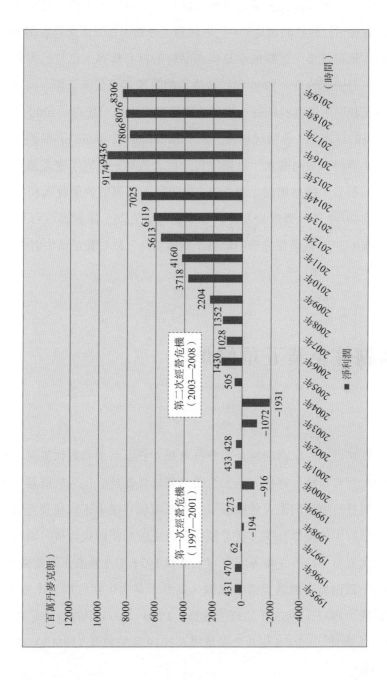

圖 1-7　樂高公司淨利潤與增長率（1995—2019）

心業務上，樂高是高質量玩具商，當然，樂高積木不僅僅是玩具，而且 "積木擁有永恒且絕妙的創意"。約根回到了原點，找到了樂高在創業時所提出的使命：玩得快樂。這四個字是樂高品牌的核心精神，也是公司最基本的驅動力量。但遺憾的是，1996 年以後樂高的管理者卻背離了這一精神，現在，約根不僅找回了樂高的精神，而且他要發揚光大這一使命。2009 年，約根提出了樂高的新理念：發明玩樂的未來（inventing the future of play）。

樂高的 "共同願景" 計劃取得了巨大成功，續寫了商業傳奇，走出了危機，並獲得了持續增長。從 2010 年開始，樂高的營業收入和淨利潤連續增長，到 2019 年，營業收入達到 385 億丹麥克朗，淨利潤達到 83.1 億丹麥克朗（圖 1-7）。樂高在危機中塑造了組織韌性，終於從危機中浴火重生。

高韌性企業五項修煉

我將以上 6 家高韌性企業分為兩類：核心案例和對比案例。我選擇美國西南航空作為核心案例，這家企業的獨特性在於它出生於磨難，也成長於磨難，而且所遭受的重大危機最多。在西南航空還未正式運營之前就遭受了來自競爭對手的殘酷打擊。為了獲得在得克薩斯州的飛行權，西南航空與其他幾家大型航空打了 3 年多的官司，直到 1971 年才獲准正式運營。從 1971 年至今，西南航空遭遇了許多挑戰，經歷了多次生存危機，比如 1979 年的石油危機、1982—1983 年的經濟危機、1990—1994 年的經濟危機、2001 年的 "9・11 事件"、2008 年的金融危機、2019 年的波音 737MAX 事件、2020 年全球肺炎疫情等等，這些危機都給西南航空帶來重大的生死考驗。當然，還有其他數不清的突發事件對西南航空公司的發展帶來了嚴峻的挑戰。

　　蘋果、微軟、星巴克、京瓷、樂高等 5 家高韌性企業作為對比案例，我從每一家公司中選擇一次危機事件進行對比研究。比如，1996 年蘋果公司瀕臨倒閉，喬布斯 1997 年重新執掌蘋果，並帶領蘋果走出這次危機；2014 年，微軟在消費端硬件和移動互聯網領域陷入 “戰略困境”，薩提亞·納德拉擔任 CEO，帶領微軟走出轉型危機；2008 年星巴克瀕臨倒閉，霍華德·舒爾茨重新擔任 CEO，重塑了星巴克；2003 年樂高公司曾經陷入破產危機，新任 CEO 約根·維格·克努德斯托普實施了 “共同願景” 拯救計劃，成功帶領樂高浴火重生。

　　在整個研究過程中，我始終堅持以問題為導向，聚焦於高韌性企業在穿越危機實現逆勢增長時採取了哪些關鍵措施？哪些因素塑造了高韌性企業的 “韌性” 能力？

　　關於第一個研究問題，我採取了兩種方法來識別高韌性企業自成立以來所經歷的生存危機。第一，研究高韌性企業所屬行業的發展和演變，從中識別高韌性企業在其發展里程中所經歷的重大危機事件；第二，全面研究高韌性企業自創業以來的成長史，搜集對高韌性企業發展有重大影響的危機事件。

　　我按照時間順序，從研究高韌性企業的年度報告開始了這項探索工作。在閱讀年度報告時，我尤其關注管理層的工作報告，因為在管理層的工作報告中會闡釋當年遇到的重大危機事件，以及公司所採取的重大戰略或者管理應對措施。當然，我也對比分析了年度報告中的各項核心財務數據，通過分析這些數據，可以全面了解公司在不同時間階段的業績變化。

　　比如，從西南航空歷史上的營業收入、淨利潤與股價等數據的變化趨勢可以看出，西南航空在 49 年的發展歷史中其營業收入、淨利潤和股價都曾出現過多次 “U” 形變化，當有重大危機來臨的時候，公司的業績會暫時下跌，但隨後不久業績重新反彈，進而實現持續增長。

第二，是什麼因素塑造了高韌性企業的 "韌性" 能力？

為了尋找這個問題的答案，我從各種資料源中尋找蛛絲馬跡。除了將公司多年的年度財務報告作為重要的參考資料之外，我還廣泛搜集、查閱了《哈佛商業評論》《商業週刊》《華爾街日報》《經濟學人》等媒體對這 6 家高韌性公司的管理評論、深度報道等文章。當然，已經出版的關於這 6 家高韌性企業的書籍也是重要的參考資料。

高韌性企業每年年報中董事長或 CEO "給投資者的信" 是我分析的重要材料，每封信都對當年公司所面臨的問題，以及所採取的重大措施進行了詳細解釋。尤其是在危機發生的時候，每一封 "給投資者的信" 都會分析公司度過危機的原因。在閱讀這些材料時，我以問題為導向，將和危機有關的事件進行記錄、整理，形成了關鍵證據庫，裏面包含了高韌性在應對生存危機時發生的 200 多個關鍵事件。

我發現，組織韌性成為解釋這些企業為何能成功戰勝危機最為直接的變量，正是由於高韌性企業擁有強大的組織韌性，它們才多次戰勝了生存危機，組織韌性是企業戰勝危機的力量。我的研究結論也從西南航空現任董事長兼 CEO 加里・凱利 (Gary C. Kelly) 那裏得到了驗證，他在 2018 年年度財務報告 "致投資者的信" 中寫道：

> 我非常高興地向各位報告，我們在 2018 年又取得了卓越的業績。我們已經連續 46 年保持了盈利，這是美國航空業中任何一家競爭對手都無法匹敵的。儘管在上半年，我們的業務受到了嚴峻的挑戰，但是，在下半年，我們西南航空公司的全體勇士用他們的剛毅和韌性，團結起來，反敗為勝，最終我們完成了 2018 年既定的戰略目標。[16]

　　經過對高韌性企業案例的分析，我發現組織韌性與企業持續增長之間有着深刻的影響關係（圖 1-8）。

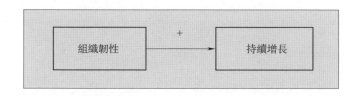

圖 1-8　組織韌性對持續增長的影響

　　在本書中，我將組織韌性定義為在危機中重構組織資源、流程和關係，促使企業在危機中快速復原，並推動企業持續增長的能力。大多數學者認為韌性是一種化解危機帶來的壓力，讓組織快速復原並走出困境的能力。但我在本書中所強調的組織韌性，不僅僅能夠幫助企業走出困境，而且能夠推動企業在危機中實現增長。一個企業擁有的組織韌性越強，越有助於其快速從危機中復原並獲得持續增長。

　　那麼，到底是什麼因素塑造了高韌性企業的韌性呢？我首先把從核心案例西南航空公司搜集來的素材進行了編碼歸類。在這個環節，我和兩名研究助理一起工作，這一步需要將我們從西南航空搜集和整理出來的 50 多個關鍵因素進行歸類，即把相似的因素歸類為一個主題。我們對每一個關鍵因素進行討論後再決定把它放入哪一個主題之中。在此基礎上，形成了韌性能力影響因素的初步模型，然後，將這一模型與其他 5 家高韌性企業進行對比，最終形成了影響韌性的 “五因素模型”，我將其稱為高韌性企業五項修煉。

　　我發現組織韌性不是一項單一的能力，而是一個能力組合。高韌性企業的韌性組合包括戰略韌性、資本韌性、關係韌性、領導力韌性和文化韌性。相應地，我發現高韌性企業每一項韌性能力的背後都有一個顯著的驅動因素。“精一戰略” 塑造了戰略韌性，“穩健資本” 塑造了資本韌性，“互惠關係”

塑造了關係韌性，"堅韌領導" 塑造了領導力韌性，"至善文化" 塑造了文化韌性（圖 1-9）。

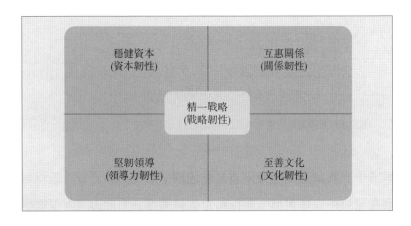

圖 1-9　"組織韌性"的五個維度與影響因素

1. 精一戰略與戰略韌性

　　我把高韌性企業的戰略模式定義為精一戰略。奉行精一戰略的領導者把戰略視為一種平衡的藝術，他們既不激進，也不保守，他們既保持對成長的渴望，又心懷對成長的敬畏。精一戰略要求企業聚焦和專注於核心業務，長期保持戰略的一致性。戰略決定了資源的配置方式，奉行精一戰略的企業將有限的資源配置在核心業務上，不分散精力，致力於把最擅長的業務做到極致，最大化地提高資源的利用效率。高韌性企業的核心特徵之一是成長的穩定性，精一戰略將穩健經營、持續增長視為經營原則，採取內生增長為主、外延擴張為輔的成長模式，追求可持續性增長。

　　戰略韌性並不是僅僅幫助企業應對一次危機，或者從一次挫折中復原，而是幫助企業持續識別、消除那些削弱公司核心業務贏利能力的不利因素，並能防患於未然，在危機來臨之前進行變革。[17]

　　精一戰略塑造了高韌性企業的"戰略韌性"，這樣的企業對外部的環境有敏感的認知，時時刻刻警惕未來的潛在危機，並做出預判，在危機來臨的時候已經做好了充分的準備，唯有如此，企業才能夠在危機中快速復原，實現韌性增長。

　　精一戰略聚焦於高韌性企業的"經營之本"，即使在危機來臨之時，亦不忘記使命，不忘記立身之本。正是得益於對"本"的堅守，對使命的專注，才塑造了組織的戰略韌性，才使得企業渡過一次又一次的危機和難關。

　　2. 穩健資本與資本韌性

　　戰略決定資本，資本影響戰略。企業要想在逆境中獲得持續增長，除了需要具備戰略韌性外，還需要有資本韌性。資本是企業正常經營以及在危機中抵禦風險最重要的資源，它事關企業的生死存亡，因此，公司的資本結構對企業的戰略以及長期價值有決定性的影響。

　　高韌性企業具有很強的資本韌性，這類企業意識到沒有資源的彈性，企業無法在困境中復原，而在所有的彈性資源中，資本是助力企業走出危機最為核心的資源要素。

　　穩健資本塑造了高韌性企業的資本韌性。奉行穩健資本策略的企業長期堅持"現金為王"，認為只有在"好日子"的時候為"壞日子"的到來做好準備，才能夠戰勝"壞日子"帶來的危機。穩健不是保守，而是在激進與保守之間的一種平衡。穩健的資本政策平衡使用債權融資和股權融資兩種模式，資本槓桿水平較低，有能力抵禦各種突發事件的影響，實現持續增長。在這種政策下形成的穩健的資本結構能夠給公司帶來資本韌性，這種韌性平衡了眼前的短期業務與長期的增長業務，在防範經驗風險的同時，也能夠抓住未來的成長機會，從而保持了企業持續增長。

　　奉行穩健資本策略的高韌性企業認為只有提高贏利能力才能夠提高資本的彈性，因此它們追求"利潤最大化"，但不追求"淨利潤率最大化"。它們採取基於顧客價值的市場定價方法，而不是採取基於成本的內部定價方法，謹慎地防止定價過高，導致顧客流失。高韌性企業深知對高利潤率和溢價的頂禮膜拜是一種致命的經營失誤，只有帶來最大的利潤流量總額，企業才能實現最佳績效，這是企業績效精神的本質。

3. 互惠關係與關係韌性

互惠關係是韌性的基石，它塑造了組織的關係韌性，關係韌性是組織韌性的重要組成部分。企業不僅僅需要與員工建立這種互惠關係，還需要與顧客、投資者以及其他生態夥伴建立互惠關係，這種關係越強，關係韌性就越強，越能助力企業抵禦風險和危機。管理的本質是管理利益，高韌性企業將共同富裕視為與員工、顧客、投資者以及其他夥伴之間互惠關係最根本的要素，它們將打造 "利益共同體" 視為長期戰略目標。

共同富裕和成就感、能力的發揮、工作穩定感共同構成了高韌性企業與員工之間互惠關係的基石。在與顧客建立互惠關係方面，高韌性企業認為 "創造獨特的價值" 是企業與顧客互惠關係的基石，創造的價值越能滿足顧客個性化、獨特性的需求，這種關係越牢固，當危機來臨的時候，顧客越不會拋棄企業，甚至會和企業一起共渡難關。在與投資者建立互惠關係時，高韌性企業一方面持續提高價值創造能力，另一方面也在提高分享價值的能力，從而通過 "共同富裕" 將投資者與企業緊緊地聯繫在一起，打造了韌性極強的投資者關係。

4. 堅韌領導與領導力韌性

領導力是一個組織走出危機、持續增長的核心戰略資源。沒有韌性領導力，就沒有高韌性企業，堅韌領導塑造了企業的領導力韌性。

堅韌領導者兼具批判思維和平衡思維，他們意識到過度的自信並不意味着卓越的成就，對不確定性的敬畏使其對未來的增長有更好的判斷能力，他們敏銳地掃描外部的經營環境，評估可能給企業帶來災難的各種不利因素；

堅韌領導者還深知能力不足是企業宏大目標的最大陷阱，善於在戰略目標與
組織能力之間尋求平衡，他們不追求極限增長，克制制定不切實際的目標。
韌性領導者的批判思維和平衡思維儘管不能讓他們準確預知危機的到來，但
這種思維模式會讓企業形成"有備無患"的文化和機制，從而幫助企業在危
機來臨的時候快速復原、逆勢成長。

當企業深陷危機之時，堅韌領導者表現出非凡的感召力和學習力，他
們在危機中沉着冷靜，善於激活組織的集體智慧以幫助企業渡過難關，他們
還善於從失敗中學習經驗，提升企業的適應能力，從而讓企業在逆境中持續
增長。

5. 至善文化與文化韌性

員工的"共同體意識"是組織韌性不可或缺的因素，高韌性的企業常常
塑造兩種共同體意識：利益共同體和命運共同體。利益共同體以利益為基石，
互惠關係塑造了員工的利益共同體意識；命運共同體以情感為基石，至善文
化塑造了員工的命運共同體意識。

命運共同體意識是指組織和員工面對挫折和危機，能夠不離不棄，創
建共享價值與福祉，共同迎接各種危險與挑戰的一種戰略胸襟與責任共擔
意識。[18]

企業文化對員工的精神狀態以及企業的長期績效會產生深遠的影響，至
善文化塑造高韌性企業的文化韌性。高韌性企業的至善文化中包含了"剛
柔相濟"的智慧，既注重塑造員工的勇士精神、拚搏精神、奮鬥精神，又注
重培養"快樂與關愛"的精神。同時，高韌性企業還意識到要想為顧客持續
創造價值，就需要員工對組織有長期的承諾感，而長期承諾感需要"文化一
致性"，只有"一致性"的承諾才有力量。

至善文化是健康而有韌性的文化。第一，至善文化尊重人性，不違背人
的向善本性。至善文化的目標是提升組織中每一個人的生命意義，這是人類

區別於其他動物最根本的行為動機，是人的本性。第二，至善文化還符合企業的本性。作為一家商業性營利機構，為顧客創造價值，為股東帶來財富，為員工提供安全和有意義的工作等，這些都是企業的 "本性"，是必須致力於達成的目標。第三，至善文化的核心是利他。大善利他，利他主義的本質就是犧牲局部利益，成就整體利益。

第 2 章

第一次危機
（1979—1985）

石油危機、經濟衰退與大罷工

你從哪裏獲得原則並不重要，擁有原則、持之以恒地運用原則、不斷改進完善原則才最重要。為了得到有效的原則，擁抱現實並妥善應對現實至關重要。

——瑞・達利歐（Ray Dalio），《原則》作者

遭遇"價格絞殺戰"

1973 年 1 月，剛剛運營還不到兩年的西南航空公司就面臨了一次生死考驗。當時的老牌勁旅泛美航空公司（Braniff International Airways）對西南航空發起了價格絞殺戰，將達拉斯到休斯敦的公務航班機票降到 13 美元。這對西南航空而言，絕對是一次大考，當時西南航空公司的成本價約為 13 美元，從達拉斯到休斯敦的票價是 26 美元。泛美航空的價格策略利用先行者的優勢，將西南航空逼得無利可圖，其目的就是絞殺剛剛起步的西南航空。

西南航空只有背水一戰，發起反擊，他們在當地報紙上刊登了一個整版廣告，用非常大的字體寫道："沒有人可以靠可惡的 13 美元把西南航空從天空擊落。" 在這一標語下面，西南航空用一行小字宣佈了自己的策略，它的策略是讓乘客自己選擇，可以選擇購買 13 美元的機票，也可以選擇購買 26 美元的機票但同時獲贈一瓶威士忌。西南航空的營銷策略成功地阻止了泛美航空的價格絞殺，有 75% 的乘客選擇了購買 26 美元的機票。這一營銷戰略基於對乘客需求的深刻了解，當時的乘客大都是公務旅行者，這部分人乘飛機不用自己花錢買票又可免費得到一瓶威士忌酒，何樂而不為呢。結果西南航空吸引了不少乘客，在這次價格戰中取得了勝利。[1]

西南航空被迫參與的第一次價格戰也使得管理層更加堅定了"低成本、低價格"的策略，並為以後的長期發展奠定了基礎。1973 年是西南航空發展的轉折之年，當年扭虧為盈，淨利潤為 174756 美元，只運營了兩年多時間便實現了贏利，這在航空業中也是罕見的。1974 年，西南航空業務開始起飛，員工人數達到 323 人，運載乘客達到 759721 人次。截至 1974 年底，西南航空在航班上只開闢了達拉斯（DAL）、休斯敦（HOU）和聖安東尼奧（SAT）三個機場的航線。1975 年業務飛得更高，運載乘客突破了 110 萬人次（圖 2-1），淨利潤更是達到了 34 萬美元。1975 年 2 月 11 日，西南航空開闢了到得克薩斯州里奧格蘭德瓦利機場（Rio Grande Valley）的航線，並增加了到哈靈根（Harlingen）機場的航線，第 5 架飛機也正式投入使用。

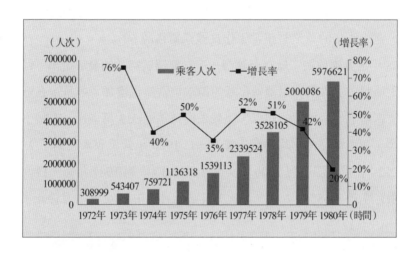

圖 2-1　西南航空 1972—1990 年乘客人次及增長率

在與泛美航空以及其他航空公司的持續競爭中，西南航空逐步強化了自己的競爭戰略：為乘客提供低價格的短程飛行服務。在西南航空 1975 年年報中，管理層對這一戰略構想進行了詳細的闡述：

為什麼西南航空公司能夠從競爭中脫穎而出？答案簡單明了，就是我們的產品價格。……我們認為，在 500 英里以內的短線航班市場上，私家汽車是飛機的最主要競爭對手。……這就需要我們不斷優化產品的成本結構，降低產品價格，讓乘客覺得乘坐飛機比使用私家車更準時、更便宜。……總而言之，只有提供有吸引力的產品、有競爭力的價格，才能夠取勝。[2]

在低價策略的指引下，西南航空採用了兩套票價體系，一是工作日時間的票價體系，這部分顧客主要是到異地城市上班或者出差的商務人士；二是非工作日時間的票價，非工作日的航班是指週一至週五每天晚上 7 點以後以及週末的航班，這部分顧客主要是外出休假、旅遊的人。兩套機票的價格體系不同，非工作日的票價是正常工作日機票價格的 60%。

1978 年，美國放鬆了航空業管制，這為整個航空業的發展帶來了巨大的機會，極大地刺激了人們利用飛機出行的需求，當然也增加了競爭，在這一年，西南航空新增了 5 個城市的航線，運載乘客到了近 353 萬人次。在接下來的幾年時間裏，西南航空的市場份額不斷攀升，1980 年營業收入達到了 2.13 億美元（圖 2-2），淨利潤達到 2800 萬美元（圖 2-3）。到 1982 年時，西南航空當年運載乘客達到 7965554 人次，而泛美航空公司卻在 1982 年 5 月停止了運營。

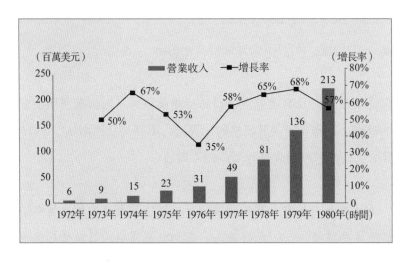

圖 2-2　西南航空 1972—1990 年營業收入及增長率

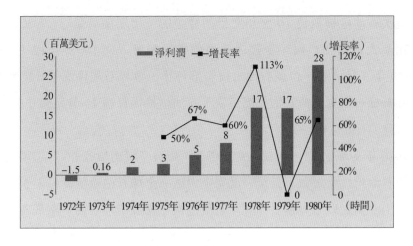

圖 2-3   西南航空 1972—1990 年淨利潤與增長率

　　從 1972 年到 1978 年，西南航空公司的業績突飛猛進，一路高歌，每年
運載的乘客數從 31 萬人次增加到 352 萬人次，最低的年增長率為 35%；年營
業收入從 600 萬美元增加到 8100 萬美元，最低的年增長率為 35%；淨利潤更
是大幅度提升，1972 年虧損 150 萬美元，到 1978 年實現盈利 1700 萬元，每
年的同比增長率最低為 50%。

石油危機、經濟衰退和大罷工

　　如果說泛美航空公司在 1973 年發動的價格絞殺戰對西南航空是一次成長
考驗的話，1979 年發生的石油危機及以後幾年美國的經濟衰退絕對算是一次
生死危機。

這次石油危機源於 1978 年底伊朗發生的"伊斯蘭革命",當時伊朗是世界第二大石油出口國,受國內政局劇變的影響,從 1978 年 12 月 26 日到 1979 年 3 月 4 日,伊朗石油出口全部停止,世界石油供應每日突然減少了 500 萬桶,立刻造成石油供應短缺,石油價格從每桶 13 美元猛升至 34 美元,引發了石油危機。

1980 年 9 月 22 日,伊拉克突襲伊朗,爆發了"兩伊戰爭",這場戰爭使兩國的石油出口量銳減,甚至一度完全中斷,全球石油產量從每天 580 萬桶驟降到 100 萬桶以下,這更加劇了石油危機,國際市場石油價格最高暴漲到每桶 42 美元。後來,由於沙特阿拉伯迅速提高了本國石油產量,直到 1981 年石油價格才略有回調,穩定在每桶 34~36 美元。[3]

此次危機對美國經濟產生了嚴重影響,其國內汽油價格從 1978 年的 0.65 美元 / 加侖[*]上漲到 1981 年的 1.35 美元 / 加侖,這導致了美國後來幾年經濟的持續衰退,1978—1983 年美國的 GDP 增長率分別為 5.5%、3.2%、-0.2%、2.54%、-1.8%、4.58%,直到 1983 年 GDP 增長率才恢復到 1978 年的水平。

在航空公司的成本結構中,燃油成本佔比很大,顯然石油危機會對航空公司經營產生嚴重影響,加上經濟危機導致需求量下降,雙重不利因素使得航空業面臨極大的挑戰。

雪上加霜的是,美國的航空業迎來了一次災難性的罷工。美國空中交通管制員工會(Professional Air Traffic Controllers Organization,PATCO)與聯邦航空管理局(FAA)之間多年的積怨突然爆發,1981 年 8 月 3 日,空中交通管制員工會宣佈實施罷工,要求改善工作條件,增加勞動報酬,實行每週 32 小時的工時制度,共有約 13000 空中管制員參與了罷工行動。同年 8 月 5 日,里根總統簽署命令解僱了仍然拒絕返回工作崗位的 11345 名管制員,同

---

[*]　1 美制加侖約為 3.79 升。——編者注

時通過行政命令終身禁止他們再為聯邦政府服務。這次大解僱給全美航空管制系統的運轉帶來了災難，聯邦航空管理局開始緊急招募人員替代被解僱的人員，一些機場的管制系統則由軍方管制員進行替補。最終，聯邦航空管理局花了近 10 年時間才將空中管制員數量恢復到滿足正常運轉的水平。[4]

石油危機、經濟衰退、空中管制員的大罷工事件，三個事件疊加起來對整個航空業造成了災難性的影響。1980 年，全世界航空運輸業出現了自 1961 年以來的虧損，1981 年和 1982 年兩年中行業虧損進一步加大，有數家航空公司相繼破產倒閉，包括曾經與西南航空打過價格戰的美國泛美航空公司，以及英國的萊克航空公司（Laker Airways），其他更多的航空公司則欠下了大筆債務，有的航空公司不得不向政府尋求資金支持。[5]

作為一名進入航空業僅僅 7 年的新兵，西南航空公司也很難在這次危機中獨善其身，事實上，西南航空的運營也深受石油價格、經濟衰退、空中管制員罷工事件的影響，比如，由於每加侖的燃油價格相比 1978 年上升了 90.1%，1979 年西南航空的燃油成本佔總成本的比例達到了 32.5%，而 1978 年這一比例是 25.2%。

但是，西南航空的運營能力在這次持續將近 6 年的危機中表現出了超強的韌性，從 1980 年到 1985 年，西南航空的營業收入在逆境中實現了持續增長，最低的年增長率高達 19.6%（圖 2-4）；同時，其淨利潤也在逆境中實現了穩健增長，從 1980 年的 2800 萬美元增加到 1986 年的 5000 萬美元（圖 2-5）。

從 1979 年到 1986 年，西南航空的運營能力也在逆境中得到了極大的提升。1979 年，西南航空在得克薩斯州內的 11 個城市開通航班，並且在年底實現了從 "州內航線" 到 "州際航線" 這一歷史性的跨越，開通了從休斯敦到新奧爾良的跨州航線。1982 年，開通了到加利福尼亞等其他州的航線。同時，飛機數量持續增加，1979 年西南航空擁有 18 架飛機，而到了 1986 年已

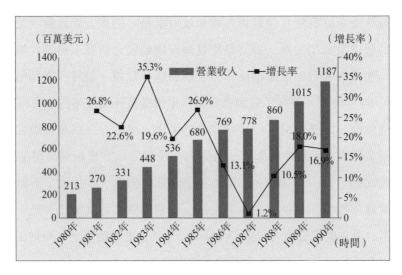

圖 2-4　西南航空 1980—1990 年營業收入與增長率

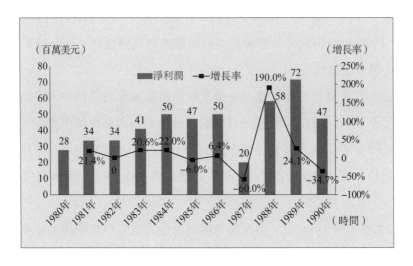

圖 2-5　西南航空 1980—1990 年淨利潤與增長率

經擁有 63 架飛機，年運載乘客達到了 1300 多萬人次。

西南航空何以取得如此驕人的成績，度過了這次因石油價格暴漲、經濟衰退、空管人員大罷工等各種不利因素疊加形成的生存危機？實際上，西南航空應對危機的秘訣是"防患於未然"，不是在危機來臨之後才被動制定應對措施，而是在危機來臨之前就做好充分準備。在 1978 年的時候，西南航空公司已經開始為將來可能的"壞日子"做準備了。

應對危機：十項戰略原則

西南航空的高管領導團隊意識到，航空業的發展環境高度動盪，危機隨時可能到來，要想準確進行危機預測幾乎不可能，企業必須要保持高度警惕，而且要時時刻刻做好準備，倘若危機發生之後再制定應對措施，這些措施一定會讓企業"手忙腳亂"，打破既定的運營節奏，對企業的成長造成毀滅性的影響。

為了應對未來的危機，西南航空基於多年的實踐經驗，提煉出十項戰略原則，並要求全體員工在自己的工作中時時刻刻要以這些原則為基準，來指導自己的工作，從而不斷提高西南航空的組織韌性。在 1978 年的公司年報中，西南航空對外公佈了十條戰略原則，包括以下內容：

●聚焦於為短程的乘客提供服務，單程飛行時間控制在兩個小時以內。

●繼續使用標準化的統一機型，以波音 737 客機為主。

- 繼續提高飛機利用效率（每天超過 10 個小時），加快飛機返航時間（地面登機時間為 10 分鐘）。
- 聚焦於為乘客服務（不提供貨物或者郵件服務），承運利潤較高且處理成本較低的小型行李。
- 繼續堅持低票價、高頻次的服務，只要有可能就利用最近的機場。
- 不提供增加成本的餐飲服務，在短途航線上這是不必要的。
- 不提供中轉聯程服務。
- 仍然將得克薩斯州作為最高優先級的市場，不管是增加州內航線，還是增加州際航線，都要符合短程、高頻率的標準要求。
- 讓我們的乘客和員工都能夠感受到關愛、溫暖和快樂。
- 一切從簡，包括現金售票、簡化登機程序、簡化計算機系統等。將達拉斯愛田機場作為飛機維修和機組成員休息的樞紐基地。[6]

　　1979 年，石油危機發生時，西南航空更加堅定了先前制定的十項戰略原則，並進一步將以上十項原則歸類為四個方面：簡單運營、高效率、聚焦乘客、為短途商務人士服務等，並對每一項戰略原則提出了具體的指標要求（表 2-1）。

表 2-1　西南航空的戰略原則與衡量指標

運營戰略	指標與標準示例
簡單運營	• 採用波音 737 飛機 • 不提供餐飲 • 不提供中轉聯程服務
高效率	• 每日飛機飛行時間為 11 個小時 • 10 分鐘地面週轉時間 • 持續提高員工工作效率

運營戰略	指標與標準示例
聚焦乘客	•不接受大件包裹和郵件服務 •為顧客提供快樂、關愛的卓越服務
為短途商務人士服務	•航線飛行時間低於兩個小時 •低票價，和巴士相比有價格優勢

　　西南航空在表述自己的戰略原則時，從來不使用華麗的辭藻，而是使用最簡練的語言，並將原則與衡量指標結合起來，這就防止了戰略原則變成"空洞不可執行的宣言"。

　　比如，針對"高效率"這一戰略原則，西南航空制定了"飛機日利用率"這一指標來監控這一戰略原則在實際執行中是否能夠落實到位。

　　飛機日利用率這一指標可以用飛機在空中飛行的時間來衡量。從 1978 年到 1990 年，西南航空公司一直保持着很高的飛機日利用率，飛機每天在空中飛行的時間在 1982 年達到了 706 分鐘。最低的飛行時間也達到了 636 分鐘，這在行業內都是非常領先的（圖 2-6）。

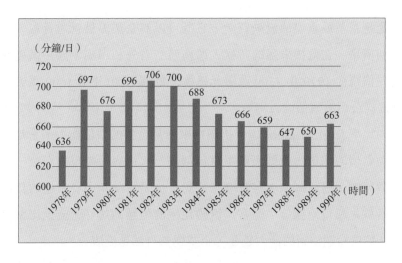

圖 2-6　西南航空 1978—1990 年飛機日利用率

　　飛機是航空公司最大的固定資產，提高飛機利用效率就可以增加資產利用效率。因此，飛機利用效率這個指標是航空公司最為重要的運營指標，以這個指標作為抓手，就可以衡量 "高效率" 這一戰略原則的實施有效性。

現金為王，持續優化資本結構

　　充足的營運資本和現金儲備是企業在應對生存危機時的撒手鐧，許多企業之所以在危機來臨之後不堪重壓甚至破產倒閉，主要是因為營運資本和現金流出現了問題。對企業運營而言，現金流就像 "空氣"，現金流斷了，企業就只能關門了。現金為王，這是企業在應對生存危機時需要堅持的核心原則。但是，穩定、充足的現金流不是憑空而來的，穩健的現金流得益於企業良好的資本結構。

　　現金是企業最重要的流動資產，它既可以為企業提供營運資本，也可以償還短期債務。在危機來臨的時候，西南航空首先利用現金流去償還優先債務，優先債務從 1979 年 7200 萬美元迅速降低到 1980 年的 1500 萬美元，同時不斷提高公司的償債能力。

　　流動比率 (current ratio) 這一指標用來衡量企業的償債能力，它是流動資產與流動負債的比值，流動資產主要包括在一年內容易變現的資產，例如現金、有價證券、應收賬款、存貨等。流動負債是指一年內要償還的負債，例如短期借款、應付票據等。通常，流動比率的值越高越好，流動比率值越高代表企業償還短期債務的能力越強，企業運營自然越健康。

　　分析西南航空自 1978 年至 1986 年期間的流動比率（表 2-2），從中可以看到，即使在危機時期最為艱難的 1979 年、1980 年、1981 年，西南航空的流動比率也分別達到了 1.64：1、1.53：1、1.23：1，這充分表明在這次石油危機中，西南航空一直保持着穩健的現金流，從而確保了自己在逆境中可持續成長。

表 2-2　西南航空（1978—1985）的償債能力：流動比率

年份	流動比率
1978 年	3.39：1
1979 年	1.64：1
1980 年	1.53：1
1981 年	1.23：1
1982 年	1.52：1
1983 年	3.71：1
1984 年	1.33：1
1985 年	1.64：1

　　西南航空保持強勁現金流的秘訣是科學平衡股權融資和債權融資兩種融資策略。

　　在抵禦生存危機的時候，規避風險是企業在融資時應當考慮的首要因素。相對於債權融資，股權融資的風險要小一些，所以，從 1980 年到 1983 年，西南航空連續 4 年在公開市場上累計發行了 360 萬股普通股股票（common shares），為公司累計募集了 12540 萬美元的資金，極大地增強了公司的現金流。

　　通常情況下，經濟低迷時期投資者的信心也會受到極大的影響，為吸引更多的投資者，配合公司股權融資的策略，西南航空通過股票分割的方式提高其股票的市場流通性，增加交易量，向資本市場傳遞積極信號，提振投資者對公司股票的信心。從 1978 年到 1983 年，西南航空連續 6 年實行了股票分割辦法，相應地，流通股總股本數也相應累計增加了 39.6%。

表 2-3　西南航空股票分割與流通股數量變化情況（1978—1985）

時間	股票分割辦法	流通總股本數	同期變化比率
1978 年	2 股拆 3 股	21093750	—
1979 年	2 股拆 3 股	21093750	0
1980 年	2 股拆 3 股	23675000	12.2%
1981 年	4 股拆 5 股	26018750	9.9%
1982 年	1 股拆 2 股	27939895	7.4%
1983 年	4 股拆 5 股	29439895	5.4%
1984 年	無	29532572	0.3%
1985 年	無	32254220	9.2%

西南航空還充分利用發行長期債券抵抗經濟週期性衰退對自身現金流的影響，比如，1979 年西南航空以固定利率 10.3% 發行了 15 年期的設備信託債券 (Equipment Trust Certificate)，籌資額為 7000 多萬美元，這部分資金主要用於購買飛機，相當於 10 架波音 737-200 總價的 80%。同年，西南航空重新調整了與銀行的循環信用貸款協議 (Revolving Credit Agreement)，增加了 5400 萬美元為期 6 年的循環信用貸款。1982 年，西南航空以 10% 的利率公開發售了一筆 25 年期的可轉換債券，募集資金 3500 萬美元。

儘管股權融資風險較低，但是相對於債權融資，它的融資成本要高，所以，在應對危機的時候，西南航空採取的融資策略是不斷平衡股權融資和債權融資的規模，當外部經營環境惡劣時，以股權融資為主，降低債權融資的額度，從而降低負債率。從 1979 年到 1981 年，西南航空的長期債務比例不斷下降。1979 年，長期債券佔投入資本（invested capital）的比例是 59.9%，1980 年這一數字下降到 42.1%，到 1981 年，長期債務比例更是降低到 25.0%。而隨着經濟在 1984 年的復蘇，西南航空又開始調整融資結構，減少股權融資比例，加大了債權融資的規模。到 1985 年時，長期債務比例上升到 45.0%（圖 2-7）。

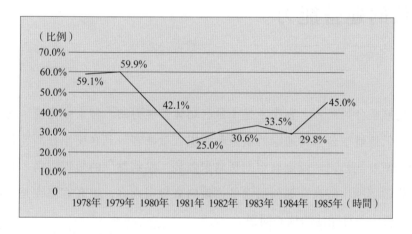

圖 2-7　西南航空長期負債佔投入資本比例（1978—1985）

　　我們的目標是設計一種資本結構，充分利用各種資本槓桿為股東長期謀取最大化的回報，然而，我們認為，當下航空業正在發生快速變化，再加上資本市場的高度動盪，適度謹慎地縮減槓桿水平是非常合適的選擇。1980 年長期債務佔投入資本的比重從年初的 60% 降低到 42%。[7]

　　總之，為了應對這次持續多年的生存危機，西南航空利用 1977 年在紐約交易所公開上市的契機（股票代碼：LUV），從 1978 年開始制定穩健的財務戰略，尤其是從 1979 年開始持續優化資本結構，平衡使用股權融資和債權融資兩種策略，提高了危機時期公司財務的韌性，增強了抵抗風險的能力。

極致的運營能力

　　對航空公司而言，客座率是衡量公司運營能力的一個重要指標。通常情況下，低價航空公司會通過低價策略吸引大量乘客，其客座率會高於其他大型非低價航空公司。西南航空的戰略聚焦於“點到點”的短程服務，其乘客對價格敏感度比較高，如何通過低價策略來吸引乘客、提高客座率是西南航空在運營中一直關注的核心問題。

　　圖 2-8 顯示了西南航空公司自 1978 年到 1990 年的客座率，儘管西南航空在這次危機中一直保持着比其他競爭對手更高的客座率，但是，從數據中也能夠明顯地看出，美國經濟的持續衰退對大眾飛行需求有持續的負面影響，這也導致西南航空的客座率從 1979 年開始一直持續下滑。

　　客座率直接影響西南航空的營業收入，進而影響公司的贏利能力。在客座率不斷下滑的情況下，西南航空採取了兩項關鍵措施來提高企業的贏利能力。

　　第一項措施是謹慎地適度提高票價。儘管西南航空定位為“低價航空公司”，但是，這個低價策略是相對而言的，低價格是否能夠帶來競爭優勢還取

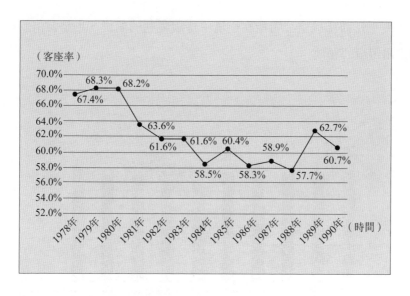

（客座率）

圖 2-8　西南航空客座率（1978—1990）

決於競爭對手的定價機制，而不僅僅是企業自身的成本結構。西南航空的競
爭策略是始終與競爭對手保持 40%~50% 的低價優勢。當然，西南航空公司會
根據自身的成本情況，採用適度的提價策略。1980 年和 1981 年由於燃油價格
的提升，西南航空的年平均票價分別提高了 31%、11%，但是，相對競爭對
手而言，西南航空依然具有低票價的競爭優勢。

　　第二項措施就是對成本和費用的極限控制，這考驗的是西南航空的運營
能力。有兩個指標可以衡量航空公司的運營能力：座英里成本、座英里收入。
其中座英里成本是指每座位英里所產生的營業成本，座英里收入是指每座位
英里所產生的營業收入。

　　我分析了西南航空在危機發生後自 1981 年至 1990 年的座英里成本和座
英里收入兩個指標的變化情況，震驚於西南航空公司卓越的運營能力，即使
在燃油價格高漲的不利情況下，西南航空通過一系列成本控制措施、靈活的
價格調整機制，在危機後的 10 年裏，其座英里收入在每一年都超過了座英里

成本，這正是西南航空公司能在逆境中持續贏利的關鍵，也是西南航空在逆境中走出困境的秘訣。

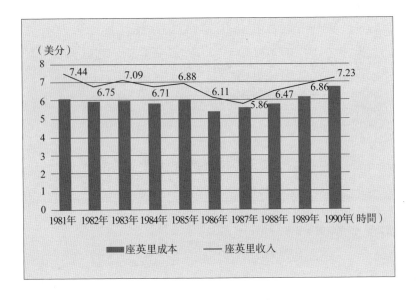

圖 2-9　西南航空座英里成本與收入（1981—1990）[8]

　　在充滿競爭的航空業裏，能夠持續獲得成功的關鍵要素是低的運營成本、低的總成本，以及保守的負債權益比率。從市場的角度，成功的要素是低價格、高頻率、合適的航班以及高質量的服務（乘客最少的抱怨）。當然，有效的市場活動也是非常重要的。[9]

　　1984 年，時任董事長兼 CEO 赫伯‧凱萊赫解釋了西南航空在逆境中成功秘訣。

提高效率，而不是裁員

在西南航空的總成本結構中，最大的兩項成本分別是燃油成本和人工成本。圖 2-10 顯示了 1983 年西南航空的總成本結構，我們可以看到燃油成本為第一大成本，佔比為 32.2%；人工成本為第二大成本，佔比為 30.0%。當燃油價格略有下降時，人工成本有時會成為第一大成本。

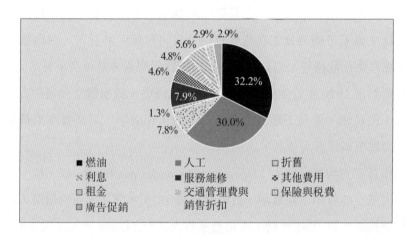

圖 2-10　西南航空總成本結構（1983）

儘管西南航空想盡辦法控制各項費用成本，但並未刻意控制或者降低人工成本，換言之，公司並未降低員工的薪酬、培訓和福利等費用，即使在最為困難的 1979 年到 1985 年，西南航空的人工成本一直控制在總成本的 26.6%~30.6%。

應對危機，西南航空採取的措施是提高員工工作效率，提升人工效率使公司獲得可持續盈利，而不像有些公司在危機來臨時，首要考慮的是通過裁員或者降低薪酬成本來提高贏利能力。

公司財務指標的持續改善主要得益於公司長期堅持穩健、可控的成長速度，資產利用效率高、員工工作效率高以及強勁的現金流，這三者的有機結合大大提高了公司財務的長期韌性，與此同時，也提高了公司的贏利能力，以及給投資者分紅的能力。[10]

在應對生存危機時，裁員或者直接降低人工成本是簡單、直接的應對措施，但是這一措施將員工利益與企業利益割裂開來，通過減少員工的利益來獲得企業的利益，這種應對危機的方式是不可持續的，或者說不能算是最好的決策。如果在生存危機中，企業習慣於削減員工的利益，就不可能得到員工的信任，也不可能讓員工在危機時與企業同命運、共甘苦。西南航空意識到，在應對生存危機時，提高全體員工的韌性和鬥志才是最為重要的因素。

在應對因 1979 年石油危機引發的這次危機中，西南航空公司一直未直接降低員工的薪酬，而是不斷着力提高員工的工作效率，以高效率來抵消高成本，以高效率來促進高盈利。

採用員工人均營業收入（Operating Revenues per Employee）這一指標來分析西南航空的員工工作效率，可以發現從 1978 年開始，西南航空人均營業收入持續提高，到 1985 年時，人均營業收入達到 145622 美元（圖 2-11）。

西南航空堅持認為人是企業最重要的資產，所以，應對危機首要的是激發每一個員工的工作激情，提高每一個員工的工作效率，而不是把他們拋棄掉。因此，員工工作效率也是航空公司最為重要的運營指標，利用這個指標可以衡量"高效率"這一戰略原則的實施有效性。

當危機來臨時，西南航空並沒有僅僅在宣傳上用道德說教的語言號召員工與企業共存亡，道德上的說教儘管有時有用，可以短時間內激發員工的鬥志，但這種鬥志不可持續，也不長久。

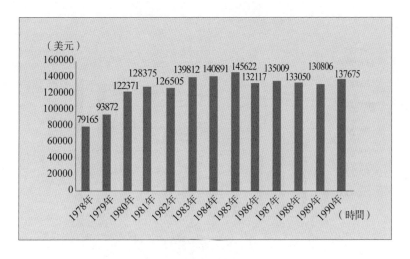

（美元）

圖 2-11　西南航空 1978—1990 年員工人均營業收入

　　西南航空採取的措施是通過設計激勵機制將員工的個人利益與企業利益緊密地結合在一起，一損皆損，一榮皆榮。在西南航空的員工薪酬結構中，利潤分享計劃是重要的組成部分。事實上，在 1973 年 1 月，西南航空公司就為全體正式員工設計了利潤分享計劃，分紅的基數是每年稅前利潤的 15%。利潤分享計劃將個人績效與企業整體績效緊密結合起來，每個人所獲得的年終利潤分紅既取決於個人績效，也取決於企業整體的績效。

　　通過利潤分享計劃，西南航空與全體員工形成了利益共同體，當公司盈利增加時，員工可以獲得利潤分享；當公司贏利能力下降時，員工的總收入也隨之下降，從而形成了正向激勵。比如，從 1979 年到 1984 年，得益於利潤分享計劃，西南航空員工的年收入平均分別增加了 18.1%、21%、19%、8%、11% 和 10%。而 1985—1987 年，由於公司贏利能力下滑，員工的年總收入基本沒有增加。

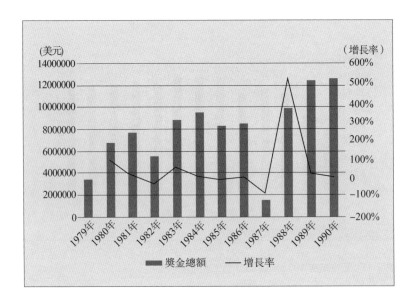

圖 2-12　西南航空員工獎金額及增長率

　　圖 2-12 顯示了西南航空自 1979 年至 1990 年的利潤獎金總額及每年的增長率，從中可以看出，員工的獎金收入變化是非常大的，完全取決於公司當年的整體贏利情況。比如，在 1985 年，淨利潤增長遇到瓶頸，出現了歷史上的首次下滑，同比下降 5%，員工的總收入也同步下降。在 1987 年，儘管公司當年贏利了，但是淨利潤同比下降 60%，這一年，西南航空員工的年總收入也大幅下降。

競爭很殘酷，但我們需要快樂

　　因 1979 年石油危機而引發的生存危機，使西南航空在整個 20 世紀 80 年代遭遇了艱巨的挑戰，再加上大型航空公司等競爭對手紛紛推出低價航班，更加劇了競爭的殘酷性。

　　　　我們可以嚴肅地對待競爭，但是對我們自己，卻不必如此嚴肅。[11]

　　這是西南航空創始人赫伯·凱萊赫在危機和困境中常常講的一句話。是的，越是在危機中，越需要高層領導者的沉着、冷靜和韌性。由此，西南航空在克服危機的過程中不斷發展出以 "快樂"（fun）為主題的企業文化。

　　西南航空意識到，應對任何危機，人都是最為核心的要素，也是企業走出困境最重要的力量。凝聚人心是高層領導在危機中的頭等大事，當然，不僅需要凝聚員工，也需要凝聚顧客。

　　西南航空將 "快樂" 作為凝聚員工和顧客的紐帶，當然，不能將快樂僅僅停留在公司的宣傳冊裏。從乘客的角度來講，他們不僅需要在航程中得到快樂和周到的服務，更需要服務的效率。

　　事實上，西南航空在應對這次危機時，一直堅持將 "卓越的服務、高頻率的班次、低價格、準點" 這四點作為競爭的利器，西南航空倡導以快樂之心為乘客提供卓越的服務，這種快樂服務體現在具體的行動中，比如允許員工身穿五顏六色的服裝，在航班上講笑話讓乘客大笑不止，也常常給乘客帶來出其不意的驚喜，無疑，這些行動都拉近了與乘客之間的距離，讓整個航程充滿歡笑，但同時，乘客也需要節約時間和便捷的服務。

為了持續提高運營的效率和可靠性，西南航空從 1979 年開始推出自動售票機售票，極大地方便了顧客購票。從 1980 年開始，西南航空啟動了聖安東尼奧預訂中心，大大提高了預訂能力，更加方便顧客預訂機票。到 1981 年 7 月，西南航空運營能力得到很大的提高，航班準點率達到 92.4%，航班起飛率達到 99.4%，這在航空業內創造了運營的奇跡。由於西南航空提前在運營效率和運營可靠性方面的持續投入，使得西南航空在空管人員大罷工後得以快速恢復運營能力，將大罷工對準點率、起飛率的影響降到了最低。

> "人"是我們能夠保持卓越服務的最根本因素。1983 年，我們在整個航空業中顧客的投訴率是最低的。在最近的一次顧客調查中，62% 的顧客認為西南航空是"最關心乘客"的航空公司。[12]

1981 年到 1989 年，在全美最大的 11 家航空公司服務排名中，西南航空有 8 年時間都是投訴率最低、滿意度最高的公司。通過在服務中植入"快樂"這一因子，西南航空在顧客服務中保持了行業的領導地位。1988 年，西南航空獲得了"三滿貫"大獎（Triple Crown）：航班準點率、行李處理效率、顧客滿意度，這也是航空業唯一的殊榮。

西南航空提出了自己的"快樂三段論"：只有快樂的員工，才會有快樂的乘客；只有快樂的乘客，才會有快樂的股東。

越是在危機的時候，西南航空越是提醒員工不要讓自己太緊張，並不斷教育員工要有長期視角，從長期來看任何危機都是暫時的，要有在逆境中奮進的韌性。公司通過各種活動培養員工擁抱快樂的心態，當取得階段性勝利時，公司會召開慶祝大會，利用各種途徑傳播積極的正能量。1988 年 5 月 23 日，西南航空做出了一件令人非常驚奇且搞笑的事情，公司將一架波音 737 飛機外形噴塗成一頭殺人鯨，並將這架飛機命名為"殺人鯨 1 號"（Shamu

One）。當 "殺人鯨 1 號" 飛向藍天的時候，西南航空也把快樂帶進了整個航空業。

從 1979 年到 1985 年，西南航空經歷了最為艱難的 7 年，在這期間，其營業收入保持了持續的增長，淨利潤除在 1985 年下滑 6% 之外，也實現了不同程度的增長，且保持了連續 7 年贏利，這次危機為西南航空在戰略、運營、財務、文化、團隊等方面積累了寶貴的經驗，也為它迎接下一次危機做好了準備。

事實上，危機並不遙遠，它總是按照自己的時間節奏不期而至，西南航空將迎來更大的生存危機。

第 3 章

第二次危機

（1990—1997）

海灣戰爭、經濟衰退和價格戰

人類最值得炫耀的一大財富就是明智的理性。
說到底就是平衡的問題，就是度的問題。

——詹姆斯·馬奇，組織管理理論奠基人

　　1990 年 8 月 2 日，伊拉克軍隊入侵科威特，海灣戰爭爆發。1991 年 1 月 17 日，以美國為首的聯軍開始了代號為 "沙漠風暴" 的軍事行動，對科威特和伊拉克境內的伊拉克軍隊發動軍事進攻，這場局部戰爭直到 1991 年 2 月 28 日才宣告結束。

　　海灣戰爭的爆發，又一次觸發石油危機，給航空業帶來一場巨大的經營風暴。由於伊拉克遭受國際經濟制裁，導致伊拉克的原油供應中斷，國際原油價格僅僅在 3 個月內便從每桶 14 美元飆升到 42 美元。

　　海灣戰爭、石油危機也導致美國、英國等西方國家經濟陷入加速衰退，1991 年全球 GDP 增長率低於 2%。而美國經濟的衰退更為嚴重，1989—1991 年其 GDP 增速分別為 3.89%、1.89%、-0.07%，直到 1992 年經濟才開始逐步恢復，當年 GDP 增速達到 3.52%。

　　因戰爭而引發的石油危機、經濟衰退又一次給整個航空業帶來災難性的影響，而在這場危機中，西南航空的處境更加艱難，它除了要應對石油價格暴漲帶來的成本上升，經濟衰退帶來的需求下降之外，還要面對來自競爭對手的近乎殘酷的價格大戰。

　　迫於生存壓力，美國的一些大型航空公司採取了 "騎牆戰略"，在保留長途、高價的航線業務的同時，仿效西南航空開闢短途、低價的航線業務，在低價航線業務方面與西南航空直接展開了生死肉搏，西南航空處在被聯合絞殺的危險境地。比如，在美國東海岸市場，大陸航空（Continental Airlines）和全美航空（US Airways）都推出了 "點到點" 的短程、高密度航線對西南航空發動了價格戰，但最終都不敵西南航空的成本優勢。

　　美國西岸的航空市場也是硝煙彌漫，1994 年 10 月，聯合航空（United Airlines）在美國西岸的幾個城市之間推出了短程往返航線，並向西南航空發動價格戰。聯合航空當時推出了一支由 45 架波音 737 組成的機隊，模仿西南航空的低票價策略，在西岸的幾個城市之間推出了密集的穿梭式航班，試圖在西岸市場擊敗西南航空，但聯合航空的低成本戰略並未奏效，並於 1996 年宣佈退出低價市場。達美航空（Delta Air Lines）也加入與西南航空的價格大戰，其於 1996 年 10 月推出了達美快運，樞紐機場設在奧蘭多國際機場，以波音 737-200 為核心機型，聚焦於休閒度假航線，但 5 年後，達美快運也停止了營運。

　　從 1990 年到 1998 年，西南航空在石油危機、經濟衰退、價格大戰三重危機下不僅頑強生存了下來，而且連續 9 年取得了可持續的成長，其營業收入同比增長率保持在 9.1%~30.7%，年平均增長率達到 17.2%（圖 3-1）。

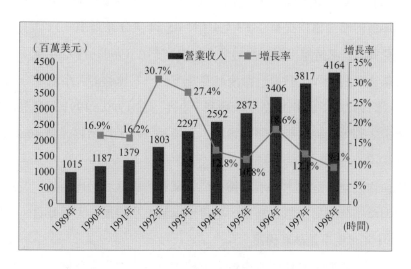

圖 3-1　西南航空 1989—1998 年營業收入與增長率

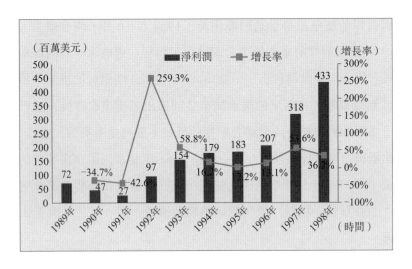

圖 3-2　西南航空 1989—1998 年淨利潤及增長率

海灣戰爭爆發後燃油價格上漲，從 1989 年第四季度到 1990 年第四季度，每加侖的燃油價格提高了 63.4%（從 65.54 美分漲到 107.11 美分），同時乘坐飛機的需求持續下滑，這導致美國航空業在 1990—1992 年遭受重創，整個行業從贏利進入了虧損，西南航空是唯一一家贏利的大型航空公司。從 1990 年到 1998 年，西南航空連續贏利了 9 年，除 1990—1991 年盈利增長率出現下滑之外，其他 7 年時間都實現了正增長，年平均增幅達到 40.2%（圖 3-2）。

與西南航空在危機中持續增長和持續贏利形成鮮明對比的是，美國其他幾家大型航空公司紛紛陷入虧損，不得不縮減業務規模，大幅裁員，大陸航空於 1991 年再度申請破產保護。

我們不僅要問：為什麼西南航空能夠走出第二次生存危機？為什麼西南航空在競爭對手聯合發起的價格戰中最終取得了勝利？為什麼西南航空又一次在逆境中實現了持續贏利？它到底在這次危機中採取了哪些有力的措施？

不騎牆，不模仿，堅持做最擅長的事情

當其他大型航空公司採用"騎牆戰略"，紛紛推出低價航班與西南航空開展價格戰時，西南航空反其道而行之，繼續強化"聚焦戰略"，絕不搞騎牆戰術，絕不模仿競爭對手的商業模式，堅持走自己的路。1990 年，在西南航空即將迎來 20 週年的時候，公司重申了戰略一致性對公司業績的重要影響：

> 對於一家即將迎來 20 週年紀念的公司而言，我們深信，未來的路根植於我們過去走過的路。我們堅持做我們最擅長的事情，並要做到極致，要做到比別人更好。西南航空一直是一家低票價、高效率、短航程、點對點的航空公司。[1]

注意！西南航空不是一家低價航空公司，而是一家"一直低價"的航空公司，每一個航班、每一個座位、每一天都堅持低價，這是西南航空最為核心的策略。當那些以遠程、高價為核心業務的大型航空公司推出廉價航班時，它們根本不具有低成本的優勢，即使在短時間內通過讓利降低票價，其內部的運營能力、企業文化等也不支持低價競爭的戰略，所以，這些大型航空公司的低價策略不可能堅持長久，最終不得不敗下陣來。面對挑戰，西南航空創始人赫伯·凱萊赫堅信沒有任何一家企業能夠複製西南航空的運營能力以及企業精神：

> 有很多企業試圖模仿西南航空，但是，沒有任何一家企業能夠複製我們的精神、團結、做事情的態度以及追求卓越的堅毅，我們長期堅持

為每一位乘客提供卓越不凡的服務。只要我們能夠一如既往地保持我們的友愛、奉獻和激情，我們就一定能夠制勝未來。[2]

面對競爭對手的模仿，西南航空反而採取更加開放的態度，就像創業初期太平洋西南航空公司毫無保留地向西南航空傳授經驗一樣，西南航空在1995年的年報中專門對外詳細披露了西南航空模式的6個成功秘訣。

秘訣一，堅持做最擅長的事情。

西南航空從成立起就一直堅守自己的戰略定位，專注於為那些需要在城市間頻繁往來的商務和休閒的乘客服務，其開闢的航線具有5個特點：低票價、點對點、短程、高頻率和便捷。由於不使用樞紐機場，不安排中轉聯程航班，西南航空把運營效率提高到了極致，其航班的正點率、顧客滿意度、飛機利用率等都大大超過了其他大型航空公司。儘管1995年底，西南航空只開通了連接美國國內46個機場的航線，但每天的航班數量都超過了2000個班次。

秘訣二，簡單至上。

簡單至上是西南航空的經營哲學。西南航空的戰略定位簡單清晰，即專注於服務那些需要短程、點到點、低票價的旅客，這是其自成立以來一直堅守的定位，從來沒有動搖過。比如，西南航空只使用波音737機型，這可以極大地簡化航班運營流程、降低飛機維修維護的難度和成本、提高材料的通用率，並且可以降低飛行員的訓練費用。另外，簡化的訂票系統、便捷的登機程序都為乘客節約了大量時間，也提高了飛機的利用效率。

秘訣三，保持低票價、低成本。

低票價是西南航空的核心經營戰略，在任何一天、任何地方，西南航空都是低票價的象徵。低票價的同時還要保持贏利，這就需要持續降低成本。低成本的關鍵是高效率，在美國的航空公司之中，西南航空的資產利用率和員工工作效率都是最高的。1995年，西南航空的飛機在地面停留的時間只有20分鐘左右，每位員工的平均旅客運送量達到將近 2500 名。低成本並不意味着低工資，西南航空給員工支付的工資福利要高於航空業的平均水平。降低成本是西南航空的核心文化，也是其生存方式，並不需要設計特殊的政策去激勵員工採取降低成本的措施，降低成本是西南航空每個員工每天的工作目標。

秘訣四，關愛顧客。

西南航空的目標就是向旅客提供安全、熱情、關愛、周到的服務，其旅客滿意度、航班準點率、行李處理效率這三個衡量服務的指標在行業內都是最卓越的。

秘訣五，永不停止。

航空公司面對的經營環境動盪不安，西南航空需要敏捷地應對市場的變化，快速做出反應，持續革新，唯有如此才能獲得競爭優勢。

秘訣六，聘用優秀的人。

西南航空認為 "人是企業最重要的資產"，公司在人員招聘、培訓、留用等方面投入了大量的資源和時間。公司喜歡聘用有不同背景的人，非常注重考察應聘者的積極樂觀精神，因為西南航空強調文化多元，強調團隊工作精神，同時鼓勵員工大膽創新，發揮每個人的創造力。公司視每一個員工為公司大家庭的成員，為員工創造寬鬆、自主性強的公司環境，倡導快樂的工作氛圍。1995 年，西南航空從 124000 人中錄用了 5473 位員工，錄用比例為 4.4%。

西南航空把 "堅持做最擅長的事情" 放在 6 個成功秘訣的首位，足以看出它的重要性。在競爭的實踐中，"騎牆戰略" 鮮有成功者，這背後的原因在於戰略需要能力的匹配才能實現。不同的戰略需要不同的能力，受制於核心能力，一家企業很難同時在兩個戰場上取得勝利。在航空業，高端服務模式和低價服務的背後需要不同的核心能力來支持，兩種商業模式需要不同的價值創造活動，同一家公司同時提供這兩種商業模式是很難的。低價模式的成功不是因為取消了餐食，取消了座位預訂等一些基本的服務，而是背後一系列相互契合、相互協同的運行系統的支持。正是得益於多年來圍繞着 "低成本" 持續打造的卓越運行系統，讓西南航空在這次危機中化險為夷，其客座率不斷提升。從 1990 年到 2000 年，在最為困難的 1990 年和 1991 年，其淨利潤分別為 4.0% 和 2.0%，而從 1993 年開始，淨利潤持續提高，到 2000 年淨利潤達到 11.1%（圖 3-3）。

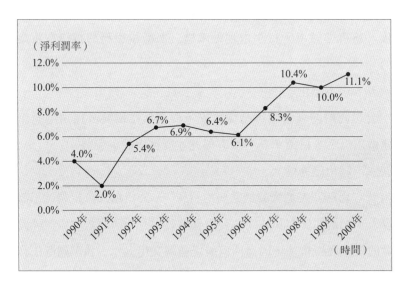

圖 3-3　西南航空淨利潤率（1990—2000）

持續創新，改變競爭的遊戲規則

　　1990 年注定是載入西南航空歷史的一年，這一年燃油價格在很短的時間內暴漲，從 1989 年第四季度到 1990 年第四季度，每加侖的燃油價格提高了 41.56 美分，對西南航空而言，燃油價格每提高 1 美分，等於燃油成本提高 310 萬美元，這就意味着在 1990 年，西南航空的燃油成本總體增加了將近 1.3 億美元！1973 年以來西南航空創造了每年連續贏利的紀錄，但是，1990 年的盈利來得太不容易了，以至於當年西南航空年報的封面上赫然寫着幾個大字：1990 年，我們贏利了！

　　　　1990 年，我們贏利了！淨利潤是 4700 多萬美元（每股 1.1 美元），這令我們驕傲和自豪！經濟衰退和燃油價格的飛漲給整個行業帶來了災難性的影響。儘管我們今年的淨利潤比去年下滑了 34%，但這是整個航空業最為了不起的成績。公司的淨利潤達到 3.97%，這是整個行業的最高贏利水平。[3]

　　為什麼西南航空在燃油價格暴漲的情況下依然能夠獲得盈利？為什麼其他大型航空公司推出的低價航線與西南航空進行成本競爭時無法勝出？原因是，西南航空所獨創的"西南模式"改變了航空業短程航線業務的贏利模式，利用持續創新改變了航空業最根本的效率邏輯。

　　　　由於西南航空在減少短途飛行成本上勇於創新，其飛行里程現在已與座英里成本正相關，即飛行距離越短，成本越低。同樣，現在的飛行里程已經與飛機效率和勞動效率負相關，即飛行距離越短，效率越高。西南航空的創新之舉改變了航空業最根本的效率邏輯。[4]

　　航空業通常的效率邏輯是飛行距離越長，成本越低，也就是説飛行里程與座英里成本呈負相關；飛行距離越長，飛機的效率和人員效率越高，即飛行里程與飛機效率、人員效率呈正相關。西南模式顛覆了這一效率邏輯，創造了飛行距離短、成本低、效率高的新模式。

這一模式的核心是將“低價格、高頻率的班次、準點、卓越的服務”這4個核心指標完美地協同起來，西南航空長期堅持定位於一個細分的市場，利用低價和高頻率的策略吸引乘客的流量，提高客座率，再利用準點和卓越的服務提高乘客滿意度，讓乘客留下來，提高乘客的黏性，形成了一個從吸引乘客到留住乘客的閉環，從而持續增加營業收入，獲得成長。比如1990年，其乘客上座率同比提高了10.4%，營業收入提高了16.9%。

分析西南航空自1990年至2000年的座英里成本與座英里收入之間的關係，可以發現在最困難的1990年、1991年，其座英里成本仍然低於座英里收入，其綜合成本仍然保持了競爭力，1990年座英里的運營總成本僅僅比1989年提高了3.95%，成本管理顯示出巨大的優勢。1991年，西南航空單程票價的平均價格只有56美元。而從1992年開始，座英里收入與座英里成本之間的差距持續擴大，這正是西南航空能夠持續贏利的原因（圖3-4）。

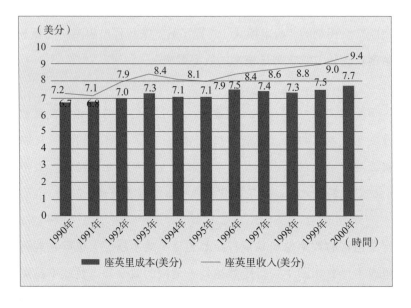

圖3-4　西南航空座英里成本與座英里收入（1990—2000）

　　"西南模式" 引發了 "西南效應"。當西南航空進入某一個市場或者開闢某一新航線時，該市場和航線的票價和客流量很快就會發生變化，競爭對手不得不下調機票價格，每個新市場的平均票價會降低 65% 左右，但同時，客流量會增加 30%。也就是説，西南航空刺激了當地顧客的飛行需求，把蛋糕做大了，其結果是乘客與航空公司都可以從中受益，這是一種雙贏的模式，但如果航空公司的成本高，無法適應低價競爭，其結果就很慘，只能退出這一市場，把市場讓給西南航空。

　　所以，危機有些時候反而成就了西南航空，它利用其他航空公司收縮經營規模、壓縮航線的時機，加快了走出美國西南部的步伐，擴大航線，快速提高了市場佔有率。比如，在 1991 年 5 月，全美航空削減了在加利福尼亞州6 個機場的服務，西南航空趁機增加在加州的航線，加快了在加州的業務佈局。1991 年底，西南航空在美國加州內的航線市場佔比達到了 23%，排名第二，僅次於聯合航空。除了在加州提高市場佔有率之外，1991 年西南航空還擴大了在鳳凰城、拉斯韋加斯以及芝加哥的市場份額。

我們是一個彼此關愛的大家庭

　　1990 年，我們終於活下來了！這是西南航空全體員工當年的心聲。這一年，對於航空公司而言，能夠活下來真的是太艱難了。創始人赫伯・凱萊赫深情地寫道：

　　石油價格的飛漲正在加速國家的經濟衰退。戰爭也使得人們出行的需求下降。……1991 年第一季度，不論對我們的國家、行業，還是對我們的公司，都將是非常艱難的。當然，由於有相對的成本優勢、超強的市場能力、充足的現金儲備（3 億美元），再加上其他競爭對手業務的縮減，我們的日子相對會好一些。但是，由於世界經濟的極大不確定性，很難預測明年的業績到底會怎麼樣。多年以來，我一直寫信稱讚西南航空員工的奉獻精神、熱情和卓越成就。他們開創了豐功偉業，他們不屈不撓，他們胸懷寬廣，他們關愛公司。今年，他們發起了 "Fuel from the Heart" 項目，自願降低工資，讓公司去購買燃油。這再次驗證，西南航空並不僅僅是一家商業公司，我們是一個彼此關愛的大家庭。我飽含熱淚，發自內心地感謝全體員工對公司的支持與關愛。[5]

　　從 1978 年開始，西南航空創始人赫伯·凱萊赫每年都會給投資者寫一封信，我閱讀了自 1978 年以來赫伯寫過的每一封信，但是，從來沒有哪封信像 1991 年的這封信令人感動。赫伯·凱萊赫是一個意志堅強、性格剛毅的人，但是，在 1991 年，這位剛毅的領導者也被深深地感動了，以至於用 "飽含熱淚" 這樣的詞來描述他的內心感受，一是這一年的確很艱難，石油危機導致成本上升，年初由美軍主導的 "沙漠風暴" 戰爭行動又進一步加劇了經濟衰退，二是他被員工的行為深深感動。在公司最為困難的時候，員工們自發、自願降低工資，把錢拿出來讓公司去購買燃油，這種同甘苦、共命運的勞資關係的確在美國企業中是罕見的。

　　這和西南航空長期以來所堅持的僱用政策有關，從創立開始，赫伯·凱萊赫和其他創始人就致力於構建一種充滿關愛的員工關係。1977 年，西南航空正式登陸紐約交易所上市，決定選擇 "LUV" 作為股票代碼，主要有兩層含義，一是紀念西南航空從達拉斯的愛田機場（Love Field）起飛，二是用

"Love"（愛心）作為構建員工關係的主題。

　　不管遇到多大的危機，西南航空一直堅持不裁員、不降薪的政策，這一政策使得西南航空與全體員工之間建立了深深的信任關係，用"愛心"作為紐帶，西南航空還強調團隊觀、家庭觀。工作層面，西南航空倡導人人要發揮團隊協同作戰的精神，不鼓勵個人英雄主義。比如，對一架飛機上的所有成員來講，不管是飛行員、機械工程師，還是空中服務員，都屬於一個團隊，一個集體。當飛機落地的時候，這些團隊成員共同行動起來，一起引導乘客下飛機，幫助上載乘客行李，團隊有一個共同的目標，就是盡快讓飛機離開地面，只有起飛了，飛機才能夠創造價值，這也是西南航空飛機利用率高的一個重要原因。

　　我分析了西南航空 1990 年至 2000 年飛機利用率這一指標，發現在飛機利用率最低的 1991 年、1992 年，其飛機平均的飛行時間達到了 648 分鐘、639 分鐘，而到 1994 年時，飛機平均的飛行時間達到了 670 分鐘（圖 3-5）。

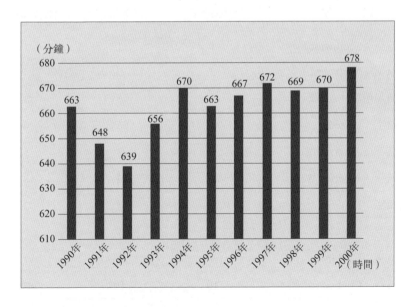

圖 3-5　西南航空飛機利用率（1990—2000）

讓顧客 "自由飛翔"

　　西南航空意識到與顧客建立牢固、持久的關係是企業應對危機、走出困境的基石，為此，西南航空將 "卓越的服務" 作為其運營的核心監控指標，即使是在最艱難的時刻，西南航空也沒有降低服務標準，反而通過更加人性化、更加溫暖的服務增加了顧客的黏性。

　　1994 年，西南航空獲得了航空業最負盛名的 "三滿貫" 大獎，和其他主要航空公司相比，西南航空在顧客滿意度、航班準點率、行李處理效率三個方面都是第一（表 3-1）。

表 3-1　西南航空與其他航空公司服務績效比較（1994 年）[6]

航空公司	航班準點率	行李處理效率	乘客滿意度
西南航空（Southwest）	1	1	1
西北航空（Northwest）	2	9	4
阿拉斯加航空（Alaska）	3	5	3
聯合航空（United）	4	6	6
美國航空（American）	5	3	5
美西航空（America West）	6	2	8
達美航空（Delta）	7	4	2
環球航空（TWA）	8	7	9
全美航空（US Airways）	9	8	7
大陸航空（Continental）	10	10	10

數據來源：西南航空公司 1994 年年報。

除了在航班準點率、行李處理效率、顧客滿意度 3 個關鍵指標上持續保持領先之外，西南航空還在危機中大力提升與顧客之間的關係。西南航空沒有將企業與顧客之間的關係定位成簡單的商業關係，而是將其提到一個非常高的境界，幫助乘客實現"自由飛翔的夢想"。

> 在 15 世紀的時候，達‧芬奇就有了讓人類自由飛翔的夢想。人類有這個夢想已經有 500 多年了。這也是西南航空在 20 世紀 60 年代成立時的夢想。當時，我們認為人們對短程航班的需求遠遠沒有被滿足，人們需要有自由飛翔的權利，但是，當時的票價太高，航班太少，購票太麻煩，所以，人們更願意開車而不是坐飛機。赫伯和羅林決定創辦一家在得克薩斯州內飛行的短程航空公司，目標就是兩個：第一，滿足人們對短程飛行的需求。第二，比開車旅行更便宜的票價。[7]

西南航空巧妙地將"自由飛翔"這一元素注入與顧客的關係之中，將乘客的夢想和西南航空的夢想融為一體，從而激發了顧客強烈的情感共鳴。西南航空還發起了各種各樣的活動，讓顧客參與"自由飛翔"的討論，並將自由飛翔與自由生活結合起來，讓顧客暢想未來的自由與幸福，這些措施都有力地增強了西南航空與顧客之間的關係，也取得了非常明顯的效果，提升了顧客上座率。從 1990 年到 2000 年，西南航空每年的客座率都穩定增加，即使在最為困難的 1990 年和 1991 年，其客座率仍然分別達到 60.7% 和 61.1%，到 2000 年時其乘客上座率達到了 70.5%（圖 3-6）。

通過讓顧客一起參與，西南航空詮釋了"自由飛翔"的內涵，讓顧客們參與分享"自由飛翔"的故事，體驗"自由飛翔"的樂趣，提煉"自由飛翔"的標準，並將這些標準和西南航空的戰略進行了巧妙的融合。

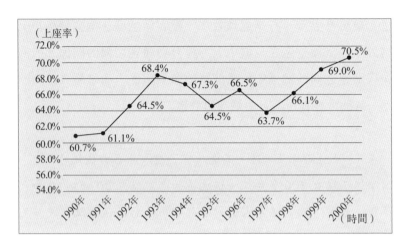

圖 3-6　西南航空上座率（1990—2000）

　　"自由飛翔" 的第一條標準是能夠支付得起機票的價格，所以，西南航空的競爭策略是 "低票價"，它以高速公路的汽車為競爭對手，用飛機來替代汽車成為人們在不同城市之間穿梭的工具。"自由飛翔" 的第二條標準是隨時可以起飛，所以，西南航空在不同的城市之間安排了密集的航班，讓顧客隨時可以起飛，靈活安排行程。"自由飛翔" 的第三條標準是乘客可以自主高效地安排時間，所以，西南航空致力於提高航班的準點率，意識到 "速度和便捷" 是制勝的關鍵所在，為乘客最大程度上節約時間。"自由飛翔" 的第四條標準是心情快樂，所以，西南航空在航班上提供快樂、溫馨的服務，讓乘客在空中享受一段輕鬆的旅程。"自由飛翔" 的第五條標準是乘客選擇目的地的自由，所以，西南航空不斷開闢新的航線，讓顧客在美國從南到北、從東到西，都能夠靈活地選擇出行的目的地。

　　從 1994 年開始，一直到 1998 年，西南航空不斷強化、推廣 "自由飛翔" 的理念，塑造自由飛翔的文化，極大地提升了西南航空在顧客心目中的品牌形象，這也使得西南航空公司在 20 世紀 90 年代一直深受顧客好評，在 1999 年時，西南航空在顧客滿意度上仍然遙遙領先於其他主要航空公司（圖 3-7）。

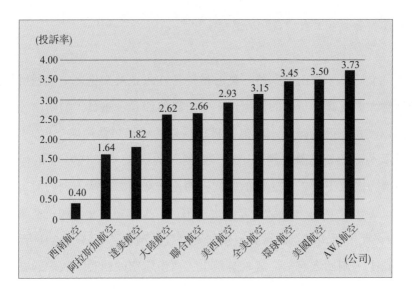

圖 3-7　西南航空公司與其他航空公司投訴率比較（每 10 萬客戶投訴率，1999 年）

我們的精神只有三個字：贏、贏、贏

　　精神力量是戰勝危機最為重要的能量，面對不期而遇的生存危機，企業需要快速凝聚人心，提振信心，展示必勝的決心。

　　1990 年石油危機爆發，燃油價格暴漲，運營成本大幅上升，這些不利的因素無疑會對員工的信心產生不利的影響，面對這種情況，西南航空在公司號召全體員工要有贏的信念，要有贏的力量。

　　　我們在中西部、西南部以及西部地區的成功絕對不是靠運氣，而是靠我們全體員工對"贏"的渴望。[8]

　　在危機時刻，西南航空將"贏的精神"注入企業文化之中，利用各種機會和活動，廣泛調動員工的積極性，塑造贏的信念，讓員工們明白，靠運氣也許可以獲得一時的成功，但無法獲得長期的成功，西南航空自 1973 年以來持續贏利靠的就是員工們骨子裏"必贏"的信念。當 1991 年的淨利潤大幅度下滑，同比下降了 42.6% 的時候，西南航空面對這種不利局面，穩定軍心，讓員工知道 1991 年的盈利是來之不易的，要知道當年美國航空業虧損達到 20 億美元，西南航空能夠實現贏利可以說是創造了奇跡。1991 年，在 20 週年慶典上，創始人赫伯·凱萊赫喊出了西南航空的精神：致敬過去，未來必勝。

　　　　1991 年，我們的口號是：堅強地活下來。這一方面得益於我們堅守了穩健的財務政策、低成本運作、卓越非凡的顧客服務。另一方面，也得益於我們全體員工擁有像獅子一樣的勇敢，擁有像大象一樣的力量，擁有像水牛一樣的決心。只要我們永遠不忘記我們在經濟大災難中所展示出的這些勇氣和力量，只要我們牢記這樣的災難會不定期發生，只要我們不因為短視、自私、狹隘而愚蠢地削弱我們的核心能力，我們就一定能夠活下去，我們就一定能夠成長，我們就一定能夠繁榮。[9]

　　在公司面臨生存危機的時刻，企業領導者的魅力能發揮極大的作用，給員工以力量，給員工以勇氣。赫伯·凱萊赫在關鍵時刻展示了自己的領導力，他堅信公司不僅能夠活下去，而且要比競爭對手活得更好，要繼續保持在逆境中持續贏利的紀錄，當然，這一切都需要全體員工的共同努力。在危機時刻，員工們所展示出的勇氣和力量是西南航空走出困境的核心能力。

　　當然，赫伯也告誡所有員工，危機會不定期發生，要時時刻刻做好準備，要在"好日子"的時候為"壞日子"做好準備，唯有如此，危機來臨的時候才不會亂了陣腳，才不會被打亂運營節奏。

　　只有擁有了贏的精神，才可能會有贏的結果。從 1990 年到 2000 年，儘管受到石油危機、經濟衰退、價格大戰等多重不利因素的影響，西南航空的人均效率依然穩健提升，其人均營業收入在這幾年間實現了穩健增長（圖 3-8）。

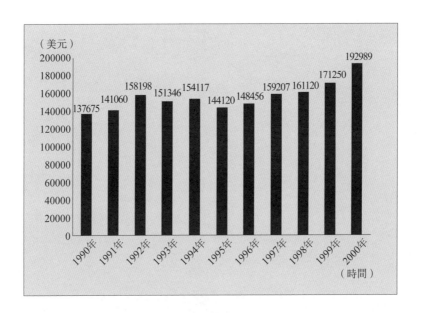

圖 3-8　西南航空人均營業收入（1990—2000）

　　西南航空在這次危機中，將"贏的精神"巧妙地注入企業文化之中，塑造了西南航空獨特的企業文化，這也為以後西南航空抵禦其他危機奠定了基礎。不久，一場更大的危機又突然而至，西南航空"贏的精神"即將迎來更嚴峻的考驗。

第 4 章

第三次危機

（2001—2007）

恐怖襲擊、經濟衰退與強勁競爭

好判斷是一種不穩定的平衡行為。我們經常發現我們在一個方向上走得太遠，而此時已無法回頭。從事這種平衡的行為需要高層次的認知技巧：能夠甄別出我們思維過程中極端閉合抑或極端開放的蛛絲馬跡，……。我們需要培養自省的能力，學會在保持我們已有世界觀和反思核心價值間盡量保持平衡，同時學會聆聽自己內心的聲音。

——菲利普・E.泰特洛克，

《狐狸與刺蝟：專家的政治判斷》作者

2001 年 9 月 11 日，發生了震驚全球的恐怖襲擊，這次恐怖襲擊給美國的航空業帶來了災難性的影響。航空公司不僅要支付數億美元的安全和保險賠償金，還要面對因恐懼導致的業務大幅下滑帶來的巨大經營壓力。從 2001 年到 2003 年 12 月，500 英里以內的短途飛行需求量急劇下滑，其中 250 英里以內的短途航線需求量下降了 20%，250~500 英里的短途航線需求量下降了 11%。而在 "9・11 事件" 之前，西南航空航線的平均距離為 481 英里。[1] 可以說，短途航線需求量的大幅下滑對西南航空是個致命打擊。禍不單行的是，"9・11 事件" 讓美國的經濟持續疲軟，2000 年美國 GDP 增速為 4.13%，2001 年大幅下跌至 1%，從 2002 年到 2007 年，其年度 GDP 增速分別為 1.74%、2.86%、3.8%、3.51%、2.85%、1.88%，這足以看出恐怖襲擊使美國經濟持續衰退。

經濟危機導致飛行需求下降，各大型航空公司在慌亂中採取的低價位競爭手段，導致了航空業整體的損失。2001 年至 2002 年間，美國航空業總體損失高達 200 億美元。[2]

當時，西南航空面臨的另一個挑戰是廉價航空公司的興起，其中最為強勁的一個競爭對手是捷藍航空（JetBlue Airways），這家航空公司的董事長戴維・尼爾曼以及其他幾位核心高管都來自西南航空，因此在商業模式、運營模式上積極效仿西南航空，依托雄厚的資本支持，捷藍航空推出了既便宜又舒適的航行服務，直接與西南航空展開競爭。除捷藍航空之外，其他幾家大型航空公司也不甘示弱，紛紛成立廉價航空公司，加入低價市場的競爭，比如達美航空成立了 Song 航空，聯合航空則成立了泰德航空（Ted），這些低價航空公司都給西南航空帶來了新的嚴峻挑戰。

　　為了度過生存危機，許多資金短缺的大型航空公司被迫減少航班，大量裁員，而有些小型航空公司則被迫出售或者關閉。面對這場突如其來的災難，西南航空當然無法獨善其身，但它並沒有效仿其他公司的減薪和裁員策略，而是從成長的角度來分析，儘管遇到了巨大的挑戰，相對於 2000 年，西南航空公司 2001 年營業收入並沒有大幅下滑，同比只下降了 1.7%，而從 2003 年開始，公司業績實現了正向增長，2005 年的時候業績同比增幅已經達到了 16%，從 2001 年到 2007 年，西南航空營業收入的年平均增幅達到 8.5%，這足以表明西南航空在危機中有非常強的韌性（圖 4-1）。

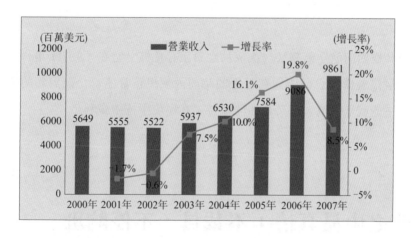

圖 4-1　西南航空公司 2000—2007 年營業收入及增長率

　　從贏利能力上來看，西南航空 2001 年到 2007 年保持了連續贏利的記錄，這一成就是美國航空公司中絕無僅有的。儘管在 2001 年、2002 年淨利潤同比增幅有較大的下滑，但是，從 2003 年開始，西南航空的贏利能力有了強勁的反彈，當年的同比增幅達到 83.4%。從 2001 年到 2007 年，西南航空的淨利潤保持了持續穩健的增長，年平均增幅達到 18.4%（圖 4-2）。

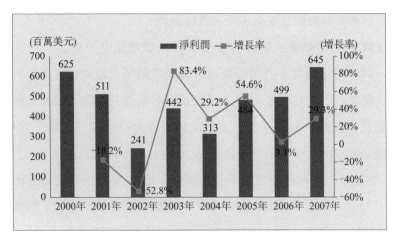

圖 4-2　西南航空公司 2000—2007 年淨利潤及增長率

　　為什麼西南航空能夠又一次成功應對生存危機？它在"9·11事件"後採取了什麼措施使得自己能夠在很短的時間內恢復正常運營？面對新的競爭對手所製造的競爭困境，它又是如何保持了在逆境中持續贏利？

患難之中見真情：不裁員，不停航班

　　處在生死危機的旋渦之中，如何處理與員工、與顧客的關係反映了企業的經營哲學和經營理念。企業通常的做法是，在困難中首先將自己的利益損失降到最低，把顧客、員工的利益放在次要的位置。當然，企業這樣做也有充分的理由，總得先讓企業活下來，否則，皮之不存，毛將焉附？

　　在"9·11事件"發生的幾週內，為了能夠活下來，美國幾個主要航空公司果斷採取了行動，撤銷了 20% 的航班，並且平均解僱了約 16% 的員工。

　　比如，大陸航空首先進行了裁員，它的裁員政策還算是溫和的，帶些人情味，利用自願離崗休假和直接裁員兩種方式進行，給被裁掉的員工支付一定的補償費用，裁員比例高達 20%。而全美航空在裁員上就做得不得人心，公司引用了勞動合同中"不可抗力條款"，給裁員事件披上了道德的外衣，以至於有人批評全美航空是利用危機事件以原本不可能的方式進行重塑和裁員，裁員比例高達 24%，最終引起了員工的集體申訴。美國航空、西北航空等則利用勞動合同中有關"國家進入緊急狀態"或者"極端環境"等類似條款來避免支付遣散費，這種做法也顯得有些不地道，招致了工會的嚴厲批評。不管賦予裁員多麼冠冕堂皇的理由，以上這些公司的裁員措施都極大損害了企業與員工的關係，破壞了管理層的誠信，對組織造成了長久的傷害。[3]

　　患難之中是否有真情？考驗西南航空的時候到了。人們都在密切關注西南航空的人事動向，看看它是否會效仿其他公司進行裁員，畢竟航空業在這之前還從來沒有遇到如此大的危機，儘管 20 世紀 80 年代、90 年代的兩次石油危機讓航空業遭受了巨大損失，但和"9·11事件"相比，後者給航空公司帶來的是"災難"，以至於西南航空創始人赫伯把這次危機比喻成"大屠殺般的"經濟災難（holocaustic economic catastrophe）。

　　患難之中果然有真情。西南航空又一次在危機面前捍衛了公司長期以來所堅守的經營理念：關愛員工。西南航空對外宣佈了兩條重要的政策：不裁員、不降薪。

　　　沒有什麼比裁員對企業文化更具有殺傷力了。西南航空從來不裁員，這在航空業也是史無前例的。這也許是我們一個巨大的優勢，會在與工會協商合同時幫助我們。……有許多機會，我們本來可以裁員，使公司更加贏利，但我總認為那樣做太短視。你希望人們知道，你珍惜他們，你不會為了得到一點短期的小錢就去傷害他們。不裁員可以培養員工的忠誠，使他們擁有安全感和信任感。所以，在蕭條期你對他們的關照，他們或許在繁榮期記得：我們不會失業，這就是堅守的最好理由。[4]

已經帶領西南航空走過 30 年風風雨雨的赫伯·凱萊赫知道，企業在危機時的韌性來自員工的堅守和付出，要想讓員工們在危機時與企業堅守在一起，就需要讓員工擁有工作的安全感，如果企業在危機中置員工利益於不顧，長期培養的信任可能會毀於一旦。

利用這次危機，西南航空又一次向人們展示了其對企業使命的捍衛，對核心價值觀的堅守，對自由飛翔夢想的執着。

2001 年是西南航空公司成立的 30 週年。30 年來，我們堅守一個使命：低票價。從這點意義上說，今年和其他的年份沒有什麼不同。但是，眾所周知，今年又和其他年份是完全不同的，不管是對我們的公司，還是對我們的國家，2001 年都是極其困難的一年。……第三季度，國家所遭受的災難極大地震撼了我們的心靈、理念，嚴重地影響了我們的生活。在第四季度，我們在艱難中重新站起來。沒有任何困難能夠阻擋住我們前進的步伐。自由，飛翔的自由，將永遠持續下去。[5]

當其他航空公司因裁員陷入人事危機的時候，西南航空這邊 "風景獨好"。有了其他航空公司裁員政策的對比，西南航空 "關愛員工" 的政策顯得更加彌足珍貴，極大地激發了員工對公司的忠誠，他們強忍着悲痛，迅速返回各自的工作崗位，"9·11事件" 之後在最短的時間裏，讓飛機飛向天空，恢復了運營。

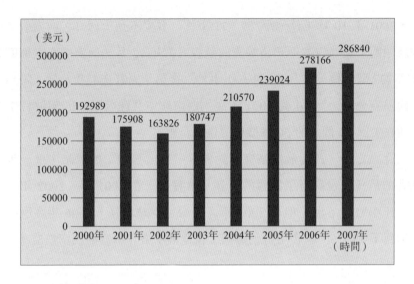

圖 4-3　西南航空人均營業收入（2000—2007）

西南航空對員工的關愛也得到了積極回報，從人均營業收入這一指標來看，西南航空的人均營業收入僅在 2001 年、2002 年略有下滑，但從 2003 年開始，人均營業收入開始了穩健的增長（圖 4-3）。

擺在西南航空高層領導面前的另一個難題是：要不要停飛部分航班。由於恐怖襲擊導致公眾對乘坐飛機感到恐懼，乘坐飛機的人數大大減少。顯然，如果停飛一些航班，可以節省不少運營成本，但同時，停飛航班也會讓一些乘客無飛機可坐，這和公司讓顧客“自由飛翔”的使命相違背。

最終，西南航空決定保持正常運營，不減少航班數量，寧可乘客少一些也要保持正常飛行，與此同時，公司進行了廣告宣傳，以緩解顧客的恐懼感，這種做法在大型航空公司中是獨此一家。事實表明，西南航空這樣做是值得的，它贏得了顧客對它的信賴。“9·11 事件”之後，當美國民航運輸能力開始恢復時，西南航空航班的滿座率為 38.5%，事件一週後的滿座率便達到 52.4%，遠遠高於其他航空公司。此次危機還為西南航空業務擴張提供了機遇，2001 年 10 月 7 日，距 "9·11 事件" 發生不到一個月，西南航空按原計劃新開闢了到弗吉尼亞州諾福克的航線。當年 12 月，西南航空宣佈訂購兩架波音 737 型客機，成為在 "9·11 事件" 後第一家宣佈訂購飛機、增加運力的美國航空公司。[6] 截止到 2001 年底，西南航空共運營了 355 架波音 737 飛機，並在美國 30 個州的 50 個機場提供飛行服務。

　　在存亡之際，西南航空恪守了對顧客 "自由飛翔" 的承諾，進一步加強了顧客的信任，也贏得了顧客的好評。事實上，在 2001 年、2002 年，西南航空客座率略有下滑，但從 2003 年又開始了持續增長，2006 年客座率創新高，達到了 73.1%。乘客用行動選擇了在危機中恪守承諾的西南航空。

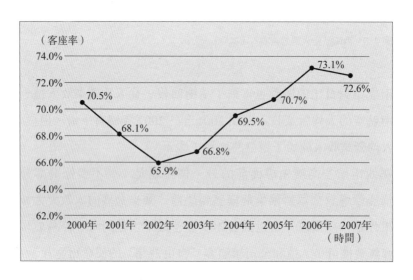

圖 4-4　西南航空客座率（2000—2007）

低成本的"秘密武器"

在"9·11 事件"之後，西南航空之所以能夠採取不裁員、不降薪、不停航班的"三不"政策，是因為其長期保持卓越運營，有充足的現金儲備和運營資金。不裁員、不降薪、不停航班在短時間內會增加公司的運營困難，加劇虧損，如果沒有充足的現金儲備，是不可能做到這一點的。許多企業正是因為在危機來臨的時候，現金和其他流動資產太少，抵禦風險的能力太弱，現金流一旦斷裂，企業就無法走出困境。

> 我們不僅要低成本，還要低票價。我們對每一天、每一個航班的每一個座位都實行低票價，儘管我們可以向競爭對手一樣提高票價，但是我們不會這麼做，在顧客心目中，西南航空就是低票價的象徵，低票價是我們的經營哲學，即使在最艱難的環境中，我們仍會持之以恒地堅持這一戰略。[7]

得益於低價策略，西南航空的市場佔有率一直很高，客流量的穩步提升使其營業收入穩健增長。只有低成本的結構才能支持低價格的策略，這其中有兩個常常讓人感到困惑的問題是：為什麼西南航空的成本能夠做到全行業最低？為什麼在油價暴漲的時候它的經營一直非常穩健？

我分析了西南航空自 2000 年至 2007 年的成本結構，發現西南航空在這 8 年期間，其成本結構相比 20 世紀 90 年代石油危機時已經發生了很大的變化，在總成本結構中，人工成本已經躍升為第一大成本，佔總成本的35%~41%。第二大成本就是燃油成本，佔總成本的 15%~28%（圖 4-5）。

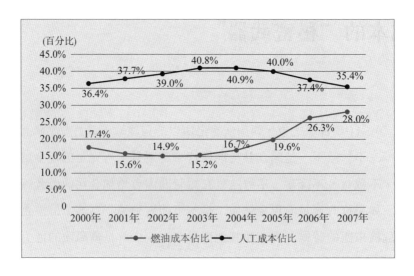

圖 4-5　西南航空人工成本與燃油成本的佔比

這就是為什麼西南航空自成立以來一直將提高員工效率作為其運營的核心策略之一。航空公司是一個勞動密集型企業，到 2001 年時，西南航空已經擁有 31580 人，其在行業內的人均效率一直是領先的。

回顧西南航空在度過第一次、第二次危機時，管理團隊特別強調了應對危機的兩大法寶：持續提高員工效率、持續提高資產利用率，後者主要是指飛機利用率，即飛機在空中飛行的時間。這兩項指標相互促進，員工效率的提高會提高資產利用率，資產利用率的提高可以提高贏利能力，進而提高員工的薪酬待遇，從而促進員工效率的提高，正是西南航空在這兩個指標上的卓越表現使其在 20 世紀 80 年代到 90 年代一直在航空業保持着低成本的領導地位。

進入 21 世紀，航空業的競爭格局也在不斷發生變化，石油價格不斷攀升，尤其是 "9‧11 事件" 之後，成本上升，需求下降，為了應對新的挑戰，我發現西南航空在低成本上還有一個威力更大的 "秘密武器"。

這個秘密武器就是 "燃油套期保值"。所謂套期保值，也被金融專業人

士稱為 "對沖"，是指面臨價格波動時採取一種或若干種金融衍生工具試圖抵消價格風險的行為。套期保值是實現價格風險轉移的一種手段，航空公司對其燃油主要使用期貨與期權兩種衍生品進行套期保值。[8]

從 2000 年開始，為了避免原油價格大漲大落對公司穩健經營的影響，以及更多地節約燃油成本，西南航空就開始利用各種金融工具開展 "航空燃油套期保值" 策略，這種策略可以將燃油成本鎖定在一個價格區間。西南航空的 "航油套保" 業務比例不斷加大，當年燃油用量套期保值的比例在 70%~90% 之間。比如，2005 年對當年 85% 的燃油採取了套期保值措施，就節約了 9 億美元的燃油成本。2006 年，西南航空對 70% 的燃油採用了套保措施，當年為公司節約了 6.75 億美元，同年西南航空還以每桶 50 美元的價格對未來 3 年的石油進行了套保。2007 年年報顯示，西南航空又對 2008 年至 2012 年所需要的燃油進行了套期保值，套保的比例分別為：70%、55%、30%、15% 和 15%，平均成本分別為每桶 51 美元、51 美元、63 美元、64 美元和 63 美元。

2000 年以來，西南航空持續堅持 "航油套保" 業務，並將 "短期套保" 和 "長期套保" 結合起來，為公司節約了數十億美元的燃油開支，極大地降低了燃油成本。同時，這種策略也穩定了公司運營，降低了因石油價格波動給西南航空運營帶來的影響。

當然，西南航空在實施 "燃油套期保值" 措施的同時，也一直持續提高飛機利用效率。圖 4-6 顯示，西南航空的飛機利用效率除在 2001 年、2002 兩年略有下降之外，從 2003 年開始持續提升，到 2007 年飛機利用效率達到了 701 分鐘，創了歷史新高。

至此，西南航空展示了其低成本運營的三大法寶：員工效率高、飛機利用率高、燃油套期保值，這三大法寶在西南航空應對下一次危機中也發揮了重要作用。

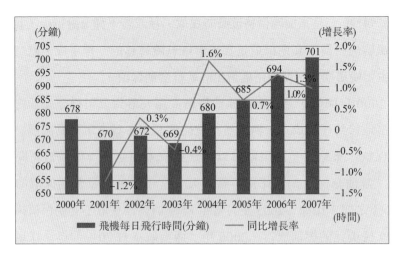

圖 4-6　西南航空飛機利用效率（2000—2007）

有備無患，不是每天都有燦爛的陽光

　　2001 年，70 歲的創始人赫伯・凱萊赫從 CEO（首席執行官）的位置上退了下來，只擔任公司董事長，他從 1981 年開始就一直擔任 CEO，帶領公司走過了多次生存危機，取得了卓越的成績。詹姆斯・帕克（James Parker）繼任公司 CEO，但他在 CEO 位置上的時間並不長，只有 3 年時間，這 3 年也正是西南航空最為艱難的 3 年。當危機過去，2004 年 7 月，57 歲的詹姆斯・帕克不再繼續擔任 CEO，由 49 歲的加里・凱利（Gary Kelly）繼任西南航空 CEO，加里・凱利於 1986 年加入西南航空公司，並從 1989 年開始一直擔任公司首席財務官（CFO），也是公司"燃油套期保值"業務的核心負責人。

　　高層管理團隊的更替並未改變西南航空長期以來所堅持的經營哲學和經營理念。從 1971 年 6 月西南航空第一架飛機從達拉斯的愛田機場起飛到 2001 年，公司歷經了多次磨難，並在 20 世紀 80 年代、90 年代經歷了兩次因戰爭、石油危機和經濟衰退而導致的生存危機，這次 "9 · 11 事件" 導致的危機又把公司推到了生死存亡的邊緣。但和其他航空公司不同的是，西南航空公司在危機時所表現出來的堅韌讓公司在最短的時間內走出了危機，快速恢復了運營能力。

　　西南航空公司為什麼能夠從 "9 · 11 事件" 這次大災難中快速恢復過來？這得益於我們在過去 30 年逐步形成的經營理念和經營哲學，我們只有在過 "好日子" 的時候加強運營與管理，才能防患於未然，才能夠在 "壞日子" 到來時保持正常的運營，才能夠在困境中給我們的員工提供安全的工作環境，才能夠讓我們的公司在危機中保持繁榮。"有備無患" 的經營哲學讓我們度過了 1990—1994 年的生存危機，那時，整個航空業一片哀鴻，行業整體虧損了 130 億美元，裁員超過 12 萬人。唯獨西南航空不僅沒有裁掉任何一位員工，我們還獲利了，並且員工根據利潤分享計劃獲得了分紅。面對這次 "9 · 11 事件"，我們同樣渡過了難關，這同樣得益於我們 "有備無患" 的經營理念，要在好光景的日子裏通過做好運營和管理，為可能到來的 "壞日子" 做好準備。[9]

　　西南航空的領導團隊把公司能夠在逆境中奮進，在逆境中成長，在逆境中贏利的密碼提煉為 "有備無患" 的經營理念，這一理念也成為在 "9 · 11 事件" 之後所有西南航空員工的行為指南針，並長期成為西南航空的經營準則。

　　對航空業來說，2002 年是最糟糕的一年，經濟低迷，航空安全的根基遭到破壞，燃油價格高漲，國際關係緊張，大公司的舞弊醜聞不斷，資本市場進入熊市。所有這些不利因素疊加在一起，對整個航空業產生了災難性的影響。2002 年，除了西南航空，所有的航空公司都陷入了虧損。面對如此糟糕的經營環境，尤其是 "9·11 事件" 帶來的嚴重影響，西南航空依然保持了贏利，創造了獨有的連續 30 年持續贏利的奇跡。

　　事實上，從 "9·11 事件" 以來，到 2002 年底，西南航空每一個季度都實現了贏利。從恐怖襲擊後的 15 個月以來，除西南航空之外，每一家航空公司都進行了裁員，縮減航班，減少服務，唯有西南航空穩步增長。沒有裁掉任何一位員工，沒有縮減任何一個航班，在 2002 年，西南航空又增加了 20 架飛機，總的飛機數量達到 375 架。客運能力提高了 5.5%。同時，公司新僱用了 2125 位員工，員工總數達到 33705 人。2002 年淨利潤達到 2.41 億美元，這一切都得益於我們在 2001 年提出了座右銘：有備無患。[10]

"有備無患" 的經營理念再次拯救並又一次成就了西南航空，2002 年，西南航空公司的航線觸達 59 個機場，運輸了 6300 萬人次乘客，成為美國第四大航空公司。

　　航空業是一個受經濟週期深度影響的行業，這是一個勞動密集型、資金密集型的行業，且深受全球能源市場的影響，很多固定成本受外部各種因素的影響，簡言之，這是一個高風險的行業。"有備無患" 這一策略要求我們必須保持穩健的財務政策、充足的現金儲備、低的負債率、多種融資渠道。西南航空的信用等級很高，是美國唯一一家被三家著名投資機構同時評為 A 級的航空公司。2002 年底，西南航空有 18 億美元的現金，這足以讓西南航空正常運營 6 個月，還有 5.75 億美元可使用的銀行貸款，有未抵押的資產 50 億美元，負債率 40%。[11]

　　分析西南航空 2000 年至 2007 年現金儲備情況，不難發現西南航空在這幾年一直有強勁的現金儲備。2001 年，公司擁有的現金及等價物達到了 22 億多美元。

　　在西南航空的總資產中，現金流的比例一直非常穩定，從 2001 年到 2007 年，現金及等價物佔總資產的比例在 10%~25%（圖 4-7），這是 "有備無患" 戰略在財務的具體體現。

　　多年以來，我一直聚焦於研究企業的可持續成長，我發現任何一家企業的發展都不可能一帆風順，並不是每天都是晴天，我們總會遇到暴風雨來臨的日子，總會遇到不期而遇的災難，唯有在陽光燦爛的日子裏做好充分準備，才能夠在暴風雨來臨的時候渡過難關。

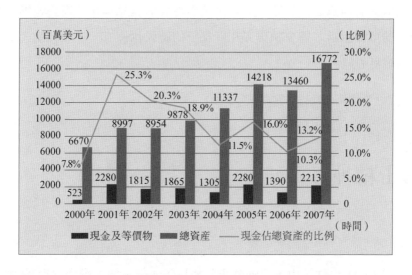

圖 4-7　西南航空現金及等價物與總資產（百萬美元）（2000—2007）

在"9·11事件"來臨的時候，西南航空擁有行業內最低的運營成本、最穩健的財務狀況，現金充足，信用等級良好，同時，我們還擁有最強大、最有韌性、最有適應能力、最團結、最以客户為中心的員工隊伍。再一次，"有備無患"的戰略拯救了我們，讓我們度過了生死劫難。"有備無患"的戰略保障了我們所有員工的工作、生活、福利和分紅；"有備無患"的戰略保障了我們投資人的利益；"有備無患"的戰略保障了我們顧客的利益，在"9·11事件"以後我們的航班 100% 正常運營。在過去的 30 多年，正是"有備無患"的戰略讓我們戰勝了一次次的災難，克服了一次次的危機，我們向全體員工、全體投資人保證，為了保護大家共同的利益和福祉，為了公司持久的繁榮昌盛，我們將永遠堅持"有備無患"的戰略。[12]

採取"有備無患"戰略，需要企業領導者的遠見卓識，需要領導者有居安思危的危機意識，需要領導者在好日子的時候也擁有"戰戰兢兢、如履薄冰"的敬畏心態。

"勇士精神"

在"9·11事件"中，恐怖分子共劫持了 4 架飛機，聯合航空 93 號航班（簡稱聯航 93）是其中之一，這架飛機原定從新澤西州紐華克國際機場（現為紐華克自由國際機場）飛往舊金山國際機場。和另外 3 架飛機結局不同的

是，這架被劫持的飛機並沒有抵達恐怖分子預定的襲擊目標——華盛頓哥倫
比亞特區，而是墜毀在接近賓夕法尼亞州索美塞特縣一處田地裏。據後來的
調查報告顯示，聯航 93 航班上的乘客對劫機分子發起了反擊，乘客托德·
比默（Todd Beamer）參與了這場無畏的行動，他在電話中喊出的最後一句話
是："你們準備好了嗎？好，讓我們衝啊！"（Are you guys ready? Okay，Let's
roll.）不久之後，飛機墜毀，機上所有人員全部喪生。"9·11 事件"過後，
托德·比默在電話中大聲喊出的 "Let's roll" 這句話在美國家喻戶曉，時任總
統小布什還在數次演講中用了這句話，這句話後來也成為美軍攻打阿富汗基
地組織時的行動代號。[13]

　　"Let's roll" 也成為西南航空用來激勵員工的口號，面對突發的恐怖襲
擊，西南航空號召全體員工學習托德·比默的無畏精神、犧牲精神。

　　　　托德·比默面對死亡的威脅，毫不畏懼地大喊："你們準備好了嗎？
　　好，讓我們衝啊！"這是英雄的語言，它代表的是鋼鐵般的意志，代表
　　的是永不磨滅的精神，極大地激發了人們的利他精神。托德·比默的言
　　行，以及他在恐怖分子面前所展示的無畏精神和犧牲精神，極大地激勵
　　了美國人的堅強意志。[14]

　　托德·比默的英勇事跡感染了西南航空的員工，在公司最艱難的時候激
發了員工的鬥志和意志。西南航空是在 "9·11 事件" 之後最快恢復運營的航
空公司。

　　　　我們的員工沉浸在巨大的悲痛之中，但他們把悲痛深埋在心底，眼
　　含熱淚，迅速回到各自的崗位上，他們以最快的速度重新規劃了航班，
　　保證了航線的正常運營。當國家和公司處在緊急情況時，他們毫無怨

言，快速學習聯邦政府制定的新的安全規定和操作規程。在面對"9·11事件"所造成的壓力和困境時，他們依然微笑着一如既往地向來自五湖四海的乘客提供了卓越的服務。[15]

在"9·11事件"之後的幾年時間裏，西南航空依然面臨着嚴峻的挑戰，石油價格飛漲，成本不斷升高，低價航空不斷加入價格戰。西南航空在其文化中不斷注入這種"勇士精神"，鼓勵員工努力工作，鼓勵員工做得更好，鼓勵員工勇敢拚搏。這種無畏的精神幫助西南航空走出了危機和困境。

曾經在 2001—2003 年期間擔任公司 CEO 的詹姆斯·帕克在其後來出版的著作中寫道：

> 我們的員工共同用磚石建造了堅實的家園，而其他一些公司則用稻草建造他們的房子，後者在危機的時候當然會不堪一擊。30 年來，我們一直在做正確的事情，一直走正道，這在危機中給了我們無窮的力量，讓我們在遇到任何困難時都堅持走正道，堅持做正確的事情。[16]

"勇士精神"（Warrior Spirit）幫助西南航空在運營上不斷精益求精，順利走出經營困境，業績不斷提升，相反，那些背負着數十億美元深重債務、在勞資關係上陷入僵局的大型航空公司則遭到了滅頂之災。比如，美國航空以及隨後的聯合航空相繼申請破產保護。一些低價航空的後起之秀也紛紛陷入虧損狀態。2005 年，整個美國航空業虧損 100 億美元，由於石油價格上漲，達美航空和美西航空申請破產保護。從 2001 年到 2005 年，5 年間美國航空業累計虧損超過 400 億美元。

儘管利潤水平有所下降，但西南航空卻仍然保持着持續贏利。2002 年，西南航空市值約為 90 億美元，是其他航空公司市值總和，被《財富》評價為

"有史以來最成功的航空公司"。從 1972 年到 2002 年，西南航空平均每年的投資回報率高達 25.99%，這意味着 1972 年投資 10000 美元，到 2002 年價值達到 1020 萬美元。

同時，西南航空的顧客滿意度不斷提升，和其他幾家主要的航空公司相比，每 10 萬顧客投訴率持續保持最低（圖 4-8）。在 2007 年，西南航空又重新詮釋了自己的使命：

> 我們長期的使命是非常清晰的。我們的目標是運營世界上最安全、最可靠、最有效率的航空公司。我們致力於為員工打造最適合工作的場所；我們致力於為顧客提供最多、最好的航班以實現他們"自由飛翔"的夢想；我們致力於為顧客提供最佳的服務體驗；我們更清楚地知道，我們需要為員工和股東取得更卓越的財務業績。最終，我們知道要想實現以上的目標，我們需要長期堅持我們所獨創的低票價、低成本模式。[17]

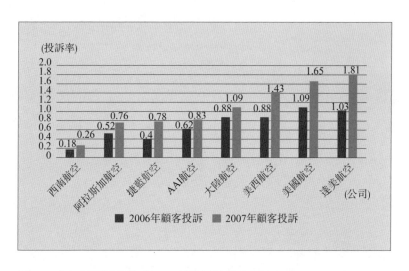

圖 4-8　航空公司顧客服務（每 10 萬顧客投訴率）對比（2006—2007）

　　企業因夢想而偉大，但偉大的企業注定會遭受更多的磨難。從 2001 年到 2007 年，西南航空經歷了一次生死考驗，還沒有來得及停下來享受成功的喜悅，下一次危機又接踵而來。

第 5 章

第四次危機
（2008—2015）
金融風暴與經濟衰退

　　過去和未來不能等同，就如同戰略中的能力和目標不能混為一談，但兩者又是相互關聯的。對於過去，我們只能通過有限的渠道了解，其中包括我們自己的記憶。關於未來，我們所知道的唯一一點是：未來根植於過去，卻不同於過去。只有當我們了解過去時，過去才能為我們所用，幫助我們更好地應對未來。與之相似的是，能力會將目標限制在環境所允許的範圍之內。

——約翰·劉易斯·加迪斯，《論大戰略》作者

　　2008 年 9 月，美國金融危機全面爆發，這是全球經濟史上的一場浩劫。受此影響，全球航空業頓時再次陷入巨大危機。正如英國航空公司首席執行官威利・沃爾什（Willie Walsh）所言，"全球航空業在金融危機中經歷着自 20 世紀 70 年代大眾航空業興起以來，比 '9・11 事件'、海灣戰爭或者任何歷史上的突發事件都要更深層、延續、根本的危機"。

　　金融危機同時引發了石油價格的暴漲，從 2008 年初至 9 月份，原油平均價格達到 113 美元 / 桶，比 2007 年的平均值 73 美元 / 桶，整整高出了 40 美元 / 桶。當年 9 月 22 日，受美國金融風暴的刺激，國際油價再度大幅上升。紐約商業交易所（NYMEX）10 月份輕質原油期貨價格收盤上漲 16.37 美元，收於 120.92 美元 / 桶，為 1984 年紐約商業交易所開始交易原油期貨合約以來的最高單日漲幅。當日，美國航空公司的股票普遍出現下跌。其中，美國大陸航空股價下跌 8.9%，美聯航下跌 12.8%，達美航空下跌 13%。[1]

　　受金融風暴的影響，美國經濟再次進入衰退期，其 GDP 一路下滑，其中 2008 年和 2009 年兩年的 GDP 均為負增長，增速分別為 -0.14%、-2.54%，直到 2015 年經濟才逐步得以恢復，當年 GDP 增速達到 2.88%。

　　美國經濟的衰退，加上金融公司紛紛倒閉，對各個產業都產生了極大的衝擊，這些不利因素疊加在一起導致顧客飛行需求迅速下滑，許多大型航空公司不得不壓縮航班，削減運力，縮減開支，以渡過難關。資本市場對航空公司普遍看空，這也導致西南航空的股價在 2008—2015 年經歷了大幅震盪。2007 年 7 月 20 日，西南航空的股價曾經達到 16.35 美元，而到了 2009 年 3 月 20 日，股價跌至 5.6 美元，跌幅高達 65.7%。但由於西南航空在危機中採取了有力措施，其營業收入保持了增長，且每年都實現了贏利。2013 年 10 月 11 日，股價重新回到 15.23 美元，此後股價一直上漲，到 2015 年 12 月 18 日，股價達到 42.74 美元，漲幅高達 181%（圖 5-1）。

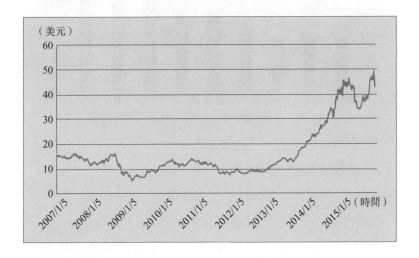

圖 5-1　西南航空股價變化（2007—2015）

　　儘管股價經歷了大幅震盪，但是，西南航空的運營仍然很穩健，其營業收入在 2008—2015 年基本保持了持續增長，除了 2009 年同比下降了 6% 之外，其他年份都實現了正增長。2007 年，西南航空的營業收入為 98 億美元，到 2015 年營業收入增長到 198 億美元，8 年內的平均增幅為 9.6%（圖 5-2）。

　　當然，在危機期間，西南航空的贏利能力也遭受了極大的挑戰，在 2008 年至 2015 年期間，淨利潤經歷了大幅震盪，其中有 3 年時間出現了同比下滑，2008 年、2009 年、2011 年同期分別下滑了 72%、44% 和 61%，這在西南航空過去 30 多年的發展歷史上也是罕見的。但從 2012 年開始，西南航空贏利能力開始增強，到 2015 年實現了強勁增長。西南航空在危機中的整個 8 年時間裏仍保持了每年贏利，延續了公司自 1973 年以來每年都贏利的紀錄，繼續在航空業中創造經營奇跡（圖 5-3）。

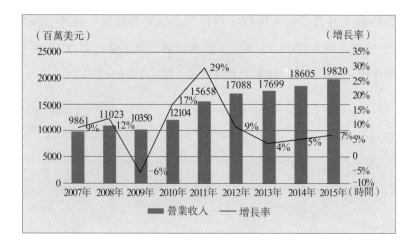

圖 5-2　西南航空營業收入及增長率

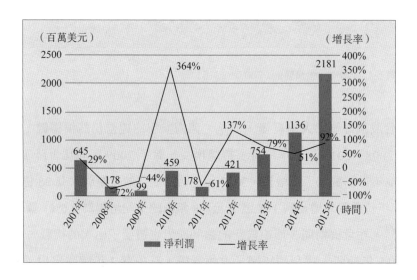

圖 5-3　西南航空淨利潤及增長率（2007—2015）

　　為什麼西南航空繼續在金融風暴和經濟衰退中實現持續贏利？它在金融
風暴來臨後採取了哪些應對措施來度過這次生死劫難？

堅守承諾與透明

2008 年，西南航空的高層領導團隊順利地進行了新老更替，77 歲的創始人赫伯・凱萊赫正式退休，不再擔任公司董事長，只保留了名譽董事長這一身份。53 歲的加里・凱利繼任董事長，並兼任公司總裁和 CEO，新的高管團隊更加年輕化，平均年齡為 52 歲。

這是西南航空歷史上最為重要的一次人事變動，這也標誌着西南航空正式進入 "加里時代"。從 1971 年以來，創始人赫伯・凱萊赫帶領西南航空走過了輝煌而又艱難的 37 年，創造了航空業的奇跡，完成了他的歷史使命。當以加里・凱利為核心的第二代領導團隊接過重任時，他們正面臨着金融風暴帶來的嚴峻挑戰。這次挑戰的困難之大史無前例，華爾街的投資者們也為新領導團隊捏了一把汗，他們都睜大眼睛注視着西南航空的一舉一動。

面對生存危機，新一屆領導團隊會做出什麼重大措施呢？他們是否會大張旗鼓地對外宣佈他們的英明舉措，以證明新團隊的能力，提振投資者的信心？恰恰相反，西南航空的新領導團隊並沒有這樣做，而是對外重申要堅守對西南航空長期使命的承諾。

　　　儘管世界已經發生了翻天覆地的變化，但是我們一直堅守對使命的承諾：我們致力於在世界上運營一家最安全、最可靠的航空公司；通過為顧客提供以最低票價為核心的服務體驗成為行業領導者；為顧客提供便捷的航班選擇；我們致力於成為低成本的領導者，致力於取得卓越的財務績效，並保障我們員工和股東的安全。[2]

是的，這個世界變化太快了，往往會讓領導者在大變局中失去聚焦和專注的方向。西南航空新的領導團隊意識到，在金融風暴的衝擊下，應對危機的法則是回到原點，回到初心，回到使命。當下首要的任務是聚焦西南航空的核心使命，這是應對危機最為重要的力量。西南航空要堅守對顧客的承諾，為顧客持續提供低票價，讓顧客能夠自由飛翔。

越是在危機的時候，越需要贏得顧客的信任，信任的力量是無窮的，它可以讓顧客與企業同渡難關。當然，贏得信任並不是容易的事情，它需要企業長期堅守承諾，而且要求企業堅守透明的政策。

2008 年，為了獲得更多的顧客，贏得顧客的信任，當然也是為了應對一些廉價航空公司的惡性競爭，西南航空發起了一場大規模的 "陽光低價"（No hidden fees）活動，這次活動的目的是捍衛西南航空低票價市場的領導品牌。

當時，一些廉價航空公司雖然表面上把票價降到很低，但是低票價的背後藏着不少貓膩，這些航空公司通過其他服務，比如行李託運、餐飲等額外項目收取顧客費用，實際上乘客支付的費用並不低。

正是看到這一點，西南航空公司發起了這場聲勢浩大的 "陽光低價" 活動，把競爭對手的票價以及其他收費的項目統統對外曝光，在媒體上進行了廣泛宣傳，並對外宣示了西南航空的 "差異化策略"。西南航空提供的是透明的價格體系，常規服務費用都包含在機票票價裏，不會向顧客收取其他任何常規服務的費用，這也是西南航空長期以來一直承諾的 "低票價和卓越服務"，正是西南航空所堅守的使命。

有些企業在危機來臨的時候，忙於應對挑戰，常常把曾經承諾的使命拋到腦後，忘記初心，甚至採取一些損害顧客利益的方式讓自己渡過難關，這些措施也許短期有效，能夠讓企業逃過生死大劫，但是，長期來看這些措施會損害與顧客之間的信任關係，這類企業注定是平庸的。逃過生死危機的並不都是卓越的企業，其中也不乏一些心存僥倖的投機分子。

當然，在危機中兌現承諾是要付出代價的，2009 年，西南航空淨利潤大幅下滑了 44%，只有 9900 萬美元。即使面臨如此大的贏利壓力，西南航空依然保持了對顧客"陽光低價"的承諾，並將這一活動不斷升級，提出了"行李免費"的口號，免收乘客兩件行李的費用，這和其他廉價航空的策略形成了鮮明對比，當時，大多數航空公司都會收取行李費用。儘管增加收費項目會提高公司的收入，提高利潤率，但是，西南航空並沒有效仿其他航空公司的做法。"行李免費"的差異化措施得到了顧客的積極響應，也激起了乘客對其他廉價航空公司"亂收費"的厭惡，提升了西南航空在顧客心目中的品牌領導地位。

相對於其他低價航空公司，西南航空還使出了另一個撒手鐧，即免費改簽機票，這項政策也得到顧客的高度認可。

一些競爭對手"亂收費"的方式給了西南航空一份大禮，對"陽光低價"和"卓越服務"持續承諾，讓西南航空在金融風暴危機中持續獲得了顧客的支持，其客座率不降反升，從 2008 年開始一直持續提高，到 2015 年達到83.6%，創了歷史新高（圖 5-4）。

客座率的提高帶來了營業收入的增加，2010 年西南航空的營業收入達到了 121 美元，同比增長 17%，這也標誌着它走出了經營低谷，此後，營業收入一直持續增長。西南航空通過"陽光低價"活動給顧客展示了一個透明的運營體系，一方面打擊了其他廉價航空公司的惡性競爭，另一方面也增加了顧客對自己的信任和忠誠，同時，也提升了其他投資者、金融機構等對公司的信心，這些有利因素幫助西南航空戰勝了危機，西南航空新的管理團隊打贏了第一仗。

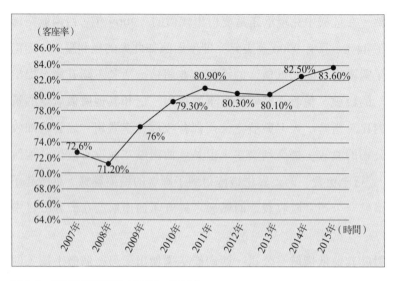

圖 5-4　西南航空客座率（2007—2015）

"降低成本" 是戰勝危機最直接的方法

　　由於受金融風暴的持續影響，2009 年對美國航空業來說是最為艱難的一年，相比 2008 年，美國國內旅客需求下降了 5.2%，美國九大客運航空公司在 2009 年第三季度時已經累計虧損了 5.78 億美元。同時，源自美國的金融風暴也將其他一些國家的航空公司帶入經營困境，當年，全球航空業虧損高達 110 億美元。

　　西南航空商業模式的邏輯其實很簡單：用低成本支持低票價，用低票價吸引更多的顧客。在其總成本的結構中，最為重要的兩項成本就是燃油成本和人工成本，因此，在應對危機時控制這兩項成本直接影響着西南航空的贏利能力。

影響燃油成本的除了燃油價格這一因素之外，另外一個因素就是對燃油的消耗。由於西南航空自 2000 年以來逐步通過燃油套期保值業務平衡了燃油價格對公司運營的影響，因此，降低燃油消耗就成了在危機中降低燃油成本的重要措施。

降低燃油消耗的直接措施是優化航線網絡，2009 年西南航空重新調整了航班安排，優化了航線網絡，削減了一些不贏利、客座率低的航線，同時在整體的運力上也進行了調整，年度飛行運力比 2008 年同比下降了 5%，這一措施為公司直接節約了不少開支，降低了整體運營費用。

另外一個降低成本的重要措施就是削減人工成本。2008 年，西南航空的員工總數已經達到 35499 人。航班運力的減少，勢必會導致人員的富餘，但是，由於西南航空一直承諾在危機中不裁員、不降薪，這使得西南航空的管理團隊陷入兩難境地：如果不降低人工成本，就會削弱公司的贏利能力；如果在人員富餘時採取裁員和降薪的措施，又不符合公司長期堅守的價值觀。到底該如何削減人工成本呢？

2009 年 4 月，西南航空發起了一場代號為“自由 09”的自願休假活動，凡是在 2008 年 3 月 31 日之前加入西南航空的員工都可以參加。這個活動的核心是“無薪休假”，但前提是自願參加，公司不強迫員工參加。由於削減了運力，人員有富餘，但西南航空不會裁員，於是鼓勵員工進行休假，公司為自願休假的員工提供一些現金獎勵，還提供休假期間的基本醫療和牙醫費用，自願休假的員工還可以享受西南航空的旅行優惠。

基於對公司僱用政策的長期信任，西南航空的員工們非常理解並支持了公司這項人事政策，有些員工長期工作在一線，非常辛苦，正好可以藉此機會休息一下，既幫助公司暫時解決了問題，渡過難關，也可以放鬆自己的身心。這個措施取得了不錯的效果，最終，有 1404 名員工參加了這項活動。

在採取讓員工自願休假措施的同時，西南航空還宣佈了兩條降低人工成本的措施，一是凍結資深管理人員的薪酬，二是凍結人員招聘。這些措施緩解了其在人工成本上的壓力。從 1971 年到 2008 年，西南航空基本沒有採取以上措施來削減人工成本，這足以看出西南航空在 2009 年時所面臨的巨大壓力。

除了採取減少燃油成本和人工成本的措施之外，西南航空還減少了一些戰略性的支出，比如推遲購買飛機，這使其擁有了充足的現金儲備。與此同時，西南航空號召全體員工一起共渡難關，開展各項成本節約活動，盡量減少一切不必要的開支。

我分析了西南航空 2008 年至 2015 年的座英里成本與座英里收入這兩個核心指標，兩者之差是座英里運營利潤，它反映了其贏利能力。2008 年，西南航空的座英里收入是 10.67 美分，座英里成本是 10.24 美分，座英里運營利潤只有 0.43 美分；而到 2009 年時，贏利的挑戰更大，座英里收入是 10.56 美分，座英里成本是 10.29 美分，座英里運營利潤只有 0.27 美分。直到 2010 年才開始有所好轉，座英里運營利潤達到 1.01 美分（圖 5-5）。

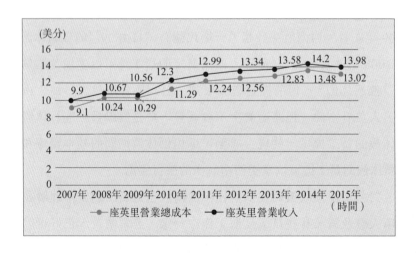

圖 5-5　西南航空座英里成本與收入比較（2007—2015）

可以想像，倘若西南航空不在 2009 年時採取如此強勢的降低成本的措施，就可能會虧損，也就無法延續自 1973 年以來每年都贏利的紀錄了。

通過創新服務項目增加收入

在生存危機來臨的時候，除了"節流"之外，"開源"也是非常重要的舉措。創新無止境，西南航空鼓勵員工緊緊圍繞乘客的需求，通過創新服務項目來增加業務收入。2009 年，西南航空開始通過增加一些非常規的收費項目來提高收入。比如，公司新增了一個服務項目，允許乘客將寵物小貓、小狗帶上飛機，但這項服務是收費的，每單程的收費達到了 75 美元。針對無成人陪同的未成年乘客，則額外收取 25 美元的服務費用。對於超重行李或第三件行李，則收費 25 美元。

西南航空還創新了一項服務內容：早鳥值機（EarlyBird Check-In），選擇這項服務的乘客可以自動獲得優先登機服務，但是，需要額外支付 10 美元。"早鳥值機"這個創新項目在 2010 年為其增加了 1 億美元的收入。

互聯網的普及也在改變着乘客的消費習慣，從 2009 年開始，西南航空就不斷升級公司的官方網站（www. southwest. com），升級後的網站成為網上產品和服務的綜合平台，網站支持乘客通過手機等個人移動端設備直接登錄，乘客不僅可以在線預訂機票、辦理改簽、辦理值機等服務，網站還可以生成電子登機牌，乘客不需要打印紙質登機牌，這些措施提高了乘客的效率，也讓乘坐飛機更加便捷。到 2009 年底，西南航空有 77% 的乘客選擇使用其官方網站完成購票、改簽和值機等服務。這極大地提升了顧客的體驗。

　　升級後的官方網站還增加了不少收費項目，乘客可以在網站上預訂酒店、餐廳和車輛。為了增加乘客的黏性，西南航空還在官方網站上創新性地開發了一系列在線服務，比如開設了"旅行導覽"（travel guide）服務，這項服務可以幫助乘客制訂旅遊計劃，服務中嵌入了旅遊目的地的城市介紹、天氣預報、酒店與餐廳推薦、駕車路線等信息，這項服務還支持乘客通過發佈照片或者視頻，分享其在旅行中的快樂體驗。2010 年，西南航空進一步升級southwest.com 服務內容，植入了導航功能，更加方便購物，使其成為一個綜合的出行解決方案。

　　2011 年，西南航空公司成立 40 週年，這一年也是新的領導團隊上任的第三年。以加里·凱利為核心的高管團隊成功戰勝了金融風暴帶來的危機，讓西南航空逐步走出經營困境。展望未來的 40 年，加里·凱利依然強調對公司使命的堅守：

> 　　展望未來的 40 年，我們依然要堅守以下原則與目標：善待我們的員工；贏取更多的顧客；持續提高營業收入；捍衛我們低成本的領導位置；保持穩健的財務政策；稅前的投資資本回報率達到 15%。[3]

　　我發現，不管是赫伯·凱萊赫領導的創始團隊，還是加里·凱利領導的新管理團隊，他們都一直堅守"員工第一，顧客第二"的原則，他們認為沒有滿意的員工，就不可能有滿意的顧客。事實也證明，在西南航空過去所經歷的 4 次生存危機中，都是員工的努力拚搏、樂觀上進拯救了公司。也正是因為員工與公司結成了強大的命運共同體，才激發了員工們的創新激情，不斷圍繞乘客的需求，利用各種新興的技術，設計各種創新型項目。

　　2012 年，西南航空在飛機上推出了收費的 Wi-Fi（一種短距離高速無線數據傳輸技術，主要用於無線上網）服務項目。2013 年，西南航空在登機口提供了一項 "優先登機" 服務，每次收費為 40 美元。同年，在飛機上推出了電視直播項目、看電影項目，每部電影收費 5 美元。這些新增加的服務項目，都取得了很好的效果，既滿足了乘客的需求，又提高了自身的收入。

　　從每乘客營業收入這一指標來看，西南航空創新的各類服務項目對提高公司的整體營業收入有很大的貢獻，從 2008 年到 2015 年，除 2009 年之外，每乘客營業收入都實現了同比的增長，其中 2009 年每乘客營業收入為 119.9 美元，2010 年每乘客營業收入達到了 137.2 美元，同比增長了 14.5%（圖 5-6）。[4]

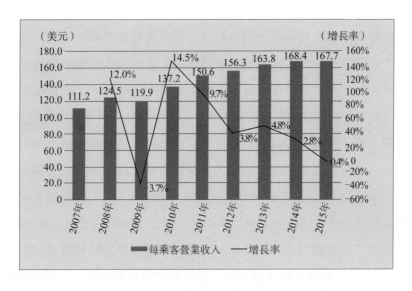

圖 5-6　西南航空每乘客營業收入與增長率（2007—2015）

飛出國門，開闢新市場

　　在金融危機來臨之前，西南航空的領導團隊一直在討論一個問題：公司要不要開闢國際航線？從 1971 年到 2007 年，西南航空的全部業務都聚焦在美國國內，航線已經遍佈美國本土各州。2008 年金融危機的爆發，使得這一問題更加突出。由於美國國內飛行需求不斷下滑，西南航空需要拓展新的市場以增加營業收入。最終，西南航空的領導團隊決定將飛機飛出國門，開闢新市場。

　　在經營國際航線業務上，西南航空以前並沒有這方面的經驗，所以，公司採取了相對穩健的方式進行摸索和嘗試，它通過共享航班代碼的方式，與其他航空公司合作將服務延伸到加拿大和墨西哥。2008 年，西南航空與其他航空公司的共享航班終於飛出美國本土，這對西南航空有着歷史性的意義。

　　當時，除了美國國內需求下滑之外，西南航空還面臨一個更為複雜的競爭格局。為了減輕運營與成本的壓力，美國航空公司之間的合併與重組非常頻繁。2005 年，總部設於亞利桑那州坦佩（Tempe）的低價航空公司美西航空與全美航空合併，成為全美航空集團的一部分。美西航空成立於 1981 年，它是西南航空的強勁對手，以鳳凰城天港國際機場作為樞紐機場，同樣定位於低價市場。到 2005 年時，美西航空已經發展成為美國第二大低成本航空公司，擁有 132 架飛機，開闢了連通美國、加拿大與墨西哥的 100 多條航線。美西航空與全美航空的合併加大了低價市場的競爭，並對西南航空構成了直接威脅。

　　2008 年的金融風暴進一步加速了航空公司之間的整合，10 月 29 日，航空業爆出了一條驚人的消息，全球第三大航空公司美國達美航空公司以 26 億美元收購全球第五大航空公司美國西北航空公司，合併後的航空公司成為當時全球規模最大的航空公司。

　　金融風暴也對美國聯合航空和大陸航空造成了重創，2009 年聯合航空運力縮減了 7.4%，而大陸航空的運力也縮減了 5.2%。兩家航空公司同樣虧損嚴重，2009 年聯合航空收入減少 19.1%，虧損 6.51 億美元；而大陸航空收入減少 17.4%，虧損 2.82 億美元。運力減少、成本上升、大幅虧損最終使得兩家公司進行了合併，2011 年 11 月 30 日，聯合航空與美國大陸航空達成合併協議，合併後以聯合航空的名義運行。

　　當時，擺在加里‧凱利面前的一個問題是：西南航空採取何種方式快速開闢國際航線？加里有兩個選擇：第一，西南航空依靠自身的力量，組建國際航線業務團隊；第二，收購一家擁有國際航線業務的公司。顯然，通過併購的方式整合一家公司，從效率和速度上看，可以加快西南航空在國際航線業務上的佈局，可以為西南航空贏得時間。

　　但問題是，西南航空並沒有太多併購的經驗，而且它還曾經品嘗過併購帶來的痛苦——在其發展歷史上，曾經有一次痛苦的併購經歷。1985 年，西南航空收購了 Muse 廉價航空公司，將其改成 TranStar 航空公司，並獨立運營，但是，虧損很嚴重，西南航空不得不在 1987 年關閉了 TranStar 公司的業務。

　　加里‧凱利等人並沒有忘記併購 Muse 廉價航空公司曾經帶來的痛苦，但是，和 20 世紀 80 年代相比，21 世紀航空業的競爭格局發生了巨大變化，西南航空需要快速佈局國際航線業務。不能一朝被蛇咬，十年怕井繩。加里‧凱利決定採取併購的方式開闢國際航空市場。2010 年 9 月 27 日，西南航空宣佈以 14 億美元收購穿越航空（AirTran）的母公司穿越航空控股公司，交易總價值為 34 億美元，這等於直接收購了穿越航空。收購方式採取現金加股票的方式進行，穿越航空每股股票定價為 7.69 美元，每股股票可以從西南航空獲得 3.75 美元現金，同時穿越航空每股股票可以換取 0.321 股西南航空的股票。

> 毫無疑問，2010 年對我們來說最大的動作是收購穿越航空控股公司。這項收購會增加西南航空在國內低價市場的份額，讓我們能夠服務更多的客戶。一方面，使得我們能夠有機會將業務擴展到美國更多的小型城市，另一方面，也能夠為我們開闢加勒比海、墨西哥等國際航班提供新的機遇。[5]

西南航空收購穿越航空是一箭雙雕。首先，西南航空藉助收購穿越航空進一步在美國的低價航線市場深耕，提高了市場佔有率，捍衛了自己在低價航空中的領導地位，業務也擴展到更多的中小城市。同時，西南航空也增加了業務收入，保證了在金融風暴的惡劣影響下持續成長。

其次，西南航空收購穿越航空也是推進國際化戰略的重要一步，此次收購使得西南航空的業務擴大到亞特蘭大、華盛頓、波士頓、巴爾的摩和紐約等主要樞紐機場，增加了 37 個航點。西南航空的國際化戰略是以這些樞紐機場為基地逐步開通飛往加勒比海地區、墨西哥、加拿大和南美洲等地的航線。

西南航空對穿越航空的收購於 2011 年 5 月 2 日完成，穿越航空的 800 名員工加入了西南航空的大家庭，這項併購也改變了西南航空長期以來採用單一波音 737 標準機型的模式，穿越航空當時擁有 140 架飛機，主要包括波音 737、717 兩種型號。相對於 737 而言，717 機型小一些，西南航空最初讓這些飛機服務運量較低的航線，因為這些航線如果採用大型的 737 飛機，成本會更高，贏利能力更差，但是後來發現整合的效果並不理想。2012 年，為了降低飛機的維修成本，減少運作的複雜性，提高整體運營效率，西南航空把 88 架波音 717 飛機租給了達美航空，仍然保留運營波音 737 單一機型的模式。

　　西南航空通過併購穿越航空公司提高了運力，尤其是提高了國際航線的運營能力。2011 年，當收購完成後，西南航空公司的運營里程達到 12057800 萬英里，同比增長 22.5%（圖 5-7）。2013 年加大了穿越航空航線網絡的整合，同年 4 月，西南航空開通了飛往波多黎各的國際航班。當西南航空的航班飛出美國時，航空業在 2013 年又發生了一次震驚業界的大合併，同年 12 月 9 日，美國航空公司與全美航空宣佈合併，合併後的美國航空在規模上超過了聯合航空和達美航空，成為世界最大的航空公司。

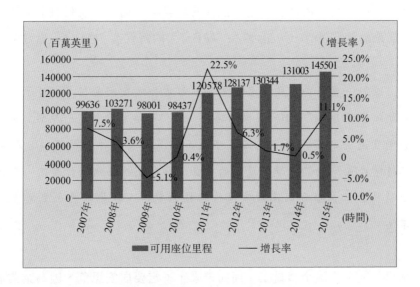

圖 5-7　西南航空可用座位里程與增長率（2007—2015）

　　藉助於收購穿越航空，西南航空完成了開闢國際航線業務的戰略。2014 年 1 月，西南航空正式開通了國際機票預訂系統，開始銷售到加勒比海地區阿魯巴（Aruba）、巴哈馬（the Bahamas）、牙買加（Jamaica）等地的國際機票。直到 2015 年，西南航空才完成了對穿越航空的全面整合。

成功永無止境

從 2008 年到 2015 年，加里·凱利帶領西南航空戰勝了金融風暴帶來的危機，實現了韌性增長。到 2015 年底時，西南航空擁有 704 架飛機，營業收入達到 198 億美元，同比增長 7%，淨利潤達到 21.8 億美元，同比增長 92%。西南航空又一次在航空業創造了奇跡，又一次證明了它的組織韌性。

在總結西南航空成功戰勝這次危機的經驗時，加里·凱利引用了創始人赫伯·凱萊赫常常說的一句話：要在“好日子”的時候為“壞日子”做好準備。

> 我們一直居安思危，名譽董事長常常告誡我們要在“好日子”的時候加強管理，為“壞日子”做好準備。我們一直在踐行這一原則，所以，我們在過去的幾年裏不僅活了下來，而且取得了卓越的成績，取得了可持續成長，我們保障了員工的安全，沒有裁掉任何一位員工，現在，全體員工正在推動西南航空進行積極的變革，我們要為未來再次做好準備。[6]

加里·凱利告誡全體員工，面向未來，一定要居安思危，因為企業永遠無法預知下一個危機何時到來。對一個卓越的企業而言，成功屬於過去，曾經的輝煌並不一定能夠延續未來的輝煌，成功永無止境。

西南航空成功戰勝第四次危機的事實再次證明，只要發揮人的力量就能夠戰勝困難。企業在上一次危機時不拋棄員工，員工在下一次危機時就不會拋棄企業。保障每一位員工的工作安全，與員工同甘苦，既是企業的責任，也是企業戰勝危機的法寶。

　　當企業與員工建立了持久的信任關係，當企業的領導者與員工建立了心與心的連接，就會產生巨大的力量，就會在危機時激發每一位員工的鬥志。從 2008 年到 2015 年，即便是在金融危機的巨大衝擊下，西南航空的人均營業收入依然實現了強勁的增長。2003 年，人均營業收入為 31 萬美元，到 2015 年，人均營業收入達到了 40 萬美元，增幅達到 29%（圖 5-8）。

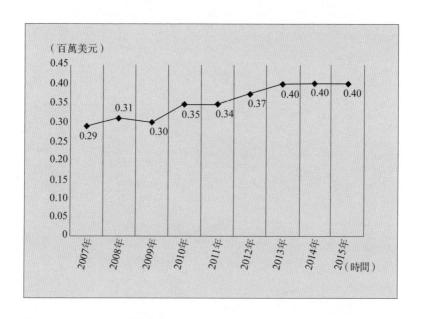

圖 5-8　西南航空人均營業收入（2007—2015）

　　從 1971 年到 2015 年，西南航空在其 45 年的發展歷史中，經歷了 4 次嚴峻的生存危機，但它每一次都成功地戰勝危機，堅強地生存下來，並實現了可持續增長。它在過去的 45 年，長期堅持低票價的運營模式，最終實現了讓乘客自由飛翔的夢想，低價航班不僅遍佈全美各州，還開闢了國際航線。

　　20 世紀 70 年代，在西南航空剛剛開始創業運營的時候，它發佈了一條令人印象深刻的廣告，穿着火熱短褲的空姐站在舞台中央，一架飛機疾馳而過，帶出了一條醒目、簡短的標語：物超所值（We're affordable）。

　　物超所值，這是所有顧客都需要的，也是企業在危機中持續成長的密碼。

第 6 章

精一戰略

專注最擅長的領域做到極致

我們不應該放棄探索；在所有探索的盡頭，我們會回到起點，重新認識這個地方。

——托馬斯·S.艾略特

精一戰略的本質

制定戰略需要基於對未來的判斷，因此，未來的不確定性增加了制定戰略的難度。在戰略的制定中，我發現有兩種極端的領導者：戰略激進者和戰略保守者。戰略激進者是極端的樂觀主義者，他們自信滿滿，傾向於誇大未來的可控性，常常放大未來"變得更好"的可能性；戰略保守者是極端的悲觀主義者，他們焦慮不安，傾向於誇大未來的不可控性，常常放大未來"變得更壞"的可能性。

> 風會熄滅蠟燭，卻能使火越燒越旺。對隨機性、不確定性和混沌也是一樣：你要利用它們，而不是躲避它們。你要成為火，渴望得到風的吹拂。我們不只是希望從不確定性中存活下來，或僅僅是戰勝不確定性。除了從不確定性中存活下來，我們更希望擁有最後的決定權。我們的使命是馴化、主宰，甚至征服那些看不見的、不透明的和難以解釋的事物。[1]

戰略激進者的夢想是"征服者"和"主宰者"，不相信命運的安排，不懼怕危機的光臨，他們激情似火，渴望"風的吹拂"；戰略保守者是"畏懼者"，是"膽小鬼"，他們就像是一支小小的蠟燭，微風吹來，瞬間失去了光芒。

　　戰略激進者過於樂觀，戰略保守者過於悲觀，這兩類領導者都忽略了不確定性的兩面性。不確定性既可能是危機，也可能是機會；不確定性既可能被戰勝，也可能把企業擊得粉身碎骨。儘管戰略激進者和戰略保守者的認知模式不同，但是，他們所帶領的企業卻有共同的特徵：缺乏組織韌性。前者的企業是因為虛大而脆弱，後者的企業是因弱小而脆弱。

　　高韌性企業的領導者把戰略視為一種平衡的藝術，他們既不激進，也不保守；他們既保持對成長的渴望，又心懷對成長的敬畏。我將高韌性企業的戰略模式稱為精一戰略。

　　"精一" 這個詞出自《尚書·大禹謨》："人心惟危，道心惟微，惟精惟一，允執厥中。"這段話的意思是人心是不安的、浮躁的，道心是精微的，只有用精一的功夫，誠懇地秉持中道，因時制宜、順應人性做事，才是解決之道。著名戰略管理學者、動態競爭理論創始人陳明哲教授是 "精一" 哲學（the power of "ONE"）的推動者、踐行者，他認為 "精一" 的核心在於 "一"，"一" 就是 "本"（core）：

　　　　精一，不是指只做一件事，只在一個領域發展，而是在環境不斷變動的過程中，持續地、真誠地與自己對話，思考和確立企業的 "本"，一心一意、專注而用心地立足於企業的 "本" 行事，並且精益求精、一點一滴領悟本身所在領域的永續之道。[2]

　　本立而道生。高韌性企業利用精一戰略確定了企業的 "本"，明確了企業的使命，即使在危機來臨之時，亦不忘記使命，不忘記立身之本。正是對 "本" 的堅守，對使命的專注，才塑造了組織的戰略韌性，使得企業渡過一次又一次的危機和難關。

戰略韌性：一致性與動態平衡

從 1971 年正式運營以來，西南航空一直奉行的是精一戰略。1992 年，在《北美自由貿易協定》簽署後，總部位於得克薩斯州的西南航空最有條件開闢到墨西哥的航線，許多人認為這將是一條利潤豐厚的航線，但是，西南航空卻抵制住了這樣的誘惑。因為，這條航線並不符合西南航空的精一戰略，它一直遵循的是 "中型城市、非中樞機場" 的戰略聚焦原則，在其他公司認為 "不經濟、利潤不高" 的航線上，西南航空卻能夠憑藉 "低票價、高密度、好服務" 的競爭策略獲得成功，它總是能夠在自己最擅長的領域比競爭對手做得更好。創始人赫伯・凱萊赫曾說：

> 當初他們告我惡意競爭，結果我用事實證明，即使降低票價，西南航空仍然可以贏利，法院只能判我勝訴。今天，西南航空的競爭對手已經不在空中，而是變成了在州際高速公路上行駛的汽車。我想讓所有美國人明白：其實你可以不必開車，因為坐飛機更快、更省錢。[3]

赫伯・凱萊赫和另一位創始人羅林・金在戰略上一直保持着一致，他們從來沒有想過要做一家最大的航空公司，從來也沒有運營國際航線，沒有想過購買大型飛機，他們只想讓短程的旅客有飛翔的自由。他們的目標是創辦一家高效的航空公司，服務滿意度高，一家適合工作的航空公司，一家贏利的航空公司。在短程航線這一細分市場上，低票價是競爭的利器。西南航空公司的乘客中，有 90% 的乘客是短途乘客，飛行的時間在一個小時以內。西南航空在美國本土低價市場上堅守了 27 年，直到 2008 年，西南航空的航班才採用共享代碼的方式第一次飛出了國門。

我分析了西南航空在 4 次危機中對使命與戰略的陳述，發現在這 4 次危機中，公司領導者都在不同場合強調並重申了公司的戰略定位，儘管用來表達公司的戰略定位和核心使命的詞語不同，但是，戰略定位的主題基本沒有變化，主要的戰略關鍵詞就是：低票價、短程航線、高效運營、卓越服務，這些正是西南航空的戰略之 "本"（表 6-1）。

表6-1　西南航空在 4 次危機中對使命與戰略的一致性陳述

	第一次危機 （1979—1985）	第二次危機 （1990—1997）	第三次危機 （2001—2007）	第四次危機 （2008—2015）
對使命與戰略的陳述	我們的戰略定位是 "低票價"。我們的經營哲學和戰略原則是：（1）簡單運營：採用波音 737 飛機等。（2）高效率：提高飛機利用效率，提高人員效率等。（3）聚焦乘客：為顧客提供快樂、關愛的卓越服務。（4）為短途商務人士服務：只開關飛行時間兩個小時以內的航班	1991 年，我們的口號是 "堅強地活下來"。我們不僅實現了這一目標，而且我們贏利了。這得益於我們沒有忘記自己的戰略定位，我們擁有低成本的結構，穩健的財務政策，卓越的顧客服務加上低票價，還有我們高效的員工，這是我們未來能夠持續繁榮的基礎	我們之所以能夠從 "9・11 事件" 中快速復原，得益於我們堅強而又有韌性的員工，更重要的是我們一直牢記我們的使命，就是為顧客提供低票價和卓越的服務。我們有充足的現金儲備、穩健的財務政策、良好的資本結構、卓越的效率	我們一直堅守自己的使命，我們不僅是一家 "低價航空公司"，而且是一家 "陽光低價" 的公司，我們會堅持透明的原則，為顧客提供真正低價而卓越的服務。我們致力於為顧客提供更安全的服務，為員工提供更安全的工作環境，這都需要我們堅持穩健的財務政策

　　戰略何時變、何時不變，是很關鍵的問題。一般而言，戰略不能常變，要有它的恒常性，因為戰略的實施要有很多穩定的配套措施，包括人員、組織結構、獎懲措施等。至於戰略何時才變，最重要的是，你在做戰略分析時，必須很清楚你對政策與產業大環境、顧客和客戶、競爭者、公司基本情況的基本假定，當巨大改變出現，使這些假定受到巨大挑戰時，便是調整戰略的時機——比如突然出現一個新的競爭者，或現有競爭者有了新的投資而加碼。[4]

　　西南航空的精一戰略使其在戰略的恒常性與可變性之間找到了一種動態的平衡。西南航空的戰略恒常性是聚焦於對低票價有需求的顧客，戰略的可變性是創新其創造顧客價值的方式。當美國低票價市場已經趨於飽和時，西南航空便調整其戰略定位，開闢了飛往南美洲等地的國際航線。

　　精一戰略強調的是在戰略定位上保持一致性，而在競爭戰術上保持靈活性。比如，西南航空的"低票價"就是長期需要堅守的一致性原則，這一原則關乎企業的戰略定位。1990年，在西南航空即將迎來20週年的時候，公司重申了戰略一致性對公司業績的重要影響：

　　　　對於一家即將迎來20週年紀念的公司而言，我們深信，未來的路根植於我們過去走過的路。我們堅持做我們最擅長的事情，並要做到極致，要做到比別人更好。西南航空一直是一家低票價、高效率、短航程、點對點的航空公司。我們服務商務和度假兩類客戶。我們在中西部、西南部以及西部地區的成功絕對不是靠運氣，而是靠我們全體員工對"贏"的渴望。[5]

戰略的一致性有助於企業獲取一致性的資源和能力，沒有資源和能力的支持，戰略是無法落地和實施的。西南航空長期堅守 "低票價" 的戰略定位，堅持 "低成本" 的結構，在這樣的戰略原則指引下，公司塑造了與其戰略相一致的資源與能力，正是戰略定位與資源能力的匹配構築了西南航空持久的競爭優勢，提高了組織應對危機的韌性。

戰略的一致性還降低了企業選擇的複雜性。戰略的本質是選擇，選擇 "不做什麼" 和選擇 "做什麼" 同樣重要，沒有資源和能力支持的選擇都是虛無的。由於在戰略上有強大的定力，西南航空在危機來臨的時候，並沒有因為在戰略上的搖擺而做出其他浪費資源的選擇，相反，一些大型航空公司卻因為未能堅持戰略的一致性，紛紛採取 "騎牆戰略"，最終都失敗了，失敗的一個重要原因是這些大型航空公司主攻高端市場，並沒有積累在低票價市場上的資源和能力。"騎牆戰略" 的另一個危害是，模糊了公司在顧客心目中的定位，損害了企業的品牌認知。

精一戰略不僅強調戰略的一致性，同時還強調因時而變的動態競爭思維。企業領導者不能奢望制定最好的戰略，這種戰略是不存在的，所有的戰略都需要因時而變，因勢而變，擁有動態的戰略思維比擁有好戰略更重要。

高韌性企業對戰略方向的長期承諾，使其在動態競爭中不斷積累與其戰略定位相一致的能力和資源，從而不斷塑造公司的競爭優勢。戰略的一致性，又降低了戰略搖擺的機會成本，更減少了選擇的彷徨與焦慮，這使得企業可以心無旁騖地把優勢資源集中在最擅長的領域，從而為顧客持續創造獨特的價值，進而提升組織的戰略韌性。

保持對成長速度的敬畏

精一戰略秉持"中道"思維，在企業的成長速度上不激進、不保守，採取的是"穩健增長、持續贏利"的基本成長原則。

在華爾街的一些投資者看來，西南航空成長的速度太慢了，他們不斷向西南航空施加巨大的壓力令其以更快的速度增長，但西南航空一直堅持自己的成長節奏，保持對成長速度的敬畏，在成長面前非常克制與自律，它在成長速度上長期將年增長率15%左右作為制定目標的基本原則。西南航空的高管們不認同"飛躍式增長"的快速發展模式：

> 這對西南航空來說不是什麼新鮮事了。那些華爾街的"專家"總是認為我們需要以更快的步伐擴張。這些所謂的"專家"希望西南航空抓住時機以更快的速度實現飛躍式增長。這是明擺着的事，刺激增長就會刺激投資者的胃口，但是沒有人能夠逼迫我們成長，那也不可能發生。[6]

對航空公司而言，運載能力非常重要，我們可以使用衡量運載能力的指標來分析航空公司的業務增長情況，其中一個重要的指標就是"可用座位英里"（ASM）。可用座位英里反映的是一家航空公司的產能，它與航空公司購買的飛機數量、開闢的航線多少有關。簡言之，可用座位英里值越大，說明航空公司擁有越多的航線與運力資源。

我分析了西南航空自1979年至2019年以來的可用座位英里變化情況，數據結果令人驚訝，在過去的40多年裏，西南航空的可用座位英里一直保持穩健增長，即使是在4次大的危機期間，西南航空也依然保持了持續增長的節奏，只有兩年時間可用座位英里同比下降，其中1988年可用座位英里同比下降了 0.2%，2009 年同比下降了 5.9%，其他的時間全部實現了持續增長。第一次危機（1979—1985）期間可用座位英里年平均增幅為 27.4%，第二次危機（1990—1997）期間可用座位英里年平均增幅為 13.3%，第三次危機（2001—2007）期間可用座位英里年平均增幅為 7.6%，第四次危機（2008—2015）期間可用座位英里年平均增幅為 5.1%。

在成長速度方面，西南航空保持了克制和自律。1980 年至 1986 年，因為當時公司的規模尚小，可用座位英里的年度增長速度相對高一些，同比增速在 22%~28%。從 1987 年以後，西南航空將可用座位英里的增幅控制在 15% 以內。只有兩年例外，1993 年同比增長了 28.8%，2011 年同比增長了 22.5%，其中 2011 年是因為收購了穿越航空公司而導致可用座位英里增加幅度較大（圖 6-1）。

高韌性企業保持着對成長速度的敬畏和自律，並將其視為一項紀律而嚴格遵守。吉姆·柯林斯將成長的紀律概念化為“日行 20 英里”的成長原則，即始終如一保持持續增長。在成長速度上，要保持自我加壓和自我克制，既要自我加壓實現增長，又要自我控制以限制增速。決不走得太遠、太快，決不在單一年份增長過快，也要絕對避免在單一年份業績下降太多，即保持業績增長的均好性。

　　“日行 20 英里”征程並不僅僅是一個哲學理念，它與具體、明確、聰明且嚴格執行的績效機制有關，而這些機制可以確保你不會偏離軌道。“日行 20 英里”征程會導致兩種類型的自我施加的不適：第一，在困難條件下因堅持致力於高績效而帶來的不適；第二，在良好條件下因保持克制而帶來的不適。……紀律是行動的一致性，包括價值的一致性、長期目標的一致性、績效標準的一致性、方法的一致性、跨時間的一致性。[7]

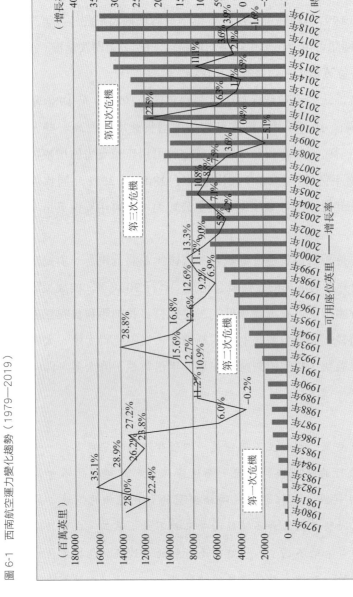

圖 6-1　西南航空運力變化趨勢（1979—2019）

　　遵守成長的紀律需要企業領導者在經營環境大好時克服跳躍式成長的慾望，也需要領導者在遇到經營困境時克服外部帶來的挑戰。在任何行業，爆炸式的增長速度都不可持續，它最終會讓企業變得脆弱，在危機來臨時不堪一擊。過於保守的成長速度亦不可取，它會讓企業失去長期抱負，失去奮鬥的精神，最終也會導致企業因為過於弱小而無法抵禦危機的衝擊。

　　精一戰略促使企業長期堅持穩健的增長速度，這有利於企業統籌資源的配置與安排，發展與目標相一致的能力，使得公司在危機中表現出很強的戰略韌性。

　　　　戰略韌性並不是僅僅幫助企業應對一次危機，或者從一次挫折中復原，而是幫助企業持續識別、消除那些削弱公司核心業務贏利能力的不利因素，並能防患於未然，在危機來臨之前進行變革。[8]

　　也許有人會問：是不是有一個標準的增長速度可以參考？從我多年的研究經驗來看，這個標準在不同的行業之間會有較大的差異，"穩健增長"需要企業領導者根據行業的特點以及企業的規模制定一個符合自身發展規律的成長標準，最為關鍵的是在一定時期內保持增長的穩健性，避免企業的增長速度大起大落。根據對海爾、華為、蘋果等幾家世界級企業成長速度的研究，我發現一個普遍的規律，從營業收入這一指標來看，這些卓越的企業 20 多年的平均增長速度在 15%~20% 之間。西南航空從 1979 年到 2019 年，在這 40 年期間，其營業收入的年增長率平均為 16.1%，也符合這一基本規律。

成長模式：平衡內生增長與外生增長

戰略模式決定企業的成長模式，通常有三種成長模式：內生型、外生型、內外共生型。內生型是一種依靠自身力量不斷自我成長的模式，有時又被稱為內涵式的成長模式；外生型通過併購的方式將外部公司併入自己的業務體系，這是一種外延式的擴張模式；內外共生型模式則兼具內生和外生兩種模式，將自我成長和外部併購相互融合（圖 6-2）。

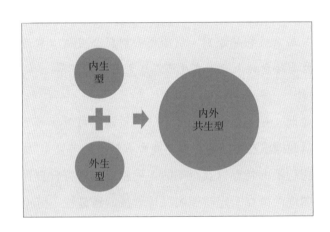

圖 6-2　生態成長模式：內生型、外生型與內外共生型

我在《第四次管理革命》這本書中研究了海爾、阿里巴巴、亞馬遜、蘋果、西門子和豐田汽車等 6 家世界級企業的成長模式，發現這些世界級的企業都採用了 "內外共生" 這種 "雙軌模式" 來擴展自己的平台生態系統。[9]

精一戰略使企業在 "內生增長" 與 "外生增長" 之間選擇一種動態平衡，力圖兼容這兩種模式的優點，但在實踐中，更偏愛內生增長這種成長模式。也就是說，高韌性企業選擇的是 "內生增長為主，外生增長為輔" 的成長模式。

比如，相對於"外生增長"模式，西南航空更注重內生增長。內生增長模式注重激活公司的內部資源，尤其是人力資源的優勢，擅長把每個員工內在的潛力發揮出來。

從 1971 年到 2019 年，西南航空只有三次併購行為，第一次併購發生在 1985 年，公司收購了一家小型的廉價航空公司：繆斯航空，這家航空公司實際上和西南航空有很深的淵源，其創始人拉馬爾·繆斯（Lamar Muse）是西南航空第一任 CEO。西南航空收購繆斯航空之後將其改名為 TranStar 航空單獨運營，但這次收購並不成功，TranStar 一直虧損，最終西南航空於 1987 年關閉了 TranStar 航空。2001 年，西南航空創始人赫伯·凱萊赫在卸任首席執行官後回憶了這次收購背後的故事。

> 在離開西南航空幾年之後，我們的首任首席執行官拉馬爾·繆斯開設了另一家航空公司，直接和我們競爭。金融圈的人把這家公司叫作"復仇"航空公司（Revenge Air）。我猜測拉馬爾開這家公司的目的之一就是想把西南航空拖垮。到 1985 年的時候，這家公司瀕臨破產。我們最後收購了它，改名為 TranStar，當作一家獨立公司來經營。但有一點我失算了……TranStar 捲入了可能是航運史上最慘烈的一次價格戰，一直不贏利，最終我們把它關閉了。……我當首席執行官的時候還比較年輕，但當時我就認識到，如果有什麼事情賠錢，就趕快放手。你得像科學家那樣看待問題：這實驗不成功，那就算了。你不能感情用事。我是按這條規則行事的：不要把自我捲進去。你不能因為將自尊與所做的事情緊緊聯繫在一起就一年又一年地堅持下去，永不停止。[10]

由於收購繆斯航空並不成功，西南航空在 1987—1992 年期間沒有採取過

任何一項併購行動，在這期間主要依靠內生增長方式，直到 1993 年，以 1.3
億美元收購了 Morris Air 航空公司。2011 年，為了拓展國際航線，西南航空
收購了穿越航空公司，這次併購後的整合非常成功，2015 年完成了對穿越航
空的全面整合，彌補了西南航空在國際航線業務上的不足。

如果把內生增長與外生增長看作企業成長模式的兩端，高韌性企業在成
長的模式中不會選擇極端路線，而是平衡利用了內生與外生兩種成長模式，
採取以 "內生增長為主，外生增長為輔" 的成長路線，這是 "執兩用中" 的
智慧，也是精一戰略的精髓（圖 6-3）。

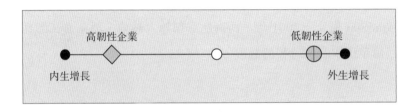

圖 6-3　高韌性企業的增長模式：內生增長為主

精一戰略的戰略思維是 "先為不可勝"，在危機中先堅強地活下來，就
像西南航空在 1991 年所提出的口號：堅強地活下來。只要在危機中能夠生
存、復原過來，就會有更大的機會，因為，許多韌性不強的企業都在危機中
倒下了。

　　善戰者，先為不可勝，以待敵之可勝。不可勝在己，可勝在敵。故
　善戰者，能為不可勝，不能使敵之可勝。故曰：勝可知，而不可為。[11]

對於高韌性企業的領導者而言，《孫子兵法》中提出的 "先為不可勝，以
待敵之可勝" 完美地詮釋了他們在危機中所堅持的原則。高韌性企業在危機

中堅持自己的運營節奏，但同時也伺機而動，當競爭對手因無法戰勝危機而倒下時，就給高韌性企業提供了擴張的機會，它們會迅速採取行動，搶佔競爭對手留下的市場空間，從而進一步壯大自己，危機對高韌性企業而言變成了"增長的機會"。

在最擅長的領域做到極致

精一戰略還強調在"戰略"與"運營"之間保持動態平衡，戰略韌性緣於戰略目標與運營能力的匹配。戰略與運營的脫節是大多數企業面臨的挑戰，許多領導者都醉心於制定"好戰略"，但是忽視了資源的配置能力，不關注執行力，從而導致戰略與執行脫節。從精一戰略的視角來看，沒有所謂的好戰略，凡是不能得到資源和運行支持的戰略甚至都不能稱為"有效的戰略"。戰略是公司發展的指南針，但是，僅僅有指南針是不夠的。

> 指南針……能從你所在的地方為你指出真正的方向，但對於你前行路上將要遭遇的沼澤、沙漠和峽谷，它不會給出任何建議。如果在前往目標的過程中，你只會悶頭向前衝，不顧障礙，必將陷入泥淖，一事無成。那麼，即使你知道真正的北方又有什麼用呢？[12]

美國前總統林肯的這段話告訴我們一個重要的道理：戰略的威力來自與行動力的結合。西南航空低票價的威力來自它的低成本結構，沒有後者的支持，低票價的策略是不可能實現的。事實上，西南航空的許多競爭對手也找到了"低票價"這一指南針，但是，恰恰是由於它們在衝向低票價市場時，沒有構建出低成本的運營系統，才使得它們陷入了經營的泥淖。

西南航空在創業之初，兩位創始人就給公司安裝了發展的指南針，公司的競爭對手並不是其他航空公司，而是行駛在高速公路上的汽車，西南航空的戰略指南針就是把開車到其他城市上班或者度假的人吸引到飛機上，讓他們選擇乘坐飛機而不是開車，因為這樣"更便宜、更快、更安全"。

正是基於這樣的戰略定位，西南航空才只開闢點到點的短程航線，這樣的航線通常飛行時間低於一個小時。西南航空的領導團隊意識到，要想實現讓飛機替代汽車的戰略使命，"速度和便捷"是制勝的關鍵所在。所以，西南航空在運營設計上必須追求極致的效率，最大可能地為乘客節約時間，同時，通過低成本的運作為乘客提供低票價。對於短程航線而言，低票價、準時、可靠性以及友好的服務是競爭的關鍵，除此之外，西南航空盡可能減少其他不必要的服務，包括餐飲、預訂座位等服務都是不必要的。

西南航空的低票價模式極大地刺激了顧客對坐飛機的需求，一個常見的現象是，當西南航空開闢一條航線時，通常能夠把這條航線的票價降低60%~70%，同時將這條航線的需求量總體增加30%。西南航空的低票價模式讓它牢牢地吸引了對票價敏感的顧客。1990年的美國經濟低迷，許多公司削減了差旅費用，顧客對機票價格的敏感度大幅提高，有公司就這樣指示員工：

> 盡可能搭乘西南航空的航班，我們出行不需要裝飾豪華的飛機，只要好服務、好價格、準時到達。[13]

高韌性企業有一套獨特的打法，它通過核心能力驅動戰略，利用核心能力擴展與其戰略相關的能力體系，並及時根據動態反饋的需求來擴展和完善業務模型。[14]

西南航空在戰略與能力之間建立了極致的匹配關係,戰略決定能力,能力驅動戰略。在西南航空的商業模式中,低票價是戰略,低成本是能力。低票價決定了企業必須要塑造低成本的能力,低成本的能力反過來又支持了低票價的戰略。

毋庸置疑,對採取低票價的企業而言,低成本是其核心能力。那麼,西南航空又是如何做到低成本的呢?

分析西南航空 1979 年至 2019 年期間每一年的成本結構,可以發現在西南航空總的成本費用結構中,人工成本與燃油成本是最重要的兩大成本。在第一次危機(1979─1985)時,燃油成本是第一大成本,在總成本結構中平均佔比達到了 33.6%;人工成本是第二大成本,在總成本結構中平均佔比達到 28.3%。兩者合計佔比為 61.9%。在第二次危機(1990─1997)時,人工成本上升為第一大成本,在總成本結構中平均佔比達到 33.1%。燃油成本是第二大成本,在總成本結構中平均佔比達到了 16.3%;兩者合計佔比為 49.4%。第三次危機(2001─2007)延續了第二次危機的成本結構,人工成本仍然是第一大成本。到第四次危機(2008─2015)時,兩者的位置交替進行,在 2011─2013 年,燃油成本超過了人工成本(圖 6-4)。

西南航空低成本的能力就在於把人工成本和燃油成本控制到極致,這是西南航空運營的核心能力,當然,其他降低成本的措施比如不提供餐飲服務、不提供固定座位等也非常重要,但和人工成本、燃油成本相比這些都是邊緣能力。西南航空巧妙地利用核心能力擴展與其戰略相關的邊緣能力,從而構建了強大的能力體系,增強了組織的戰略韌性。

西南航空充分發揮了精一戰略中的聚焦原則,在降低人工成本和燃油成本兩個方面做到了極致。在降低人工成本時,西南航空並沒有像其他企業那樣採取直接削減工資薪酬等費用的措施,相反,西南航空長期以來堅持不裁

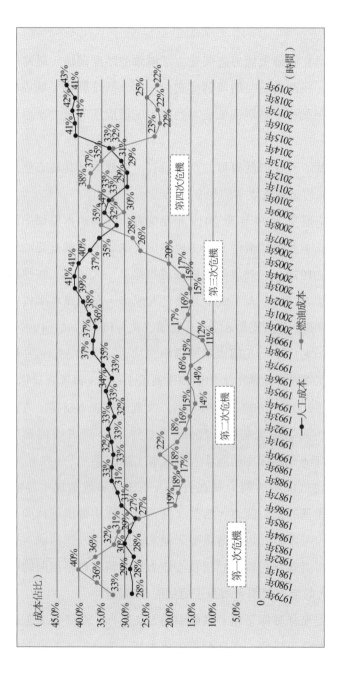

圖 6-4 西南航空人工成本與燃油成本變化趨勢（1979—2019）

員的政策，即使在 4 次危機中，西南航空也沒有主動裁員，而是強調保護員工工作的安全。西南航空降低人工成本的秘訣是提高人均效率，利用效率的提升來降低人工成本，它設計了一系列相互匹配的政策來激發每一位員工的活力，在提高人均效率方面做得出類拔萃。我在第 8 章中將會詳細解釋西南航空在提高人員效率方面的政策。

降低燃油成本的核心在於提高飛機效率，降低飛機的燃油消耗。由於西南航空在航線安排上採取點對點的方式，不飛大機場，只飛中型機場，這使得其使用機場的租金更低，航班更準時，飛機停留在地面的時間更短。西南航空在航班安排上的這些措施，以及高效率的員工，使得其飛機利用效率在行業內最高。同時，西南航空長期使用單一的波音 737 機型的飛機，這使得飛機的維修成本，以及人員培訓成本都可以降到最低，再加上與波音公司的長期合作和持久的關係，西南航空可以比競爭對手更早、更快地買到更節省燃油的飛機，從而在燃油成本上獲得了相對競爭優勢。

西南航空在降低燃油成本上還有一個 "秘密武器"：燃油套期保值。我在第 4 章解釋了西南航空是如何進行燃油套期保值業務的。得益於燃油套期保值業務，西南航空不僅降低了因原油價格大起大落對公司增長速度造成的影響，還降低了燃油成本，提高了公司贏利能力。

當許多大型航空公司紛紛成立廉價航空公司模仿西南航空的商業模式時，創始人赫伯堅信沒有任何一家企業能夠複製西南航空的模式：

> 有很多企業試圖模仿西南航空，但是，沒有任何一家企業能夠複製我們的精神、團結、做事情的態度以及追求卓越的堅毅，我們長期堅持為每一位乘客提供卓越不凡的服務。只要我們能夠一如既往地保持我們的友愛、奉獻和激情，我們就一定能夠制勝未來。[15]

西南航空長期堅持戰略的一致性，將“低票價”與“低成本”的優勢發揮到極致，再加上便捷和卓越的服務，使得那些試圖模仿西南航空模式的競爭對手望塵莫及。

許多模仿西南航空模式的領導者在戰略思維上犯了一個基本的錯誤，他們沒有能夠從系統和平衡的角度深入了解西南航空模式的精髓，僅僅是學習了一些表面的管理技巧或者營銷策略。

對比案例：星巴克的戰略迷失與回歸

2000 年，星巴克創始人舒爾茨不再擔任公司 CEO，從一線運營上退了下來，只擔任公司董事會主席，由奧林·史密斯接任公司總裁和 CEO。奧林於 1990 年加入星巴克擔任副總裁兼首席財務官，1994 年晉升為總裁兼首席運營官。2005 年，奧林退休，吉姆·唐納德繼任 CEO，但是吉姆在這個位置上只工作了兩年。從 2001 年到 2007 年，星巴克一直處在高速增長的階段，營業收入從 2001 年的 26.5 億美元增加到 94.1 億美元，淨利潤從 1.79 億美元增加到 6.73 億美元，亮麗業績的背後隱藏着危機。2008 年，星巴克的淨利潤突然下滑了 53.6%，只有 3.12 億美元。

為什麼會出現這種情況？一個基本的結論是星巴克的爆炸式增長背離了精一戰略的成長原則。

圖 6-5 展示了星巴克從 1992 年到 2019 年店面的增長數量。從中可以看出，在 2007 年之前，星巴克每年的新開店數量都保持了高速增長，1992

年，星巴克只有 165 家店面，到 2007 年時全球店面數量已經達到 15011 家，年複合增長率高達 35.1%，遠遠超過了精一戰略中 15%~20% 的穩健增長速度。

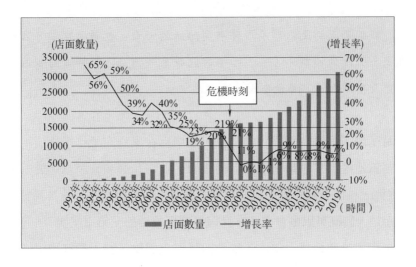

圖 6-5　星巴克店面數量與增長率（1992—2019）

星巴克對成長速度失去了敬畏之心，高速擴張帶來的直接影響是品質下降，顧客抱怨增加。

每家星巴克都不再是那個溫暖、誘人的咖啡店，而更像是一味關注效率的快餐店，而且人們突然間牢騷滿腹。……舒爾茨也承認星巴克今天面臨的問題是咎由自取。2006 年，他對星巴克所表現出的信心近乎錯覺。風風光光這麼多年，他似乎當真相信自己建造了一個堅不可摧的企業。也許不妨這樣講，過去幾年的經歷讓他重新對上天心存敬畏。[16]

星巴克爆炸式增長帶來的第二個問題是戰略迷失，淡忘了經營之本，丟掉了"精一"。星巴克在 20 世紀 90 年代的快速成長得益於其對"咖啡的浪漫格調"的定位，1999 年，舒爾茨在記者採訪中反覆強調星巴克咖啡的獨特之處在於給消費者提供"浪漫和舒心"的味道：

> 我們每天都是以那麼幾件事開始新的一天，包括刷牙等，只是這些都毫無浪漫的情調可言。但咖啡卻能帶來一種浪漫和舒心的味道。即便是整天手捧咖啡，都會令人倍感愜意。[17]

正是基於"浪漫和舒心"的定位，星巴克在家庭和工作場所這兩個空間之外，創新地提出了"第三空間"的概念，並將品牌和營銷聚焦於"第三空間"，從此，星巴克咖啡店的定位和功能升級了，它們並不單純是購買咖啡的地方，而是人們既可以聚會交流，又可以獨處放鬆的"第三空間"。星巴克賦予了咖啡店靈魂和情感，創造了獨特的星巴克體驗，為人們打造了一種新的生活方式。

然而，這一切都隨着星巴克在 2000—2007 年的迅猛擴張變得模糊起來，咖啡店逐漸喪失了靈魂，咖啡逐漸失去了浪漫的情調，顧客逐漸失去了對星巴克的情感，星巴克逐漸失去了贏利能力，公司在"節節勝利"之中邁入生存危機。

為了度過生存危機，舒爾茨重新回到運營一線，他於 2008 年 1 月開始擔任 CEO。舒爾茨意識到星巴克的問題除了爆炸式增長之外，更深層次的問題是公司偏離了曾經的經營之魂，丟掉了咖啡的浪漫情調，他要重新找回星巴克的靈魂，回到"星巴克為什麼存在？"這一核心問題上來。

2008 年 2 月，一個星期二的下午，舒爾茨讓全美國 7100 家門店暫停營業，下午 5 點半，星巴克咖啡店的員工們把顧客禮貌地請出了咖啡廳，休業學習，全體員工參與了一場培訓，舒爾茨在培訓短片中對全體員工説道：

我們公司使咖啡師養成了壞習慣。如果咖啡流得太急，就會像水從水龍頭流出的那樣口感寡淡。如果濃縮咖啡的味道不是很好，我允許你們倒掉，重新調製。[18]

舒爾茨要讓全體員工明白，星巴克的經營之道是為顧客提供高品質且有浪漫情調的咖啡，利用"第三空間"給顧客們創造獨特的生活方式。這是星巴克的經營之本，永遠不能忘記也不能偏離企業的這一使命。星巴克重新調整了產品結構，取消了一些品質不高的早餐三明治、甜品，調整了冷冰冰的店面設計，讓咖啡的芳香又飄蕩在溫暖的星巴克咖啡店裏，星巴克又找回了自己的使命，找到了存在的價值。

舒爾茨意識到，要帶領星巴克走出這場危機，最為關鍵的是激發每一名員工的力量。只有員工們意識到需要改變，變革的戰略措施才能執行到位。2008 年 10 月，星巴克在新奧爾良召開了一場有 10000 名合夥人參加的誓師大會，舒爾茨全面詮釋了星巴克所面臨的困境，以及準備採取的措施，並要求所有的合夥人改變過去的工作方式，用積極的心態去迎接挑戰，每一個合夥人都要以老板的心態來服務顧客，重建與顧客、社區的關係。

面對艱難的挑戰，我們採取了看起來違反常規的策略，我們加大了對人的投資。我認為，這顯然是最重要、最明智的決策。過去 30 多年，我們品牌的核心是"人"，我們的成功也依靠的是"人"，我們的未來也同樣依靠"人"，我們正是依靠為顧客創造的獨特而真實的價值才成為全球的知名品牌。……在 2008 年股東年度大會上，我展示了星巴克轉型的藍圖和計劃，我們需要重新回到我們的"經營之本"，我們要聚焦於合夥人、咖啡、顧客以及獨特的星巴克體驗。[19]

　　舒爾茨還採取了激進的"瘦身計劃"，在 2008 年、2009 年兩年期間關閉了近 1000 家門店，裁員 1 萬多人。同時，開始了一系列優化管理、降低成本、提升品質的變革措施。這些措施很有效，2009 年星巴克淨利潤增長率達到 25.6%，淨利潤總額達到 3.92 億美元。2010 年，淨利潤更是大幅增長了141.8%，總額達到 9.48 億美元，星巴克走出了經營危機，重新開始了穩健的增長。

　　2017 年 3 月 22 日，帶領星巴克走出危機的舒爾茨將 CEO 一職交給了凱文·約翰遜（Kevin Johnson）。舒爾茨利用精一戰略拯救了星巴克，重新找到了星巴克的經營之魂，平衡了戰略與能力之間的關係，調整了星巴克的成長速度，將星巴克帶上了持續增長的軌道。

　　精一戰略是一種動態平衡的戰略思維，這種思維模式可以提高領導者的判斷與決策能力。

　　　　好判斷是一種不穩定的平衡行為。我們經常發現我們在一個方向上走得太遠，而此時已經無法回頭。從事這種平衡的行為需要高層次的認知技巧：能夠甄別出我們思維過程中極端封閉或者極端開放的蛛絲馬跡，從而達成沉思的平衡。[20]

　　精一戰略還是保持一致性與動態性的平衡藝術，它長期堅持戰略定位的一致性，堅守對成長速度的敬畏，採取內涵增長為主的成長模式，匹配了目標與運營能力，塑造了組織的戰略韌性。這種韌性使得高韌性企業能夠快速適應外部環境的變化，利用多年培育的核心能力，從危機中快速復原，獲得持續增長。

　　正如我在本章開始時所寫的，儘管"烈火"喜歡"風的吹拂"，希望藉助風的力量讓自己越來越旺，但是，大風往往裹挾暴雨而至，最終，火焰終被熄滅。高韌性企業的領導者從不把自己當成征服者和主宰者，相反，他們心懷敬畏，戰戰兢兢，如履薄冰，小心地在夢想與現實之間尋求平衡。

第 7 章

穩健資本

提高企業的資本韌性

　　一個領導者必須看清事情的本質，而不是你希望看到的樣子。

——傑克·韋爾奇

戰略決定資本，資本影響戰略

上一章分析了精一戰略對組織韌性的影響，這種戰略模式牢記企業的使命，長期堅守清晰的方向，保持戰略目標的一致性，對企業成長的速度充滿敬畏，不在行業環境好的時候激進擴張，也不在行業出現危機的時候保守退縮。簡言之，精一戰略塑造了組織的"戰略韌性"，讓組織能夠成功地戰勝一次又一次的危機，並且不浪費每一次危機帶來的機遇，在危機中獲得了持續增長。

企業要想在逆境中獲得持續增長，除了需要具備戰略韌性之外，還需要有資本韌性。資本是企業正常經營以及在危機中抵禦風險最重要的資源，它事關企業的生死存亡，因此，企業的資本結構對企業的戰略以及長期價值有決定性的影響。

從一家企業的資產負債表可以清楚地看到其資本結構，這些內容主要包括流動資產與固定資產、長期負債與短期負債、總資產與所有者權益等。從籌資的角度來看，公司主要有兩種融資渠道：債權融資和股權融資，其中債權融資是有償使用企業外部資金的一種融資方式，形式多種多樣，主要包括企業債券、銀行貸款、金融租賃、私募債權基金等。對於債權融資所獲得的資金，企業不僅要承擔事先約定的利息，還要在債務到期時償還本金。股權融資主要是通過資本市場公開發行股票，配售新股，或者發行可轉化成股權的可轉換債權。股權融資所獲得的資金，企業無須還本付息，這種融資方式分享的是企業的贏利與長期增長。

採用不同的融資渠道組合會對公司的資本結構有很大的影響，任何一家企業都需要在債權融資和股權融資之間找到平衡。"資本槓桿水平"就是用來衡量債權融資和股權融資的一個重要指標，如果一家企業的資本槓桿水平較高，說明企業偏好債務融資，資本結構的風險較高；如果一家企業的資本槓桿水平較低，則說明企業偏好股權融資，資本結構的風險較低。

除了行業特徵會影響企業的資本槓桿水平之外，企業自身的戰略模式、業務組合和競爭地位也會對企業的資本結構產生重要影響。我們可以把企業的業務分為當前業務和未來業務，當前業務關注企業目前的價值創造，聚焦的是短期價值；未來業務關注的是長期的價值創造，關注的是長期增長機會。通常情況下，企業會採取債權融資的方式為當前業務的運營籌集資金，而股權融資更多的是投資於未來新的增長機會。

一些學者的研究表明，企業的競爭戰略也會影響資本槓桿水平。在充分競爭的行業中，高資本槓桿容易導致企業後續投資能力不足，也容易導致企業在產品價格戰和營銷競爭中的資本承受能力不足，被迫削減投資，退出市場。資本槓桿低、現金流充足的企業往往會主動發起價格戰和營銷戰，降低產品利潤和經營現金流，逼迫資本槓桿高的企業陷入財務危機，在這種競爭環境中，"資本槓桿低"成為一項競爭優勢，特別是在競爭對手之間經營效率無差異時。在企業之間的競爭中，僅僅經營效率高並不能保證企業生存，只有兼具經營效率高和資本充足（資本槓桿低）兩個特點的企業才能長期生存。[1]

精一戰略關注企業的長期生存發展，堅持這一戰略的企業意識到未來的危機不可預知。宏觀環境的動盪變化、顛覆性技術的突然出現，以及產業政策的突然調整，這些不可預知的因素可能隨時會讓企業陷入生存危機。既然危機不能預知，就需要提前預防，就需要夏天時就為冬天的到來準備棉衣。當危機來臨的時候，資本槓桿高的企業更容易陷入生存困境，所以，精一戰略的企業採取穩健的資本結構，穩健的資本塑造了企業的資本韌性，強大的資本韌性又促進了企業在逆境中持續增長。

西南航空採取的是精一戰略，長期堅持戰略的一致性，着眼於長期增長，聚焦於低票價市場，這都需要西南航空有強大的資本韌性，否則，不但無法在多次價格戰中取勝，更無法保持近 50 年的持續贏利與增長。西南航空採取的是穩健的資本結構，主要表現在：充足的現金儲備、保守的財務槓桿水平以及強勁的贏利能力。

現金為王：危機中的 "壓艙石"

當危機來臨的時候，現金就成了戰勝危機的 "壓艙石"。現金是企業經營的空氣，遺憾的是，許多領導者只有在企業現金流斷裂的時候才能體會到這句話的分量。對人類而言，沒有空氣就無法生存；對企業而言，沒有現金就無法正常經營。企業在 "好日子" 的時候，常常體會不到現金的價值，就像我們平時感受不到空氣的存在一樣。

經歷過 4 次生死危機的西南航空意識到，只有在 "好日子" 的時候為 "壞日子" 的到來做好準備，才能夠戰勝 "壞日子" 帶來的危機，這形成了西南航空獨特的經營哲學，其核心思想就是 "有備無患"。

　　西南航空為什麼能夠從 "9・11 事件" 這次大災難中快速恢復過來？
這得益於我們在過去 30 年逐步形成的經營理念和經營哲學，我們只有
在好日子的時候加強運營與管理，才能防患於未然，才能夠在 "壞日子"
到來時保持正常的運營，才能夠在困境中給我們的員工提供安全的工作
環境，才能夠讓我們的公司在危機中保持繁榮。……在 "9・11 事件"
導致的危機來臨的時候，我們手頭有 10 億美元現金，這使得我們有能力
應對現金流耗盡的危機。我們的資金流動性尚好，還不算太糟糕。[2]

　　在 2001 年美國發生 "9・11 事件" 之後，西南航空之所以能夠在危機中
快速復原，迅速恢復運力，並在最為艱難的 2002 年實現業績的持續增長，其
根本原因就是西南航空在危機來臨之前就儲備了大量的現金，儘管西南航空
沒有預知到恐怖襲擊的發生，但它卻時刻為危機的到來做好準備。我認為，
企業預知危機幾乎是不可能的事情，唯一能做的就是在危機到來之前做好
準備。

　　用 "現金佔總資產的比例" 這一指標分析西南航空自 1979 年至 2019 年
的現金儲備情況，能夠充分反映企業的現金儲備在資本結構中的位置（圖
7-1）。在第一次危機（1979—1985）期間，西南航空現金佔總資產的平均比
例為 5.3%，在危機最為嚴重的 1980 年，現金佔總資產的比例為 8.1%。

　　在第二次危機（1990—1997）期間，西南航空現金佔總資產的平均比例
上升為 12.1%，在危機最為嚴重的 1991 年、1992 年，現金佔總資產的比例分
別達到 14.2% 和 19.1%；在第三次危機（2001—2007）期間，西南航空現金
佔總資產的平均比例進一步上升為 16.5%，在危機最為嚴重的 2001 年、2002
年，現金佔總資產的比例分別達到了 25.3% 和 20.3%；在第四次危機（2008—
2015）期間，西南航空現金佔總資產的平均比例下降為 7.1%，在危機最為嚴
重的 2008 年，現金佔總資產的比例為 9.6%。

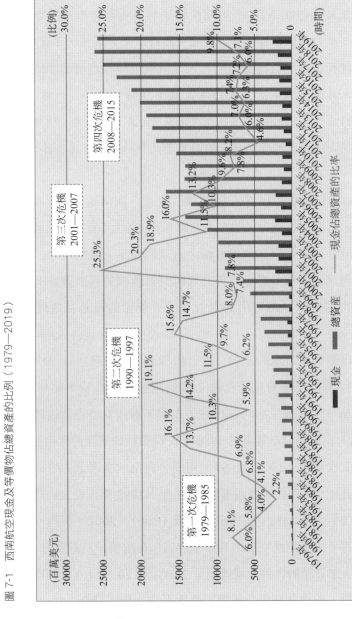

圖 7-1　西南航空現金及等價物佔總資產的比例（1979—2019）

　　西南航空的現金儲備與競爭對手相比是一種什麼情況呢？我選擇了達美航空作為對比案例，達美航空是美國最大的航空公司之一，成立於 1925 年，在其發展歷史中通過多次併購，規模越來越大，這家航空公司也開闢了低價航線，和西南航空進行直接競爭。

　　圖 7-2 展示了西南航空與達美航空 2005 年至 2019 年的現金情況。2005年至 2007 年，西南航空的現金佔總資產的比例分別為 16.0%、10.3% 和13.2%，而同期達美航空的現金佔總資產比例分別為 4.5%、2.6% 和 3.4%。顯然，和達美航空相比，西南航空的現金更充足。到 2008 年金融危機爆發時，西南航空當年的現金佔總資產的比例仍然達到了 9.6%，而達美航空當年的現金佔總資產的比例只有 5.4%，到 2009 年，這一比例下降到 3.7%。從 2011 年開始，達美航空的現金流量開始增強，到 2015 年，其現金佔總資產的比例達到 10.6%，在這一指標上超過了西南航空（7.4%）。

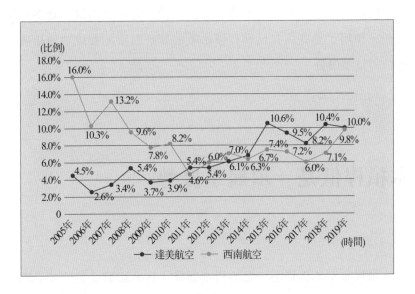

圖 7-2　西南航空與達美航空現金佔總資產的比例（2005—2019）

　　常言說，家中有糧，心中不慌。在危機來臨的時候，倘若企業手中有充足的現金儲備，就可能保障自己的運營節奏，而不至於手忙腳亂。寒冷的冬天，當大家都缺棉衣的時候，借棉衣並不是件容易的事情，它考驗的是企業長期積累下的信譽水平；假如臨時去生產棉衣，也可能會因為原材料短缺而無法完成，最好的辦法是在夏天的時候為冬天儲備一些棉衣。

　　當然，並不是現金儲備越多越好，太多的現金可能會導致企業對未來的投資不足，浪費資本的效率，這就需要企業根據自身的運營特徵制定一個現金儲備的安全標準，將其視為一項嚴格的財務紀律長期堅守。

　　企業的現金儲備還和企業的戰略與競爭模式有關。西南航空的精一戰略的核心是低票價，通過低票價提高客座率，這一戰略使得西南航空常常主動發起價格戰，這就要求其必須有充足的現金儲備，否則，就有可能在價格戰中被競爭對手打敗，這也證明了資本對戰略的重要影響。事實上，西南航空在其成長過程中，就是憑藉強大的現金流、穩健的資本結構、資本槓桿低等戰略措施，擊垮了那些與自己進行價格戰的競爭對手，並成功地拓展市場份額，保持了持續增長。

資本槓桿低是一項競爭優勢

　　資本槓桿水平不僅影響企業的資本結構，也會影響企業的競爭戰略，有時，資本槓桿低會成為一項競爭優勢。

　　在第一次危機（1979—1985）期間，西南航空就採取了 "低資本槓桿"

這一措施。西南航空的領導者發現，航空業的生存環境具有太大的不確定性，經濟衰退、石油危機、政府管制等措施都會給航空公司的發展帶來極大的制約，在動盪的環境中要持續增長，就需要採取穩健的資本結構，降低資本槓桿水平，唯有如此，才能夠為投資人創造長期的收益。

　　我們的目標是設計一種資本結構，充分利用各種資本槓桿為股東長期謀取最大化的回報，然而，我們認為，當下航空業正在發生快速變化，再加上資本市場的高度動盪，適度謹慎地縮減槓桿水平是非常合適的選擇。[3]

　　我用"資產負債率"這一指標來分析西南航空的資本結構，這一指標可以衡量企業的借貸情況，進而可以了解企業利用債權融資與股權融資的策略。負債與總資產的比值越小，説明企業的債務越少；比值越大，説明企業的負債越多。當負債與總資產的比值大於 1 的時候，就説明企業"資不抵債"了，負債超過了總資產。[4]

　　分析西南航空 1979 年至 2019 年期間的資產負債率，我發現了一個驚人的現象，西南航空在過去 40 多年的時間裏，將資產負債率控制在一個非常嚴格的範圍之內：40%~66%（圖 7-3）。這是一項極為了不起的成就，這説明西南航空在堅持穩健的資本結構方面制定了嚴格的融資紀律，常年如一日地堅守"穩健經營"的原則，這正是"精一"中蘊含的專注的力量。

　　在第一次危機（1979—1985）期間，西南航空的資產負債率平均為 49.4%，1981 年資產負債率最低達到 40%；在第二次危機（1990—1997）期間，西南航空資產負債率上升為 58.7%；在第三次危機（2001—2007）期間，西南航空資產負債率平均為 52.9%；在第四次危機（2008—2015）期間，西南航空資產負債率為 62.6%。

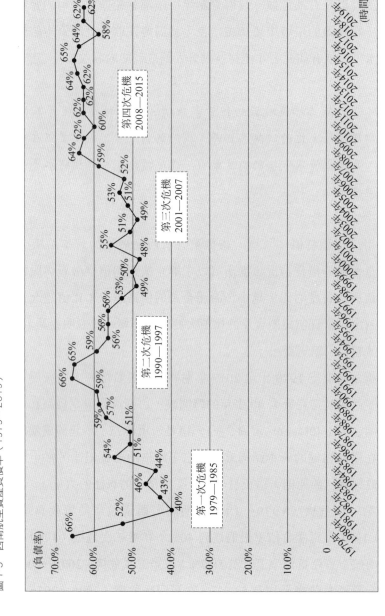

圖 7-3 西南航空資產負債率（1979—2019）

　　其競爭對手的資本結構如何呢？同樣以達美航空作為比較對象，比較西南航空和達美航空自 2005 年至 2019 年的資產負債率，可以發現達美航空的資產負債率遠高於西南航空，且呈現不穩定的狀態。在 2005 年和 2006 年，達美航空的資產負債率分別高達 148% 和 169%，2011 年和 2012 年資產負債率分別達到 103% 和 105%，這說明達美航空在這 4 年裏處於 "資不抵債" 的狀態。而西南航空在 2005 年至 2019 年，資產負債率一直嚴格控制在 52%~66%（圖 7-4）。

　　1979 年到 2019 年，西南航空通過將資產負債率這一指標嚴格控制在 40%~66%，有效平衡了債權融資與股權融資的規模，靈活應用債權融資和股權融資兩種措施，以債務融資支持當前業務，以股權融資支持未來增長業務。這種融資策略既平衡了當前業務和未來業務對資本的需求，在保障了持續增長的同時又防範了經營風險。

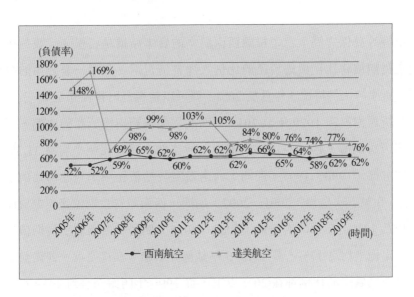

圖 7-4　西南航空與達美航空公司資產負債率比較（2005—2019）

　　為什麼西南航空能夠靈活地運用以上兩種融資策略，而不是像有些公司只偏執地選擇其中一種融資策略？這是因為西南航空在金融機構長期保持了良好的信用等級，債權融資有穩定的渠道；同時，西南航空有良好的股息政策，長期堅持給股東分紅，與投資者之間建立了長期的信任關係，與投資者結成了利益共同體，這有利於西南航空通過資本市場獲得股權融資。

　　在總結戰勝第一次危機（1979—1985）的經驗時，時任 CEO 赫伯·凱萊赫重申了西南航空公司穩健的財務政策：

> 　　在充滿競爭的航空業，能夠持續獲得成功的關鍵要素是低的運營成本、低的總成本，以及穩健的負債權益比率。從市場的角度，成功的要素是低價格、高頻率、合適的航班、高質量的服務（顧客最少的抱怨）、有效的市場活動。[5]

　　穩健等於保守嗎？為了檢驗西南航空的資本結構是否保守，我分析了西南航空長期債務比例與總資產的比例。通常情況下，如果一家公司的長期債務與總資產的比例持續 5 年低於 20%，就可以被視為財務保守企業。[6]

　　分析西南航空 1979 年至 2019 年期間長期債務與總資產的比例，可以發現在第一次危機（1979—1985）期間，西南航空這一比例平均為 31.3%；在第二次危機（1990—1997）期間，西南航空長期債務與總資產的比例平均為 23.1%；在第三次危機（2001—2007）期間，西南航空長期債務與總資產的比例平均為 12%；在第四次危機（2008—2015）期間，西南航空長期債務與總資產的比例平均為 17%。其中 1996 年是個分水嶺，在這之前，西南航空的長期債務與總資產的比例都在 20% 以上，從 1996 年開始一直到 2019 年，除了 2008 年（24.9%）和 2009 年（23.3%）之外，西南航空的長期債務與總資產的比例都低於 20%（圖 7-5）。

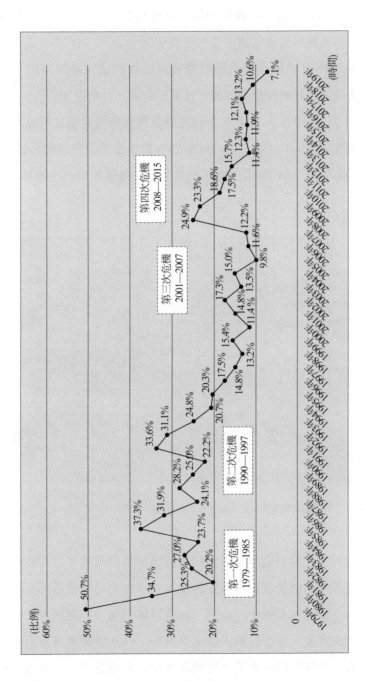

圖 7-5　西南航空長期債務佔總資產的比例（1979—2019）

這充分說明，我們不能將穩健的資本結構等同於保守的資本結構，西南航空公司並不是嚴格意義上的財務保守型企業。

如果將西南航空的長期債務與總資產的比例這一指標與達美航空相比較，就能更深刻地理解什麼是穩健，什麼是保守，什麼是激進。

2005 年到 2019 年，達美航空的長期債務與總資產的比例遠高於西南航空。尤其是在 2009 年之前，達美航空的長期債務與總資產的比例在 30% 以上，之後逐年下降，到 2017 年時，長期債務與總資產的比例降為 12.4%（圖7-6）。

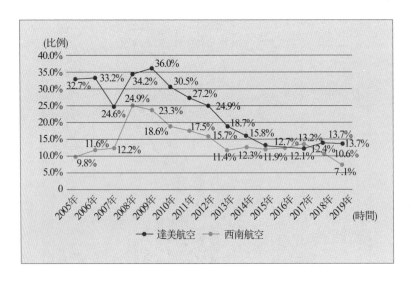

圖 7-6　西南航空與達美航空長期債務佔總資產的比例比較（2005—2019）

從西南航空長期負債與總資產的比例這一指標來看，它在成長過程中採取的並不是保守的財務政策、保守的資本結構，而是穩健的財務政策、穩健的資本結構。穩健不是保守，而是＂激進＂與＂保守＂之間的一種平衡。保持穩健的財務政策，在進行資本結構決策時，往往需要考慮高財務槓桿可能帶來的風險，考慮如何使企業在後續競爭中佔有競爭優勢，有力抵禦各種突發事件的影響，實現永續經營。在這種政策下形成的穩健的資本結構能夠給公司帶來資本韌性，這種韌性平衡了眼前的短期業務與長期的增長業務，在防範風險的同時，也能夠抓住未來的成長機會，從而使企業實現持續增長。

利潤最大化是績效精神的核心

也許有的讀者會問：為什麼西南航空能夠遊刃有餘地平衡利用債權融資與股權融資兩種策略？為什麼西南航空能夠長期將資本槓桿水平控制在一個理想的水平，既規避了經營風險又抓住了未來增長的機會？為什麼西南航空有如此強大的資本韌性，能夠在危機中快速復原並獲得持續增長？

答案在於西南航空有自己獨特的經營之道，即利潤最大化。追求利潤最大化是西南航空自成立以來就一直長期堅持的基本原則，這一原則簡單、清晰、持久，而且在公司內部得到了廣泛宣傳，每一個西南航空的員工都深刻理解公司的這一經營之道。

西南航空公司有一條鐵的紀律：要求每一年都必須贏利，即使在整個行業都虧損的情況下也要求自己必須贏利。從 1990 年到 2003 年，美國航空業在這 14 年裏只有 6 年實現了贏利。在 20 世紀 90 年代初，航空業虧損了 130 億美元，裁員超過 10 萬人，但是，西南航空在這期間每年都保持了贏利，而且沒有解僱一名員工。[7]

　　分析西南航空 1979 年至 2019 年的淨利潤率這一指標，可以發現它的淨利潤率在過去的 40 多年裏發生過多次 U 形波動。在第一次危機（1979—1985）期間，西南航空的淨利潤率平均為 10.6%；在第二次危機（1990—1997）期間，西南航空的淨利潤率平均為 5.8%；在第三次危機（2001—2007）期間，西南航空的淨利潤率平均為 6.3%；在第四次危機（2008—2015）期間，西南航空的淨利潤率平均為 3.9%。尤其是在金融危機爆發後的 2009 年，其淨利潤率更是跌入谷底，降至 1%。從 2015 年開始，公司淨利潤率又大幅提升，達到 11%（圖 7-7）。由此可見，西南航空的贏利能力深受經濟週期和石油價格的影響，當經濟進入衰退、石油價格高漲時，其淨利潤率就會隨之受到影響，呈現出波浪式變化的規律，但令人佩服的是，西南航空連續保持了 40 多年的贏利。

　　如果和競爭對手達美航空相比，西南航空在淨利潤率這一指標上的表現就絕對算是非常優秀了。從 2005 年到 2019 年，達美航空的淨利潤率不僅呈現出大幅度的波動，更是存在多年虧損，在 2005 年、2006 年、2008 年、2009 年這 4 年裏，其淨利潤率分別為 -23.6%、-36.1%、-39.3%、-4.4%。而同期西南航空的淨利潤率分別為 6.4%、5.5%、1.6% 和 1.0%。在金融風暴最為慘烈的 2008 年和 2009 年，達美航空陷入巨額虧損，而西南航空保持了贏利，這是西南航空 "利潤最大化" 經營之道的最佳體現（圖 7-8）。

　　追求 "利潤最大化" 並不是 "追求利潤率最高"，這是完全不同的經營思維。利潤率最高並不一定能讓企業利潤最大化，總利潤等於利潤率乘以營業收入，如果企業追求利潤率最高，就可能會降低市場份額，使得營業收入降低，進而降低利潤總額，這實際上和 "利潤最大化" 的經營原則相悖。西南航空不追求淨利潤率最高，而是將淨利潤率控制在一個合理的範圍之內，以保證能夠吸引更多的顧客乘坐飛機，增加市場份額。比如，西南航空在開闢新市場時，常常通過價格戰，把票價下降到競爭對手的 60%~70%，這樣肯

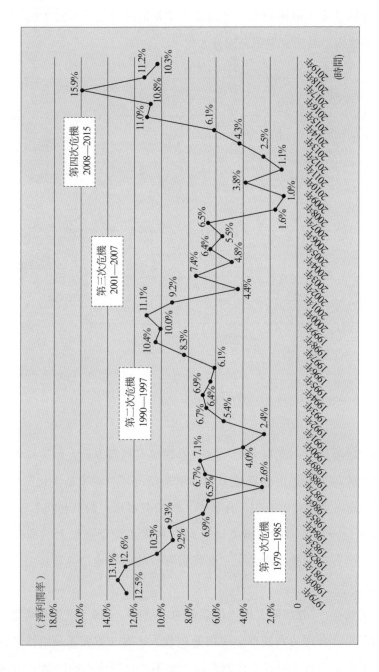

圖 7-7　西南航空淨利潤率（1979—2019）

定會降低淨利潤率，但卻增加了客流量，常常能使客流量增加 30%，這樣就增加了營業收入，從而實現了利潤最大化。

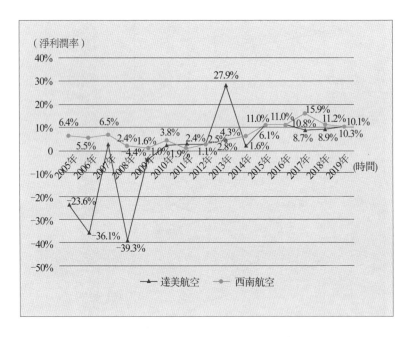

圖 7-8　西南航空與達美航空淨利潤率比較（2005—2019）

我們一定要把 "利潤最大化" 這一原則與 "利潤率最大化" 區別開來，後者常常是管理者所追逐的目標。如果企業堅持 "利潤率最大化"，就會對產品定價過高，導致顧客流失。在彼得·德魯克看來，對高利潤率和 "溢價" 的頂禮膜拜是一種致命的經營失誤。只有利潤率能帶來最大的利潤流量總額，企業才能實現利潤的最大化，而且最理想的市場地位通常是由合適的利潤率決定的。[8]

在西南航空，"利潤最大化" 是經營的 "鐵律"，為了提高利潤總額，它一方面通過設計合理的利潤率來增加營業收入，另一方面又長期推廣成本節約措施，提高全體員工的成本控制意識，從不放鬆對成本的控制。1999 年，當時國際油價大幅下跌，最低的時候只有每桶 10 美元。有些員工一度變得大手大腳起來，非燃料開支增加了 22%。針對這種情況，西南航空立即採取了兩大措施：一是要求員工削減非燃料支出，公司創始人赫伯·凱萊赫親自給員工寫信要求每人每天節省 5 美元，使當年開支削減了 5.6%。二是提倡節省燃油，大大減少了公司的用油量，因此當後來油價升到每桶 22 美元甚至更高時，西南航空已經有了充分的準備。[9]

　　"利潤最大化"是組織績效精神的核心，這要求公司每一個人的行為都必須有利於提升公司的績效，否則，這個員工的行為就是無效的，就是在浪費公司的資源，公司所有的資源和行為只有一個共同目的：創造高績效。

> 　　組織的重點必須放在績效上。對團體和每個人來說，組織精神的第一個要求就是較高的績效標準。但績效並不意味着"每次都能取得成功"，而是一種"平均成功率"，其中允許有，而且必須允許有錯誤，甚至失敗。績效所不能允許的，是自滿與低標準。……每一個組織都會經常受到"但求無過"的誘惑。對健康組織的第一項要求，就是對績效提出高的標準。績效是一種能夠持續地在各種不同的工作安排中、在很長的時間裏取得成就的能力。[10]

　　西南航空的卓越之處在於長時間創造了高績效，從 1973 年至 2019 年保持了連續 47 年的贏利記錄，這是商業史上一個偉大的創舉，也正是因為西南航空如此高的贏利能力，使其不管在債務市場，還是在資本市場上，都積累了良好的信用等級，從而幫助自身實現靈活應用債權融資和股權融資兩種策略，將資本槓桿控制在一個合適的水平，在危機中規避風險的同時獲得了持續增長。

對比案例：樂高從資本危機中浴火重生

　　2003 年是樂高歷史上的 "至暗時刻"，當年虧損額高達 10.72 億丹麥克朗，資金流動性受到嚴峻挑戰。雪上加霜的是，2004 年虧損繼續擴大，虧損額達到 19.31 億丹麥克朗，樂高陷入了最嚴重的生存危機，走到了破產的邊緣。

　　樂高的這次困境主要根源在於內部的戰略升級與運營能力的脫節，更進一步說是因為戰略目標與資本結構的不匹配導致公司陷入財務危機。1979 年，凱爾·科爾克·克里斯蒂安森從其父親手裏接過管理權之後，在 20 世紀 80 年代帶領樂高實現了高速發展，奠定了樂高積木在全球的市場地位和產品品牌形象。進入 90 年代，尤其是從 1993 年開始，樂高增長速度開始放緩，增長乏力。在這種背景下，凱爾思考如何帶領樂高實現第二次騰飛，通過轉型升級走出成長困境。

　　凱爾為樂高制定了一條新的戰略轉型路線：從產品品牌升級到體驗品牌。他認為以前樂高品牌的核心是塑料積木，奉行的是產品型戰略，現在，需要對樂高品牌進行升級，樂高品牌要高於積木玩具，不能把樂高等同於塑料積木，一旦樂高品牌與塑料積木成為同義詞，就會限制提供新的樂高品牌體驗。他的宏觀戰略是要 "通過終身學習與人類發展緊密結合起來"，執行這一戰略意圖的關鍵措施就是把樂高品牌從產品品牌升級為體驗品牌。

　　1996 年，凱爾給樂高制定了新的願景："樂高品牌將在 2005 年成為全世界有孩子的家庭中最受歡迎的玩具品牌。" 在這個宏大願景的指引下，樂高於 1997 年確定了四大新業務領域：樂高樂園，為吸引家庭前來遊玩設計的產品；樂高授權，為兒童生活方式設計的產品；樂高媒體，為兒童設計的媒體產品；樂高教育，為兒童和學校設計的產品。其中樂高樂園業務耗資巨大，樂高的戰略目標是在 2005 年前分別在丹麥、美國、英國和德國建設新的樂高樂園，這幾個樂園將承擔向家庭傳播最佳樂高體驗的重任。

在宏大戰略的指引下，樂高沿着以上四大業務領域開始規劃新業務，這使得資源被分散開來，"塑料積木"這一核心業務的發展遭受了重創。1998 年，樂高在其歷史上首次出現虧損，當年虧損達到 1.94 億丹麥克朗，無奈之下，樂高採取了"瘦身計劃"，解僱了約 1000 名員工。

但是，樂高的高層管理團隊並未意識到宏大戰略與運營能力的脫節，尤其是 1999 年公司發佈的"星球大戰"系列產品讓公司業績好轉起來，不僅扭虧為盈，而且淨利潤達到了 2.73 億丹麥克朗，這讓凱爾更加有信心推行"體驗戰略"。

> 我們應該更多地關注向消費者銷售品牌體驗而不是產品本身。樂高不僅是一件產品，更要成為人與人之間、人與網絡之間對話的橋樑。它不僅以俱樂部、樂園、零售店和網絡的形式出現，還要成為故事，通過產品來創造體驗。[11]

戰略決定資本，資本影響戰略。樂高的新戰略需要新的資本結構，然而，樂高的高層管理團隊並沒有意識到這一點，尤其是當時樂高的財務系統並不透明，資本結構單一。樂高是一家家族企業，並未公開上市，其融資渠道單一，主要依靠銀行的債權融資，很少利用股權融資，這和穩健資本戰略中所倡導的平衡使用債權融資和股權融資的策略並不匹配。四大新業務齊頭並進，需要大量資金來支撐，由於樂高主要依賴自有資金來支撐這些新業務，勢必導致資源分散，塑料積木這一核心業務的發展也受到影響。

這是我們的核心，永遠的核心——承載着天才、永恒創意的積木顆粒，以此開發兒童的想像力。樂高品牌致力於促進孩子的創造性與學習能力。我們很清楚這一點，但忘記了如何清晰地表述給孩子和家長。[12]

2001 年，凱爾也坦陳樂高的最大問題是偏離了核心業務。由於核心業務贏利能力下降，新業務處於培育期無法贏利，在雙重打擊下，樂高終於抗不住了，在 2003 年、2004 年陷入 "至暗時刻"，瀕臨破產倒閉。

分析樂高從 1995 年以來的營業收入與淨利潤變化情況，可以發現自 1995 年至 2002 年，儘管樂高公司營業收入一直在增加，但是贏利能力不斷下滑。而從 2003 年開始，不僅營業收入大幅下滑，更是陷入了虧損狀態，直到 2005 年才有好轉（圖 7-9）。

除了營業收入、淨利潤兩個指標之外，還可以利用另外一個指標來衡量樂高當時的價值創造能力，這個指標是經濟附加價值（EVA，Economic Value Added）。經濟附加價值是指從稅後淨營業利潤中扣除包括股權和債務的全部投入資本成本後的所得，經濟附加價值的核心思想是資本投入是有成本的，企業的盈利只有高於其資本成本（包括股權成本和債務成本）時才會為股東真正創造價值。簡言之，經濟附加價值更能真實地反映一家公司的價值創造能力。

2003 年，約根‧維格‧克努斯托普利用經濟附加價值分析了樂高的價值創造能力，他吃驚地發現，樂高在 1993 年—2002 年儘管創造了可觀的利潤，然而，同期公司也損失了高達 16 億美元的經濟價值。也就是説，公司的股東如果把錢都投入到無風險、低回報的政府債券上，也會比投資到樂高的產品更賺錢。這 10 年間，樂高家族的財富相當於平均每天損失 50 萬美元。[13]

構思美妙的戰略如果與運營能力脫節，將可能使企業付出慘重的代價。最終，樂高在 1996 年提出的 "2005 戰略目標" 消失了，公司慘遭失敗。2004

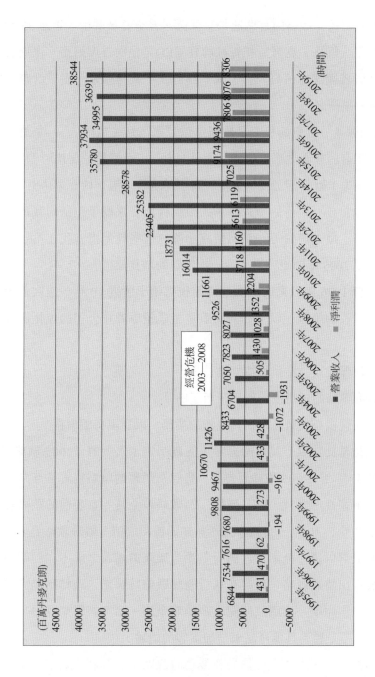

圖 7-9 樂高營業收入與淨利潤（1995—2019）

年 1 月，執行這一戰略的首席運營官保羅·普勞曼被解僱，年僅 35 歲的高級副總裁約根·維格·克努斯托普被聘任 CEO，他與首席財務官傑斯普·歐文森成為新管理團隊的核心人物，他們制訂了"共同願景"變革計劃，開始了艱難的拯救樂高之路。

"共同願景"計劃的核心是重新定位"樂高到底是誰？"，最終，公司管理團隊將樂高的核心業務定位成"遊戲材料"，行業是"玩具"，這意味着樂高在戰略迷失了近 8 年之後，重新回到了"玩具"這一核心業務上。

圍繞聚焦核心業務這一策略，約根與傑斯普採取了包括削減成本、出售非核心業務、擴大融資等一系列措施，關於這些具體措施我在第 1 章已經做了描述。從 2005 年開始，樂高逐步步入新的增長軌道。

樂高自 1996 年以來的這次危機前後持續了將近 10 年，這次危機始於對公司持續增長的思考，以下三個問題是企業領導者在公司的成長過程中需要面對的：

1. 如何保持核心業務的持續增長？

2. 核心業務的增長已經到天花板了嗎？

3. 如何從核心業務延展到其他新的業務，以實現持續增長？

也正是基於對以上問題的思考，凱爾制定了宏大的"2005 戰略目標"，認真評價樂高的"2005 戰略目標"，我認為凱爾的戰略視野是非常遠大的，也非常有前瞻性。當時，以"體驗"為戰略核心是相當超前的戰略意圖，至少領先了業界 5~10 年。我們今天所熟知的體驗經濟、體驗戰略更多地是在互聯網技術成熟以後才漸漸被人們所熟悉。樂高的錯誤之處不在於戰略意圖，也不在於提出體驗戰略，而是在執行體驗戰略時選錯了戰略路徑，偏離了精一戰略的基本原則，不應該開闢太多的新業務，而應該聚焦於提升核心業務的體驗，而不是通過其他產品來增加顧客的體驗。

樂高的另一個失誤在於佈局新業務時忽略了資源利用效率，尤其是忽視了資本利用效率。如果一項新業務不能提高甚至降低總體的資源利用效率，這樣的增長就屬於企業的"脂肪"或"腫瘤"，這樣的增長就是錯誤的增長。

　　一家企業必須區分錯誤的增長和正確的增長，區分肌肉、脂肪和腫瘤。區分的原則很簡單：能在短期內促使企業資源的總體生產力得到提高的任何增長都是健康的。這樣的增長應該得到充分的支持。但是，只能導致規模擴大卻不能在相對短的時間內促進總體生產力提高的增長就是脂肪。一定量的脂肪或許是有必要的，但沒有幾家企業因為脂肪太少而患病。任何不能促進總體生產力提高的規模增長都應該重新減掉。最後，任何導致生產力下降的規模增長，就算不是致癌的也是會引起病變的腫瘤，應該迅速而徹底地通過手術切除。[14]

　　總之，任何增長都不能背離穩健資本中的績效精神，否則，就會導致企業缺乏資本韌性，過多的"脂肪式增長"和"腫瘤式增長"對企業百害而無一利，高韌性企業需要的是"肌肉式增長"，這樣的增長可以提高企業的贏利能力和資本韌性。

　　企業的資本韌性不僅能夠影響企業的持續增長，還能深刻影響企業與員工、顧客和投資者的關係，這些關係共同構成了企業的關係韌性，下一章將會進行分析。

第 8 章

互惠關係

戰勝生存危機的基石

珊瑚礁能夠歷颶風而不毀，不是因為它有多麼"剛強"，而是它具有韌性。……。若想獲得韌性，就需要將各個部分因素連接起來，使它們能夠重新佈局，並且根據客觀變化或意想不到的打擊進行調整，就如同珊瑚礁一樣。

——斯坦利·麥克里斯特爾，《賦能》作者

互惠關係塑造關係韌性

電影《至暗時刻》展示了一個在戰爭危機中絕望、無助、彷徨而又堅毅的邱吉爾。因為拒絕和德國談判，堅持不向德國投降，邱吉爾被主和派孤立了起來。後來，由於國王喬治轉而支持邱吉爾，局面有了一些轉機。喬治國王暗示猶豫不安的邱吉爾到英國的民眾中間去看看，去聽聽民眾的想法。於是，邱吉爾到倫敦的地鐵裏和一些普通民眾交流，問民眾是否要和德國談判，令邱吉爾沒有想到的是，民眾們群情激昂，他們對邱吉爾說"永遠不投降"（never）。英國民眾的堅強意志極大地鼓舞了邱吉爾，他被普通民眾的勇氣深深打動，更加堅定了與德國納粹戰鬥到底的意志。

和國家一樣，當一個企業深陷危機的時候，員工的意志力和行動力是戰勝危機的決定性力量。也只有那些能夠在危機中充分激發員工鬥志的企業，才能夠順利地走出危機。但並不是所有的企業都能夠在危機時激發員工的鬥志，也並不是所有的企業都能夠在危機中得到員工的全力支持，只有那些與員工建立了長期互惠關係的企業才能夠在危機中贏得員工的信任與支持。

互惠關係是韌性的基石，它塑造了組織的關係韌性，關係韌性是組織韌性的重要組成部分。企業不僅需要與員工建立互惠關係，還需要與顧客、投資者以及其他生態夥伴建立互惠關係，這種關係越強，關係韌性越大，越能助力企業抵禦風險和危機。

只有互惠才能恒久，只有恒久才有韌性，那麼，互惠關係的本質又是什麼呢？

有着科學管理之父美譽的泰勒在他的書中曾經寫道："對通常所採用的最佳管理模式可以這樣下定義：在這種管理體制下，工人們發揮最大程度的積極性；作為回報，則從他們的僱主那裏取得某些特殊的刺激。"那麼，這些"特殊的刺激"又是什麼呢？如果能夠找到這些"特殊的刺激"，豈不是找到了激勵員工的"法門"？在這方面，泰勒並沒有給出明確的答案。但是，他非常前瞻性地提出了企業與員工之間"共同富裕"這一理念，並指出"科學管理的根本目的是謀求最高勞動生產率，最高的工作效率是僱主和僱員達到共同富裕的基礎，達到最高的工作效率的重要手段是用科學化、標準化的管理方法代替經驗管理"。[1]

我認為，管理的本質是管理利益，"共同富裕"是企業與員工、顧客、投資者以及其他夥伴之間互惠關係最根本的要素。

西南航空的領導者深刻地認識到，作為一個商業組織，企業必須與員工共同富裕。正是基於這一認知，西南航空將員工的利益與企業的利益緊緊捆綁在一起，建立了覆蓋全體員工的利潤分享計劃，並長期堅持這一政策。2020 年 2 月 6 日，西南航空宣佈為 6 萬多名員工發放共 6.67 億美元的利潤分紅，這些分紅平均佔員工年薪的 12%，同時，員工的退休金賬戶也會相應增加一些額度。從創業初期到現在，每一年通過利潤分紅獎勵員工為公司所做出的貢獻已經成為西南航空的傳統，到 2020 年為止，西南航空的利潤分享計劃已經實施了 46 年，累計分紅金額接近 60 億美元。

正是得益於"共同富裕"這一基本政策，西南航空與員工之間建立了牢固的互惠關係，這種關係韌性在克服每一次困難時都顯示出巨大的力量，使得西南航空戰勝了多次危機，在逆境中獲得持續增長。當然，西南航空不僅僅與員工建立了互惠關係，還與顧客和投資者建立了強大的互惠關係。本章的目的就是揭示西南航空如何利用各種措施與員工、顧客和投資者建立牢固持久的互惠關係，進而塑造了強大的關係韌性。

"共同富裕" 是互惠關係的本質

除了 "共同富裕" 之外，企業與員工之間的 "互惠關係" 還包含其他的 "特殊刺激物"。美國行為科學家弗雷德里克·赫茨伯格在這方面頗有建樹，他提出了著名的 "雙因素激勵理論"。所謂 "雙因素" 是指保健因素和激勵因素，前者主要包括公司政策、管理措施、監督、人際關係、物質工作條件、工資、福利等，後者則主要包括成就、賞識、挑戰性的工作、增加的工作責任，以及成長和發展的機會等。

通俗地講，赫茨伯格所提出的保健因素主要和物質需求有關，如果企業能夠向員工提供這些物質型的刺激物，就會消除員工的不滿，但並不會大幅度提高員工的滿意度；激勵因素主要和精神需求有關，如果員工能夠從企業那裏得到這些精神型的刺激物，就會感到很滿意，就能產生更大的激勵。

儘管 "雙因素理論" 從保健因素和激勵因素兩個維度比較全面地解釋了員工期望從企業獲得的價值，但是我們有必要對這些價值的重要程度進行區分。為了了解員工到底想從企業那裏得到什麼 "價值組合" 以及這些價值的重要程度，我從 2003 年開始進行了一項長達 7 年的研究。利用各種授課和諮詢的機會，我通過問卷調查和訪談了解企業員工內心的真實需求，讓每個被訪談者列出一個他們最希望從企業裏得到的 "刺激物"，也就是他們希望從企業獲得的最重要的價值。

　　共有 1200 人參與了調研和訪談。數據顯示，有高達 56% 的人將 "工作中的成就感" 列為第一價值，有 25% 的人將 "能力的發揮" 放在價值的第二位，另外有 11% 的人選擇了高工資。只有 8% 的人認為 "工作中的穩定感" 是最重要的（圖 8-1）。[2]

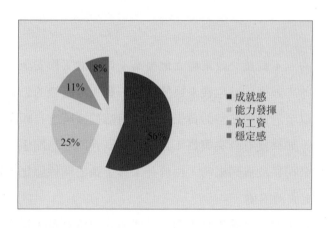

圖 8-1　工作中最重要的價值是什麼？（樣本：1200 人）

　　這一研究結論充分說明了成就感、能力的發揮、高工資和穩定感共同構成了企業與員工之間互惠關係的基石。當我利用這一模型去分析西南航空與員工之間的關係時，發現西南航空在人事政策上高度融合了工作安全感、高薪酬、能力的發揮和成就感這 4 個方面的積極作用，從而構建了穩固的互惠關係。

　　保障員工的工作安全感是西南航空最基本的人事政策，這一政策即使在其面臨危機時也依然堅持不動搖。在公司創始人赫伯·凱萊赫看來，裁員對公司的企業文化殺傷力最大。

　　　　沒有什麼比裁員對企業文化更有殺傷力了。西南從來不裁員，這在航空業也是史無前例的。……有許多機會，我們本可以裁員，使公司更加贏利，但我總認為那樣做太短視。你希望人們知道，你珍惜他們，你不會為了得到一點短期的小錢去傷害他們。所以，不裁員可以培養員工的忠誠，使他們擁有安全感和信任感。所以，在蕭條時期你對他們的關照，他們或許能在繁榮期記得：我們不會失業，這就是堅守的最好理由。[3]

西南航空的"不裁員"政策極大地提高了員工的工作安全感，進而提高了員工對公司的忠誠度，當危機來臨的時候，員工對組織的忠誠度就顯示出無窮的力量，以至於西南航空的員工在公司面臨危機時，自願拿出工資去讓公司購買燃油，如果沒有企業與員工之間長期培養的互惠關係，這是不可能發生的。有些公司在危機到來時，由於員工與企業的關係惡化，還會陷入人事危機，遭遇更大的困境。

僅僅有工作中的安全感還是不夠的，西南航空還為員工提供了富有競爭力的薪酬，儘管西南航空並不追求行業內最高工資水平，但是其總體薪酬水平非常具有競爭力，而且由於公司長期堅持利潤分紅計劃，員工的薪酬既與公司整體的績效結合，又與公司的長期價值保持一致。

有競爭力的薪酬需要有競爭力的員工效率來支持，分析西南航空自1979年至2019年期間的人均淨利潤，並將這一指標和美國的其他幾家大型航空公司進行對比，可以發現西南航空的員工創造了較高的人均淨利潤。

在第一次危機（1979—1985）期間，西南航空年人均淨利潤平均為12395美元；在第二次危機（1990—1997）期間，西南航空人均淨利潤有所下降，年人均淨利潤為8699美元；在第三次危機（2001—2007）期間，西南航空年人均淨利潤有所上升，為13739美元；在第四次危機（2008—2015）期間，西南航空年人均淨利潤平均為14955美元（圖8-2）。

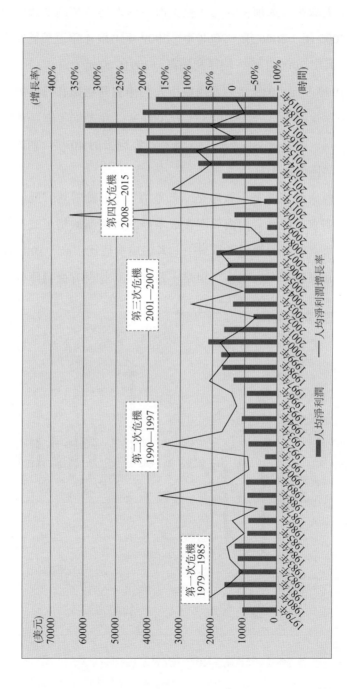

圖 8-2　西南航空人均淨利潤與增長率（1979—2019）

　　作為美國第二大航空公司，達美航空的人均淨利潤則低於西南航空，尤其是在 2005 年、2006 年、2008 年、2009 年，這 4 年達美航空人均淨利潤均為負值，其中 2006 年的人均淨利潤為 -120916 美元（圖 8-3）。

　　從 1979 年至 2019 年，西南航空人均淨利潤指標在行業內表現優異，即使在危機深重的 1987 年、2008 年、2009 年 3 年期間，當其他航空公司紛紛虧損的時候，西南航空依然保持了贏利。在過去的 40 年，西南航空人均淨利潤年複合增長率為 3.3%。

　　由於西南航空的競爭戰略是"低票價"，這就對其"低成本"模式提出了很高的要求，因此，西南航空在成本控制上極為嚴格，號召員工節省每一分錢。在西南航空的總成本結構中，人工成本佔比很高，1985 年以後，人工成本就上升為其第一大成本，但是，西南航空並沒有通過降低員工薪酬標準

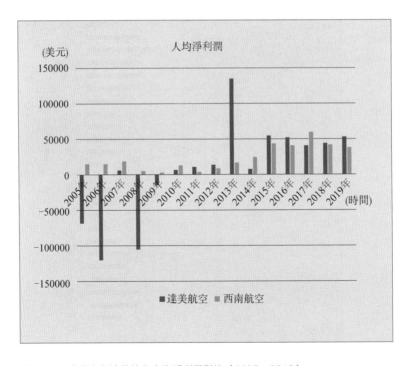

圖 8-3　西南航空與達美航空人均淨利潤對比（2005—2019）

來降低人工成本，而是長期堅持富有競爭力的薪酬制度，持續提高對員工的關愛與福利。因為西南航空相信，只有富有競爭力的薪酬制度才能吸引優秀的員工，也只有優秀的員工才能夠高效率地工作，為公司創造更大的價值。西南航空在 1978 年的年報中就明確了這一政策：

> 員工是西南航空取得卓越成績的最根本原因。如果沒有他們的合作、激情與創造力，公司就不可能取得驕人的成績。正是由於員工們持之以恒的忠誠與支持，我們才深信公司能夠擁有一個美好的未來。我們將持續提高對員工的關愛和福利，幫助每一個員工獲得成長的機會。我們也深信能夠繼續獲得員工對企業的忠誠。[4]

有些管理者常常把低成本和低薪酬等同起來，認為低成本模式就必須要降低員工的薪酬，這其實是對低成本戰略的誤解，低成本的核心是高效率。由於低薪酬往往會導致低效率，其實是和低成本戰略背道而馳的。

利用人均薪酬這一指標分析西南航空的薪酬結構，可以發現 1979 年至 2019 年，西南航空員工的人均薪酬持續增長，即使是在 4 次危機中，人均薪酬也幾乎沒有下降。

在第一次危機（1979—1985）期間，西南航空年人均薪酬平均為 26123 美元；在第二次危機（1990—1997）期間，西南航空人均薪酬有所上升，年平均為 43622 美元；在第三次危機（2001—2007）期間，西南航空年人均薪酬上升為 76634 美元；在第四次危機（2008—2015）期間，西南航空年人均薪酬上升為 107441 美元（圖 8-4）。

1979 到 2019 年，西南航空人均薪酬年複合增長率為 5.1%，薪酬的增幅非常穩健。在這 40 年間，只有 8 年出現薪酬同比下降，其中 2011 年人均薪酬下降了 9.3%，其他幾年下降的幅度平均為 2.9%。為什麼西南航空在過去

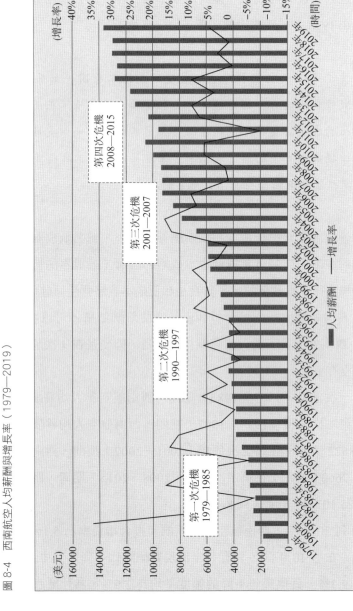

圖 8-4　西南航空人均薪酬與增長率（1979—2019）

40 多年裏人均薪酬可以保持穩定增長？這和西南航空的薪酬結構有很大的關係，西南航空員工的薪酬結構主要包括固定工資和利潤分享，其中利潤分享和公司年度績效目標有關，公司每年都會採取分紅的方式來調整員工的總薪酬，分紅比例常常是稅前利潤的 15%。

　　西南航空不鼓勵個人英雄主義，鼓勵的是團隊合作，很少評價個人績效，而是將團隊績效和公司績效作為衡量的重要標準，只要公司整體績效和團隊績效好，每個人都會受益。這種薪酬結構的優點是既保證了薪酬的穩定，又將公司整體利益和員工利益緊密地結合在一起。

　　和美國其他幾家大型航空公司人均薪酬相比，西南航空的薪酬水平是非常具有競爭力的。圖 8-5 展示了達美航空與西南航空 2005—2019 年期間人均薪酬的對比，西南航空的人均薪酬幾乎在每一年都比達美航空的人均薪酬要高。

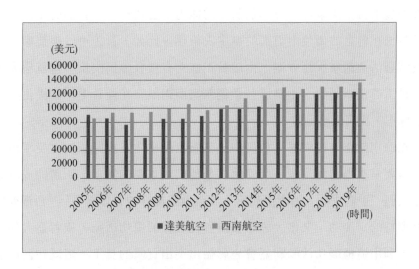

圖 8-5　西南航空與達美航空人均薪酬對比（2005—2019）

　　西南航空將"共同富裕"視為與員工構建互惠關係的基石，即使是在危機來臨的時候，也不降低員工的薪酬待遇，保證了員工的薪酬穩定。比如，在 1994 年，西南航空面對眾多廉價航空公司發動的價格戰，贏利能力受到了極大的挑戰，成本壓力非常大。1993 年第四季度到 1994 年第四季度西南航空削減了更多成本，從平均每座位英里 7.11 美分降至 6.94 美分，但並沒有直接降低員工的薪酬與福利。

　　　　我們想削減所有成本，除了我們的工資和福利以及我們的利潤分配。這是西南航空的競爭方式，不像其他公司需要降低員工的薪水和福利。[5]

　　除了給員工提供安全的工作環境、有競爭力的薪酬之外，西南航空還通過鼓勵員工自主決策發揮每一個員工的能力。公司設計了靈活的工作流程，賦予員工在各自的崗位上更大的自主決策權，比如，員工可以根據顧客的需求及時靈活地創新服務方案。由於員工能夠有機會參與決策，這就極大地激發了員工的創新動力，正是這些微創新讓西南航空在運營上不斷優化，持續降低成本，提高服務品質。

　　在西南航空，持續提高員工的成就感也是構建互惠關係的重要舉措。當生存需要基本得到滿足後，成就感就是他們最重要的需求。所謂的成就感，就是人們"爭取成功，追求優越感，希望做得最好的心理需要"。西南航空內部有獨特的"慶功"文化，經常舉辦各種各樣的慶功活動，或者盛大的慶功晚會，利用這種慶功活動和盛會表彰做出突出貢獻的員工。這既在西南航空內部傳遞了"追求卓越"的精神，又讓那些被表彰的員工獲得了很大的成就感，從而培養出一種鼓勵卓越與成就的氛圍，也增強了企業員工之間的關係韌性。

為顧客創造獨特的價值組合

　　企業與顧客建立互惠關係的基石是"創造獨特的價值"，創造的價值越能滿足顧客個性化、獨特性的需求，這種關係就越牢固。當危機來臨的時候，顧客就不會拋棄企業，甚至會和企業一起共渡難關。

　　創造獨特的價值是一個持續的過程，需要企業構建與之相匹配的運營系統。在創業初期，西南航空就確定了一個明確的競爭戰略：為乘客提供質優價廉的飛行服務。早在 1975 年，西南航空管理層就圍繞着"低票價"這一競爭戰略進行了系統的設計，提出了獨特的價值組合：

　　　　為什麼西南航空能夠從競爭中脫穎而出？答案簡單明了，就是我們的產品價格。……我們認為，在 500 英里以內的短線航班市場上，私家汽車是飛機的最主要競爭對手。……這就需要我們不斷優化產品的成本結構，降低產品價格，讓乘客覺得乘坐飛機比使用私家車更準時，更便宜。……總而言之，只有提供有吸引力的產品、有競爭力的價格，才能夠取勝。[6]

　　從這段文字中，我們可以清晰地看出西南航空為顧客提供了一個包含"低票價"和"準時"的價值組合，這兩點正是乘客們選擇西南航空最為看重、最關注的核心價值。

　　但是，僅僅依靠"低票價"和"準時"這兩個價值訴求並不能與顧客建立牢固的互惠關係，尤其是當其他廉價航空同樣能夠提供低票價和準時服務的時候，這兩個價值就不能彰顯出西南航空的"獨特性"。

　　那麼，到底什麼樣的價值才能夠與顧客建立更為強大的互惠關係呢？這首先需要我們深入地思考到底什麼是價值，它的內涵到底是什麼。

　　在過去的幾個世紀裏，價值的定義一直備受爭議，莫衷一是。古希臘哲學家亞里士多德最早定義了"價值"這一概念，他用價值來解釋事物和它們的屬性（品質、數量和關係）之間的不同，並將價值區分為"交換價值"和"使用價值"。"交換價值"與事物的數量有關，能夠用來衡量與其他物品的交易；"使用價值"與事物的品質和效用有關，同樣的產品和服務對不同的人可能意味着不同的價值。

　　但是，後來有一些哲學家、經濟學家，尤其是著名經濟學家亞當·斯密，在他的經濟理論中放棄了使用價值的功能，將價值等同於交換價值，誇大了交換價值的作用。其後，經濟學家們將使用價值看成交換價值的一種嵌入屬性，也就是說，把使用價值嵌入到產品中，成為產品的一種屬性。至此，交換價值被定義為產品具有的能夠滿足人們某種需要的屬性。這種交換價值可以通過市場上的價格進行衡量。

　　但是，上述經濟學家所定義的價值不僅大大偏離了亞里士多德最初的主張，而且容易讓我們對"價值創造"產生模糊的認知。在企業管理中，管理者不僅僅要關注價值的測量和交易，更應關注價值創造。我認同亞里士多德關於價值的定義，價值既包括交換價值，又包括使用價值。就如同一個人買了一部蘋果手機，他除了關心手機的價格（交換價值）之外，更關注的是在使用這部智能手機時自己的體驗，手機也正是在被使用的過程中，才產生了使用價值。如果一個人買了一部手機，放在家裏不用，這部手機就對他沒有任何使用價值。

　　交換價值通過價格來體現，使用價值通過體驗來實現。更進一步說，顧客在購買產品或服務時，除了關心價格（交換價值）之外，更關心的是在自己使用產品和服務時能夠擁有什麼體驗。對顧客的價值創造更多地體現在其使用產品和服務的過程之中。換言之，對顧客而言，如果沒有使用，沒有體驗，就沒有真正的價值創造。

當釐清了價值的內涵，我們就會發現價值其實包含交換價值和體驗價值，交換價值可以用金錢來衡量，比如可以用價格來交易，而體驗價值則是顧客的心理感受，不能用價格來衡量。相應地，價值創造就包括創造交換價值和創造體驗價值兩個過程。[7]

價值源於需求，脫離需求的價值是無效價值。我們可以把顧客的需求簡單地分為兩大類：基本需求和獨特需求。比如，對乘客來講，乘坐飛機的基本需求是價格、安全和準時，獨特需求則是快樂的飛行體驗。

價值需要滿足需求，如果一個產品或一項服務不能滿足需求，它本身就沒有任何價值。既然顧客的需求可以分級，價值自然也需要分級，不同的需求需要不同的價值來滿足。交換價值可以滿足顧客的基本需求，體驗價值用來滿足顧客的獨特需求（圖 8-6）。

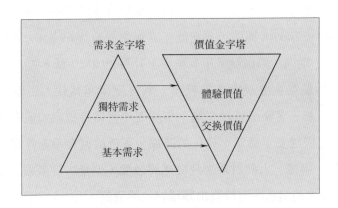

圖 8-6　顧客的需求與價值

在競爭戰略理論中，有兩個概念可以幫助管理者理解為什麼有的企業能夠與顧客建立持久、牢固的關係，而有的企業卻沒有這方面的能力。這兩個概念是資格要素和贏得要素。所謂的資格要素是指在競爭中企業必須提供的價值，否則，企業就只能出局。例如，在廉價航空市場，低票價和準時都屬於競爭的資格要素；所謂的贏得要素是指在競爭中提供的獨特價值，這些價值可以幫助企業吸引、保留更多的顧客，獲得持久的競爭優勢。顯然，交換價值屬於競爭的資格要素，而體驗價值屬於競爭的贏得要素。

這就回答了西南航空為什麼能夠與顧客建立持久的、互惠的關係。西南航空不僅能夠給顧客提供交換價值，比如低票價、準時、安全、行李差錯率低等，還能夠為顧客提供體驗價值，比如快樂的飛行體驗、個性化的服務方式等。

我分析了西南航空 1979 年至 2019 年期間客座率的變化，讓人吃驚的是，西南航空在過去 40 多年，其客座率表現穩健，沒有出現大起大落，即使在 4 次危機中，客座率也沒有出現大的波動。

在第一次危機（1979—1985）期間，西南航空客座率平均為 63.2%；在第二次危機（1990—1997）期間，西南航空客座率平均為 64.6%；在第三次危機（2001—2007）期間，西南航空客座率平均為 69.5%；在第四次危機（2008—2015）期間，西南航空年客座率上升為 79.2%（圖 8-7）。

由於西南航空主要飛中小型城市，其客座率和其他大型航空相比並不是最高的，但是，客座率可以在幾十年期間一直保持穩定，這充分說明西南航空與顧客之間建立了穩定、持久的關係，客戶的留存率非常高。比如，在 "9·11 事件" 過後，人們對乘坐飛機感到恐懼，但是，許多乘客依然堅持選擇乘坐西南航空的航班，足以看出關係韌性的價值。

西南航空靈活地使用交換價值和體驗價值來提升與顧客的關係韌性，這不僅提高了其抵禦危機的能力，還增加了其他廉價航空公司模仿自身模式的難度。在交換價值和體驗價值這兩種組合中，交換價值是基礎，如果企業不能提供交換價值，體驗價值的作用就會大打折扣。比如，對西南航空公司，

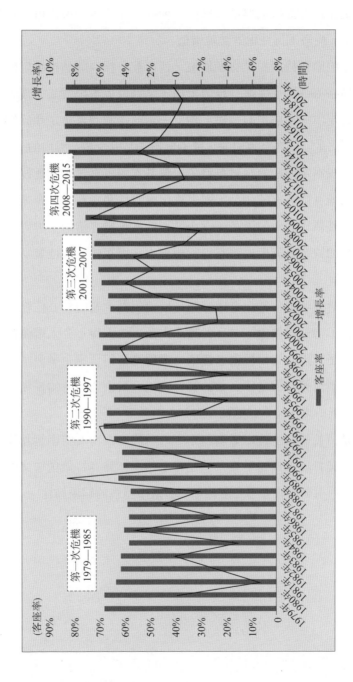

圖 8-7　西南航空客座率與增長率（1979—2019）

首要的是為顧客提供低票價、準時、便捷、安全等交換價值，在此基礎上再提供愉悅、快樂、個性化等體驗價值。

為了給顧客持續提供交換價值，西南航空採取的是市場定價法，即根據顧客對價格的可承受度進行定價，而不是採取成本定價法，後者基於企業的成本進行定價，在成本的基礎上加上一定的淨利潤來決定產品價格。顯然，市場定價法是以顧客為導向的，成本定價法是以企業為導向的。

採取成本定價法的企業忽略了一個基本的事實，企業既沒有權力也沒有能力要求顧客購買你的產品，顧客也沒有責任和義務幫助企業賺錢。顧客要購買的是性價比最優的產品，當企業不能滿足顧客這一基本需求時，即使是長期積累的顧客忠誠度也將變得軟弱無力，顧客轉向其他競爭對手的腳步就像風一樣快。

有些管理者也常常把為顧客創造價值視為企業的核心任務，但是，他們卻常常搞不清楚"價值"二字的真正內涵，這不得不令人擔憂他們的戰略思維是否真正聚焦於為用戶創造價值。價值是任何一家企業商業模式的核心，換言之，價值認知決定了企業的經營模式，對價值的認知模糊，可能會讓管理者在錯誤的方向越走越遠而不自知。

正是由於長期堅持以顧客為中心的承諾，西南航空圍繞着滿足顧客的基本需求和獨特需求構建了強大的運營系統，為顧客持續創造交換價值和體驗價值，從而與顧客建立了互惠關係，塑造了堅強的關係韌性。

創造價值與分享價值相得益彰

　　關係韌性的第三個來源是與投資者的關係。航空業是資金密集型行業，所以，西南航空在成立之初就通過對外發行可轉換債券或者股票，充分利用企業外部的投資者獲得充足的資金以促進企業持續增長。1971 年 1 月，西南航空的所有者權益只有 43 萬美元，流動負債是 11 萬美元。當年 3 月，公司向私人投資者發行了票面利率為 7% 的 3 年期可轉換債券，轉換價格是每股 8 美元，這次融資共募集資金 125 萬美元。當然，開辦一家航空公司，僅僅有這些資金尚不足以支付運營費用，公司又以每股 6.05 美元的價格發行了五年期的認股權證，共賣出 125000 股股票，募集資金約 76 萬美元。通過以上幾種融資渠道，西南航空獲得了啟動資金。1977 年是西南航空發展史上具有里程碑意義的一年，它於 6 月 27 日正式在紐約交易所進行公開交易，在這之前其股票只是在場外交易。

　　資本是逐利的，"共同富裕"是西南航空與投資者之間互惠關係的基石。我們可以從兩個維度來分析西南航空如何讓投資者與它一起"共同富裕"。第一個維度是創造價值的能力，第二個維度是分享價值的能力。

　　我用淨資產收益率（ROE）這一指標來分析西南航空創造價值的能力，淨資產收益率是從股東的角度來看公司的贏利能力，即股東所投入的淨資產能夠帶來多少淨利潤。從 1979 年到 2019 年，西南航空的淨資產收益率經歷了大幅度的震盪。

　　在第一次危機（1979—1985）期間，西南航空淨資產收益率年平均為 18%；在第二次危機（1990—1997）期間，西南航空淨資產收益率有所下降，年平均為 11.8%；在第三次危機（2001—2007）期間，西南航空淨資產收益率繼續下滑，年平均為 8.1%，其中最慘的是 2009 年，當年淨資產收益率只有 1.8%；在第四次危機（2008—2015）期間，西南航空淨資產收益率略有上升，年平均為 9.8%（圖 8-8）。

淨資產收益率的大幅震盪，說明西南航空的發展也受到了經濟週期的波動性影響，但和美國其他大型航空公司相比，西南航空的淨資產收益率這一指標表現依然出色。比如，達美航空在 2008 年、2009 年、2011 年、2012 年這 4 年中的淨資產收益率分別為 -1020%、-505%、-61%、-47%。

淨資產收益率反映的是淨資產的運營效率，在這一方面，西南航空遙遙領先於其他航空公司，這無疑給投資者尤其是那些長期投資者帶來了信心。

僅僅只有創造價值的能力還不夠，與投資者建立互惠關係還需要有分享價值的能力，體現這一能力的重要措施是派發股息。

我發現西南航空自 1977 年在紐約交易所上市以來每年都堅持派發股息，而且派息的方式也很特別：除了個別年份外，大多數年份中每個季度都給投資者派發股息。

在第一次危機（1979—1985）期間，西南航空派發的每股股息年平均為 0.23 美元；在第二次危機（1990—1997）期間，西南航空每股股息有所下降，年平均為 0.06 美元；在第三次危機（2001—2007）期間，西南航空每股股息繼續下降，年平均為 0.02 美元；在第四次危機（2008—2015）期間，西南航空每股股息大幅上升，年平均為 0.09 美元（圖 8-8）。

長期堅持派發股息的政策是與投資者建立互惠關係的重要舉措，即使在最難的 2008 年、2009 年，公司依然堅持給投資者派發股息。別忘了，這兩年是西南航空歷史上最為艱難的兩年，公司凍結了招聘，管理層凍結了薪酬，1400 多名員工主動休假。

長期堅持派發股息的政策既證明了公司運營很健康，贏利能力很強，還擁有強勁的現金流，同時，也表明了管理團隊對公司未來業績持續增長的信心。

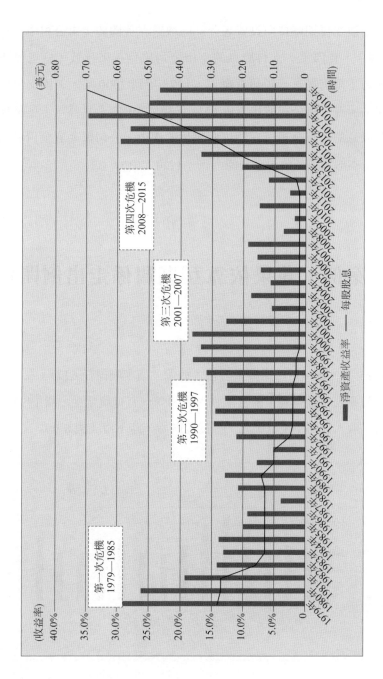

圖 8-8　西南航空淨資產收益率與每股股息（1979—2019）

　　西南航空長期堅持向投資者分紅的政策在美國的上市公司中也算是一個"少數派"，實際上，支付股息的上市公司比例越來越低，這主要和公司的贏利能力下降有關。一項研究發現，1978 年到 2000 年，美國支付股息的上市公司佔所有上市公司的比重由 65% 下降到 19%。[8] 當然，一些長期不向股東派發股息的上市公司，它們也有充足的理由，公司需要資金用於未來的發展，但根本的問題是公司贏利能力差，利潤太少。

對比案例：蘋果依靠互惠關係走出倒閉危機

　　1985 年，喬布斯離開蘋果公司，約翰‧斯卡利擔任 CEO。在斯卡利的領導下，蘋果公司最初幾年的營業收入和利潤一直持續增長，到 1995 年，蘋果公司營業收入達到 111 億美元，但從此開始一路下滑（圖 8-9）。

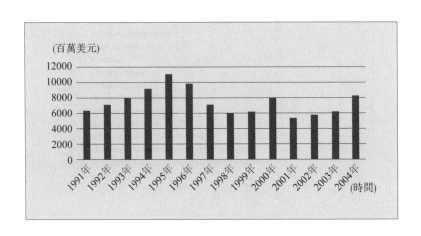

圖 8-9　蘋果公司營業收入（1991—2004）

同時，蘋果公司的贏利能力也開始下降。1992 年淨利潤達到 5.3 億美元，從此開始下滑，1996 年、1997 年連續虧損兩年，虧損額分別達到 8.2 億美元和 10.4 億美元（圖 8-10）。

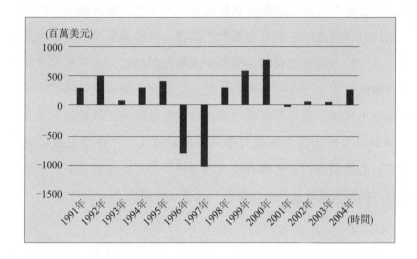

圖 8-10　蘋果公司淨利潤（1991—2004）

喬布斯對蘋果的衰落感到非常震驚，他認為斯卡利過於追逐利潤而犧牲了市場份額。

> 斯卡利引進下三爛的人和下三爛的價值觀，把蘋果給毀了。他們只在乎如何賺錢，而不在乎如何製造出色的產品。麥金塔電腦之所以輸給了微軟，是因為斯卡利堅持榨取每一分利潤，而不是努力改進產品和降低價格。[9]

1993 年，邁克爾・斯平德勒取代斯卡利擔任 CEO，他試圖把蘋果公司賣掉，但最終以失敗而告終。1996 年，吉爾・阿梅里奧出任 CEO，但未能止住

蘋果業績的下滑速度，直到 1997 年，喬布斯重新回到蘋果出任 CEO，一場
變革的大戲才拉開序幕。

　　喬布斯意識到，帶領蘋果走出危機，關鍵是依靠人才，要留住優秀的員
工，防止人才流失，而這就需要蘋果與這些人才建立互惠關係。喬布斯給董
事會提出的第一個要求是重新定價股票期權。由於蘋果股票價格在當時已經
下降了很多，給高層管理者制定的期權激勵計劃已經失去了意義，如果不能
對期權價格進行重新定價，不和人才結成利益共同體，就很難留住他們，重
塑蘋果也就不可能。儘管重新確定期權計劃在當時的法律框架下是允許的，
但是，所有董事會成員從來沒有遇到過類似的事情，也沒有做過類似的決
策，喬布斯的提議遭到了董事會成員的一致反對。這讓喬布斯對董事會成員
大發雷霆，他非常強硬地告訴蘋果公司的董事會成員：

　　　　你們是讓我來解決問題的，而人才是問題的關鍵。你們瘋了嗎？！
　　諸位，如果你們不願意這麼做，我下週一就不回來上班了。因為我將面
　　臨成千上萬個比這困難得多的決定要做，如果你們在這樣的決定上都不
　　支持我，我注定會失敗，所以如果你們不批准，我就辭職，你們可以怪
　　到我頭上，你們可以說，"史蒂夫沒有準備好做這個工作"。[10]

　　由於喬布斯的堅持，以及強硬做出的辭職威脅，董事會在無奈之下只得
接受了喬布斯的提議，將高層管理員工的期權價格重新定價為 13.25 美元。
這次期權事件，讓蘋果公司的高層管理員工看到了希望，他們也感受到了喬
布斯的"真誠"和"義氣"，他們願意留下來與喬布斯一起共渡難關，帶領蘋
果公司走出危機。

　　喬布斯在穩住高層管理員工的同時，也考慮如何重塑與顧客之間的互惠
關係。他意識到，要與顧客建立持久的關係，蘋果要做的事情就是為顧客創

造"非同凡響"的價值,讓顧客獲得獨一無二的體驗價值。他在評估了蘋果公司的產品線後,發現產品線太多,而且生產的大都是"垃圾產品",依靠這些"下三爛"的產品無法贏得顧客青睞,也無法贏得顧客的心。

　　喬布斯充分發揮了專注的能力,他在產品上變革的原則是去粗取精,製造極致的精品。

　　　　去粗取精是一個中心任務。我們成功的方法是非常謹慎地選擇騎哪匹馬。我為我們所從事的工作感到驕傲,也為我們不貪多求全感到驕傲。[11]

　　喬布斯對蘋果的產品線進行了大刀闊斧的改革,他堅持公司應該只集中於 4 種產品。他設計了一個四方格的產品矩陣,橫軸是消費級和專業級,縱軸是台式和便攜式,喬布斯認為蘋果只需要做 4 個偉大的產品,每個方格一個產品,把每一款產品都變成世界級的產品。除了以上 4 種產品之外,蘋果精簡或關掉了其他產品線,減員了 3000 多人。

　　喬布斯的策略是首先要通過極致的用戶體驗去"俘獲"顧客,然後再推動產品銷量和利潤的增長。前者是基礎,後者是結果。喬布斯將蘋果的核心產品定位在高端市場,提供"令人驚豔的產品",同時,利用細分的產品系列為不同的用戶提供不同功能和價格的產品。比如,iPod 最初發佈的版本價格是 399 美元,後來推出的 iPod mini,價格為 249 美元,而功能更為簡潔的 iPod Shuffle(便攜式數字多媒體播放器),則定價為 99 美元。

　　公司的定價機制會極大地影響與顧客的互惠關係,通常有兩個定價機制:市場定價和內部定價。市場定價機制堅持站在顧客的角度上,制定顧客能夠接受,且有利於企業的價格;內部定價機制站在公司內部的角度上,成本加上一定的淨利潤率就是產品的價格。

　　蘋果公司堅持了市場定價機制，它追求的是利潤最大化，而不是利潤率最高，因為，總利潤等於總銷量與單品淨利潤的乘積，如果沒有銷量，只注重高淨利潤率，企業根本無法獲得最大化利潤。

　　為了建立與顧客之間的互惠關係，高韌性企業都會採用市場定價法，這種定價機制考慮到顧客的可承受程度，留出一定的價值空間給顧客，讓顧客感受到互惠。儘管蘋果的產品價格通常遠遠高於競爭對手，但是它能夠讓顧客感覺到性價比最優，這就是定價的藝術。

　　　　蘋果生活在一個系統之中，它需要其他合作夥伴的幫助，它也需要幫助其他合作夥伴。毀滅性的關係對行業中的任何人都沒有好處。[12]

　　1997 年 8 月，在蘋果用戶大會上喬布斯重點強調了要與所有的夥伴建立互惠的合作關係，要贏得顧客的尊敬，與顧客建立互惠關係，這才是經營的本質。1998 財年，蘋果終於止虧為盈，實現了 3.09 億美元的盈利。喬布斯用了一年半的時間，利用互惠關係，塑造了蘋果的關係韌性，帶領蘋果走出虧損困境，並開始了持續的增長。

　　高韌性企業將與員工、顧客、投資者之間的互惠關係視為企業的戰略行為，這種互惠關係可以為企業贏得員工、顧客和投資者的長期信賴，當危機來臨的時候，他們也不會因為短期利益而拋棄企業。基於互惠的關係韌性是幫助企業戰勝危機的重要力量。

第 9 章

堅韌領導

從危機中快速復原

我們在公司使命和公司文化之間建立了明確的
關係。我們用一頁紙定義了我們的使命、世界觀、
願景和文化。這是相對容易的，難的是不歪曲它，
忠實地遵守它。"一致性"勝過完美。

——薩提亞·納德拉，微軟首席執行官

　　一個團隊，一家企業，其成功與失敗，領導力是關鍵，它是一個組織走出危機、持續增長的核心戰略資源。我在《第四次管理革命》這本書中指出，領導者的心智思維是領導力最深層次的影響因素，領導者的內在心理狀態決定了領導者的績效，重塑領導力的本質是重塑領導者的心智思維。

　　戰勝危機需要韌性領導力，堅韌領導者既要有批判思維，又要有平衡思維。擁有批判思維的領導者領悟到過度的自信並不意味着卓越的成就，對不確定性的敬畏使其對未來的增長有更好的判斷能力，他們敏銳地觀察外部的經營環境，評估可能給企業帶來災難的各種不利因素；擁有平衡思維的領導者深知能力不足是企業宏大目標的最大陷阱，善於在戰略目標與組織能力之間尋求平衡，他們不追求極限增長，克制制定不切實際的目標。堅韌領導者的批判思維和平衡思維儘管不能讓他們準確預知危機的到來，但這種思維模式會讓企業形成“有備無患”的文化和機制，從而幫助企業在危機來臨的時候快速復原、逆勢成長。

　　我們需要清醒地認識到，完全讓企業避免陷入危機僅僅是領導者們的一廂情願，危機總是不期而至，常常不以人的意志為轉移，事實上，像西南航空這樣的卓越企業都是經歷了多次危機的歷練和磨難才走到今天。卓越源於磨難，苦難造就英雄。當企業深陷危機之時，堅韌領導者表現出非凡的感召力和學習力。擁有感召力的堅韌領導者儘管明白英雄是帶領企業走出危機最不可或缺的力量，但他們在組織中並不鼓勵個人英雄主義，相反，他們深信只有激活組織的集體智慧，才能讓企業從危機中快速復原；擁有學習力的堅韌領導者懂得一個基本的道理，即僅憑運氣無法戰勝危機，誇大運氣只會增加企業連續失敗的危險，只有從失敗的教訓中學習經驗，提升企業的適應能力，才能讓企業在逆境中持續增長。

"自以為非"：擁有良好的判斷能力

"我犯了大錯！"

這是西南航空創始人赫伯·凱萊赫在 2001 年接受《財富》雜誌採訪時説過的一句話。赫伯所説的"大錯"是指公司在 1985 年錯誤地收購了繆斯航空公司。從事後的復盤來看，赫伯所主導的這次收購頗有些"哥們兒義氣"。繆斯航空的創始人是拉瑪爾·繆斯，他曾於 1971—1977 年擔任西南航空的 CEO，和赫伯關係很好，後來由於內部的人事衝突，拉瑪爾無奈離開了西南航空，不久便創辦了繆斯航空，效仿西南航空的"低票價"模式，直接與西南航空開展競爭。但是，繆斯航空一直經營不善，在 1985 年幾乎瀕臨破產的時候，被西南航空收購。西南航空將其改名為 TranStar 航空，並作為一家獨立公司來經營。後來，TranStar 和得州航空打起了慘烈的價格戰，最終總不能贏利，無奈之下，西南航空於 1987 年將其關閉。

這次不成功的收購對赫伯·凱萊赫的觸動很大，以至於 20 年之後在他即將退休的時候還依然公開批判自己的"錯誤"。對西南航空來說幸運的是，赫伯對自己有着清醒的認識，沒有像許多領導者那樣擅長自我辯護，以至於在困境中越陷越深，他及時關閉了 TranStar 公司，沒有把西南航空拖進虧損的深淵，並且承認了自己的錯誤，進行了自我批判。赫伯深刻地意識到，領導者不能把自己的自尊看得太重要，要坦誠面對失敗，不能為了狹隘的自尊而在錯誤的道路上越行越遠，以至於最後無法回頭。

　　心理學的研究指出，我們每個人都有強烈的自我辯護意識，我們樂於將成功歸因於自己的能力，將失敗歸因於外部的環境。如果領導者不能夠挑戰固有的自我辯護意識，就無法提高對外部環境的敏感性和適應力，更無法塑造企業的韌性。自我辯護意識不可能根除，但我們可以調整它的尺度。我根據自我辯護能力的強度，將領導者區分為脆性領導者和堅韌領導者。脆性領導者 "自以為是"，自我辯護能力超強，這種領導者有一種自我陶醉式的思維模式；堅韌領導者 "自以為非"，克制自我辯護的能力，他們有一種自我批判式的思維模式。

　　　　自我批判式的專家，更擅長於探尋變動形勢下的矛盾心態，進行預測時更為謹慎，能更準確地從錯誤中總結經驗，不太傾向於合理化這些錯誤，更願意及時更新自己的觀念。在這些優勢的共同作用下，他們能夠更好地預測下一輪事件發生的概率，緊扣住現實的可能性。[1]

　　好的思維模式帶來好的判斷能力，反之亦然。

　　"自以為是" 的思維模式將脆性領導者緊緊地限制在自我想像的虛幻之中，他們就像一隻刺蝟，在智力上自掘洞穴，挖得越深，他們從中爬出來看看外部世界變化的可能性就越小，而為了躲避不確定性和風險，他們會繼續深挖下去，從而陷入了自我強化的循環，成為自己的囚徒，將企業的命運寄託在一個脆弱的理念上。

　　"自以為非" 的思維模式提高了堅韌領導者的判斷能力，他們就像狐狸一樣，戰戰兢兢、如履薄冰，敏銳地搜尋環境的各種變化，他們深知一切皆有可能，不確定性和危機無法避免，唯一要做的事情就是在夏天就為冬天儲備好熬過嚴寒的食物。他們為企業設計了自我改善的循環，強化組織的適應能力，依托強大的機制和能力推動企業在危機中持續增長。[2]

領導力：平衡的智慧

耶魯大學歷史學教授約翰‧加迪斯對戰略的深刻洞察令人敬佩，他擅長以宏大的歷史事件或者戰爭危機為案例來剖析橫亘在戰略目標與組織能力之間的巨大鴻溝，並深刻地詮釋了領導力的本質。

公元前 480 年，波斯的國王薛西斯一世親率百萬大軍開始了對古希臘王國的征戰，這是波斯人在 10 年之內第二次入侵古希臘，薛西斯一世制定了宏偉的戰略目標，他發誓要為自己的父親大流士一世報仇。站在海峽的一側，遙望遠方的古希臘王國，薛西斯一世的叔叔兼幕僚阿爾達班憂心忡忡，心懷恐懼，他提醒薛西斯一世：“慎重的領導者會對所有可能發生在他身上的事情都心存敬畏並細加思量，但在行動時英勇果斷。”薛西斯一世耐心聽完後反駁道：

> 如果把什麼事情都考慮到……，你永遠做不成任何事。與其坐在那兒患得患失，最終無所作為，不如憑藉一顆無畏的心，直面我們的恐懼……不奮勇一博，何來勝利？[3]

薛西斯一世擁有宏大的使命和目標，他渴望勝利，有一顆無畏的心，他敢於直面恐懼，目標是征服古希臘，進而征服整個歐洲。阿爾達班則心存恐懼，他擔心薛西斯一世 "飛得太高"，蠟製的翅膀會被融化。阿爾達班已經預感到，等待波斯大軍的不僅有強大的希臘軍隊，還有歐洲陌生的土地、海洋，甚至還有不可預知的風暴在伺機吞噬波斯帝國的海軍。這一切都不可預知，征戰的風險太大。但在薛西斯一世看來，阿爾達班叔叔過於謹慎，甚至有些 "膽小"，他讓自己飛得太低，翅膀因潮濕的霧氣而影響飛翔。薛西斯一世沒有讓阿爾達班跟隨他一同出征古希臘，而是讓阿爾達班回去管理波斯帝國。薛西斯一世祈禱太陽神給他足夠的力量，讓他繼續開拓疆土，帶領百萬大兵橫渡亞歐大陸分界線赫勒斯滂海峽入侵歐洲。

波斯大軍長驅直入，薛西斯一世的鐵騎踏遍了古希臘三分之二的土地，並且攻入了雅典衛城，但讓薛西斯一世沒有想到的是，雅典衛城只剩下了一座空城，全城居民早已撤走，惱羞成怒的波斯軍隊焚燒了雅典城來發洩怒火。然而，波斯人的大火並沒有吞噬雅典人的鬥志。最後，波斯軍隊慘敗。薛西斯一世別無選擇，只能帶領殘餘部隊撤退，渡過赫勒斯滂海峽回到了波斯王國，龐大的波斯帝國從此開始了衰落和敗亡之路。

在第二次波希戰爭中，波斯王薛西斯一世和幕僚阿爾達班扮演了不同的角色，對戰爭採取了完全不同的態度。薛西斯一世對自己征服古希臘的目標堅信不疑，用遠大的使命吸引了追隨者的注意力，他深信意志可以改變環境，但最終就像刺猬一樣掉進了自己挖掘的洞穴中；阿爾達班對波斯征服希臘充滿懷疑，舉棋不定，他敬畏環境，認為再強大的軍隊也需要接受客觀現實，最終他躲開了陷阱。

薛西斯一世和阿爾達班的爭論，在某種程度上就是一個悖論。薛西斯一世說的是對的，如果一個人試圖去預測一切，他將無法完成任何事情。但阿爾達班也是對的，如果一個人沒有為可能發生的一切做好準備，那麼，失敗是不可避免的。薛西斯一世和阿爾達班的悲劇在於，他們都缺乏對方的長處，沒有同時擁有這兩種想法，並且保持行動力。[4]

這就回到古希臘神話中代達羅斯對兒子伊卡洛斯的忠告，用蠟黏合鳥的羽毛製成的翅膀，儘管可以用來飛翔，但要掌握好飛行的高度，過高或者過低都不是最佳選擇，只有在一定的飛行高度才能夠既保持速度，又保證安全。我認為，對企業的領導者而言，使命（目標）過高和過低都不是最佳選擇，卓越的領導者必須在使命（目標）、環境和能力之間保持平衡。簡言之，領導力是平衡目標與能力的智慧。

戰略目標與組織能力的匹配度既是領導者平衡思維模式的反映，也是影響組織韌性的重要因素。我以戰略目標（保守／激進）和組織能力（弱／強）兩個維度將領導者區分為 4 種類型：戰略膽小者、戰略平庸者、戰略虛幻者和戰略宏大者（圖 9-1）。

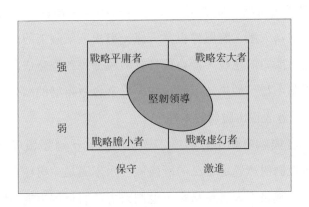

圖 9-1 韌性領導者：平衡目標與能力

戰略膽小者胸無大志，但表面上看起來很有事業心，這主要是用於迷惑他人，是對自己的炫耀和包裝，他們擅長於激勵他人而不是激勵自己，內心深處更願意躲在自己的舒適區享受着為數不多的勝利果實。由於企業根基不穩定，內心也充滿焦慮，總害怕某天會失去僅有的果實，這類領導者所帶領的企業儘管匹配了目標與能力，但由於目標保守，能力虛弱，就像患上了侏儒症一樣長不大，這類企業在危機面前不堪一擊，極其脆弱。

戰略平庸者的主要症狀是領導者的願景缺乏張力、戰略目標缺乏競爭力。願景是領導者對未來發展的一種想像，它能夠給員工帶來創業和奮鬥的動力，提升工作和人生的意義。由於領導者患上了戰略平庸症，缺乏看未來的能力，就會導致企業缺乏願景，或者願景顯得平庸無奇。願景的缺乏或者平庸會影響企業戰略目標的競爭性。在制定戰略目標時，戰略平庸者遠離"卓越"這一原則，害怕接受挑戰，將風險視為大敵，將穩定視為天條，這種保守的心態會極大地挫傷企業的成長動力，儘管這類企業在面對危機時有一定的抵禦能力，但是，以犧牲成長為代價換來的穩定會極大地浪費資源的效率。

戰略虛幻者與戰略平庸者的風格恰恰相反，這類領導者表現出賭徒的心態，將穩定視為大敵，將風險視為天條，追求高風險下的高收益。但問題是，他們忽略了能力的建設，能力與目標的脫節導致戰略成為虛幻的假象。這類組織的根基不穩，如果運氣好一些，也許會取得好的績效，但在危機來臨的時候，同樣會表現出脆弱的本性。

戰略宏大者與戰略膽小者形成了鮮明的對比，這類領導者擁有宏大的願景和目標，他們討厭躲進自己的舒適區，永不滿足，勇往直前。和戰略虛幻者不同的是，戰略宏大者更務實，他們致力於將目標與能力匹配起來。只有極少數的戰略宏大者能夠帶領組織走向卓越，就像波斯國王薛西斯一世那樣，一旦成功就會成為受人們頂禮膜拜的英雄。然而，戰略宏大者是懸崖上的舞者，陶醉於在懸崖上翩翩起舞，欣賞自己的舞姿，但稍有不慎，就可能跌落懸崖摔得粉身碎骨。這類企業最大的問題是宏大目標會導致資源剛性，一旦某個環節出了問題，就可能全盤皆輸。當危機來臨的時候，戰略宏大的企業往往表現出出人意料的脆弱性，因為沒有彈性資源的儲備，企業就無法抵禦危機在瞬間帶來的巨大衝擊。

　　和以上 4 種領導風格不同，堅韌領導者精妙地匹配了目標與能力，使二者達到了動態的平衡。他們在目標上不保守，不激進，關注目標的可持續增長；他們在能力上不示弱，不逞強，關注能力的可持續培養。

　　西南航空的韌性領導力在其精一戰略中得到了很好的體驗，既保持了對成長的渴望，又心懷對成長的敬畏。

　　　　西南航空不但要應對同行業的競爭威脅，由其成功帶來的巨大增長機會也成為西南航空不得不面臨的挑戰。高度自律的西南航空講求節制，將年增長率控制在 10%~15% 的水平。[5]

　　在精一戰略的指引下，西南航空一直堅持自己的成長節奏，將年增長率的目標控制在 10%~15% 的水平。事實上，西南航空的成長速度超過了這一標準，從 1971 年到 2019 年，西南航空的營業收入從 213 萬美元增長到 224.3 億美元，年複合增長率達到 21.3%；從 1973 年到 2019 年，淨利潤從 16 萬美元增長至 23 億美元，年複合增長率達到 23%！

感召力：激活組織智慧

　　擁有批判思維和平衡思維的領導者給企業塑造了領導力韌性，減少了企業在危機中遭受重創的概率，因為這種領導者擁有精一思維，既保留有對目標的堅定信念和清晰的方向感，又能同時敏銳地觀察周邊的環境，還保持着快速的行動力，當危機來臨的時候，他們會及時調整既定的戰略目標和運營節奏，不固執地陷入自我設計的陷阱之中。儘管我們常常在危機來臨的時候勸誡他人，不要"浪費"危機帶來的機會，但是，只有身處危機的旋渦之中，才會深刻體會到危機的破壞性本質。對許多企業而言，危機帶來的是災難，而不是機會。習慣於漠視危機，有時比危機本身更可怕。

堅韌領導者的大腦中能夠同時容納並接受兩種看似對立的思維，比如，他們知道走出危機需要依靠英雄的個人智慧，但他同時也明白，僅僅依靠個人的智慧無法讓企業真正戰勝危機，戰勝危機還需要激活企業全體員工的集體智慧。

從欣賞個人智慧到激活組織智慧，對領導者來說是一個很大的挑戰，這一挑戰的難題是領導者不僅需要突破自我認知，更需要有非凡的感召力。

我在多年對企業持續性成長的研究中，發現感召力是堅韌領導者身上的顯著特徵，這類領導者不把企業視為自己的私人領地，而是致力於將企業打造成能夠發揮每一個人價值的平台。與之相反的是脆性領導者，這類領導者把企業視為自己的私人財產，將自己美化為企業的救世主。

不同的領導風格，決定了不同的企業的成長邊界。脆性領導者遵循控制、專斷、戒備、獨佔、僱用等理念管理下屬和組織，其管理邊界將會越來越小，甚至逐漸走向自我封閉，最終不能發揮企業員工的集體智慧，企業發展的步子越來越慢，越來越脆弱，最終走向失敗。相反，堅韌領導者秉持賦能、信任、尊重、分享、發展的理念對待下屬，其感召力越來越強，管理邊界不斷擴大，能夠不斷激發員工的智慧和創新性，帶動企業發展不斷走出困境邁向新的台階，最終不斷拓展企業的成長邊界，獲得持續增長。

西南航空的創始人赫伯·凱萊赫具有很強的感召力，他是一個堅韌領導者，在其多年的領導生涯中，一直堅持使用賦能、信任、尊重、分享和發展等措施，不斷地塑造和提升西南航空的領導力韌性。

賦能員工發揮特長。控制是一種負向強化的方式，只是"糾錯"；而賦能，是正向強化，可以"防錯"，能夠促使員工做得更好。一些脆性領導者總是處心積慮地尋找制約員工行為的訣竅，總想千方百計地去控制員工，恨不得在員工頭上安裝一個跟蹤器，事事皆掌控在手心之中。控制本沒有錯，但對控制目的的理解不同將會導致不同的結果。控制就是把員工行為與計劃標準進行對比，一旦發現偏差就及時採取糾正行動，在這裏，控制的目的是糾偏和矯正。然而，在很多企業領導者眼裏，控制的目的卻是制約和懲罰。一個人一旦被打上失敗者的標籤，他就會像失敗者一樣行動。所以，不幸的是，如果企業只想通過懲罰（負向強化）來防止員工出錯，受過懲罰的人非但不會減少出錯的行為，反而逐漸學會了如何逃避懲罰，正所謂"上有政策，下有對策"。

西南航空有着獨特的人員招聘策略，從來不招聘那些看起來"非常完美"的人，也不招聘"個人英雄主義"式的員工。赫伯認為每一個人都有自己的特長，西南航空倡導的是團隊合作，而不是個人主義。他要求對團隊的績效進行整體衡量，而不是將考核的焦點聚焦於個人。西南航空注重開發各級管理者的領導力，讓各級管理者都意識到，只有通過賦能而不是控制才能將每個人的價值充分發揮出來，才能獲得持久的發展。

給予充分的信任。在任何企業裏，領導者總會自覺不自覺地把員工進行區分，並依據自己的判斷標準把手下劃分為"圈內人"和"圈外人"，圈內人是忠誠於企業的人，要給予充分信任；圈外人當然要重點防範，需要時刻戒備。然而，脆性領導者和堅韌領導者判斷"圈內人"和"圈外人"的標準是不同的，或者説是他們對"忠誠的界定標準"是不同的。脆性領導者把忠誠定義為"聽自己的話"，高韌性企業的領導人則認為忠誠就是為企業創造價值。

　　赫伯·凱萊赫在西南航空推動平等的文化，強調在績效面前人人平等，個人在公司的價值取決於其在團隊中創造的績效，對組織的忠誠就是創造更高的績效，要給予每一個創造高績效的員工充分的信任。信任是建立團隊、進行授權的基礎。領導者擴大了信任的邊界，就意味着"手中可用之人"增多，就意味着可以向更多的人賦予更大的責任和給予更大的自主權。責任傳遞和授權的目的在於充分利用企業全體員工的集體智慧和能力，畢竟沒有哪個人具備做出有效決策所必需的所有知識。

　　為了培養和員工之間的相互信任，赫伯不讓自己待在高高的領導位置上，而是經常走進員工中間，和員工們無拘無束地閑談，員工們都親切地稱呼他"赫伯大叔"。赫伯還常常參加公司的各種狂歡活動和週末的晚會，扮演滑稽的小丑增添樂趣，拉近了領導者與員工之間的關係，信任就在無形之中建立了起來，在危機來臨的時候信任就是彌足珍貴的無形資源。

　　關愛與尊重。西南航空在紐約交易所上市的時候，選擇 LUV 作為股票代碼，這其中的主要目的是傳播公司的關愛（Love）文化。西南航空的獨特理念是員工第一，顧客第二。赫伯認識到，西南航空從事的是航空服務業，在這樣的行業中，如果沒有滿意的員工，就不可能有滿意的顧客；如果員工不能得到公司的尊重，顧客就無法從員工那裏得到尊重。對員工的關愛與尊重是公司能夠制勝的法寶。

　　　你必須像對待顧客一樣對待你的員工。如果你對他們好，他們也會對公司的顧客好。這是我們強有力的競爭武器。你必須抽出時間來，傾聽員工的想法。如果你只是向人們說不，固然顯得很有權威，不過在我看來這就是濫用權力。不要試圖去禁錮人們思考。[6]

　　脆性領導者很喜歡樹立自己的權威，他們對權力情有獨鐘，做事專斷，一意孤行。堅韌領導者在員工面前也樹立權威，但他們懂得，在缺乏開誠佈公的溝通情況下得來的權威是脆弱無力的，而建立在下屬坦率的反饋基礎上的權威才真正牢不可破。所以，堅韌領導者擅長培養自己的共情能力，善於在各種場合傾聽員工的聲音，並致力於建立各種溝通渠道了解員工的心聲。

倘若領導者能夠經常與各層次的員工愉快地溝通，傾聽他們內心真實的聲音，就會逐漸培養公司尊重人的文化，也會提升領導者的感召力。員工得到了尊重，就會暢所欲言，發揮他們的聰明才智，就會貢獻自己有價值的信息。創新的動力就會源源不斷。作坊式小企業之所以長不大，在很大程度上是因為沒有發揮員工的聰明才智，領導人的專斷鉗住了員工熱情的"口"和"手"，扼殺了他們的創造性。如果一個企業只有老板自己在思考，而其他人只是唯唯諾諾，失敗就為時不遠了。

打造利益共同體。脆性領導者與堅韌領導者之間的區別在於：前者獨佔價值，後者分享價值。脆性領導者最喜歡説的一句話就是"這都是我創造的"，他很善於"抹殺員工的功勞"而"獨享成功"。然而，渴望成功是每個人內心最為強烈的動機，企業若想"長大"，必須致力於促進員工個人成功與企業成功的一致性，要為員工分享價值，分享成功的喜悦，讓員工感覺很好。

西南航空從成立以來，就堅持每年給員工進行利潤分享，這一計劃已經堅持了 40 多年，即使在 4 次危機中也沒有間斷過。赫伯認為，只有和員工一起打造真正的利益共同體，員工在危機來臨的時候才可能與企業同甘共苦，才可能助力企業走出危機。

發展每一個人的能力。在人才培養方面，赫伯堅持"長期主義"，西南航空特別注重對員工能力的培養，為各級員工建立了完善的培訓體系。每一個人的能力都會過時，都需要在企業發展的過程中不斷提升能力，否則，就無法適應企業快速的發展。尤其是當危機來臨的時候，企業為了應對危機只能聚焦於核心業務的運營，根本無法顧及人才的培養。如果平時不能做好能力儲備，在危機發生時就會捉襟見肘，延誤從危機中快速復原的時機。

　　企業可持續成長的基本法則告訴我們，任何企業若想不斷擴大企業的成長邊界，必須不斷積累組織智慧，優秀的企業必須能夠充分調動員工的聰明才智和工作激情。不言而喻，企業的成長需要有感召力的堅韌領導者，因為他們能夠對員工的成功給予認同和獎勵，不僅讓員工擁有成就感，還讓員工感覺到自己屬於一個關心他們的組織，當危機來臨時，他們就會毫不猶豫地行動起來，與企業一起戰勝危機。

　　總之，企業的可持續增長不僅僅取決於企業是否擁有大量優秀的人才，更取決於企業能否把個體的智慧變成組織的智慧。組織智慧的高低決定了企業可持續成長的邊界。無數企業失敗的故事告訴我們，絕大多數企業在危機中的衰落或失敗，要麼是窮盡了企業的智慧，要麼是沒有發揮企業內部成員的集體智慧。一旦失去了智慧，企業就失去了活力和創造性；而一旦失去了創造性，企業就會變得僵化和脆弱，變得墨守成規。僵化和脆弱的企業無法與外部動態的環境保持同步，無法在競爭中保持靈活的適應性，無法在與外界的競爭中保持優勢，自然逃脫不了被淘汰的命運。

學習力：從危機中尋找規律

　　在某種程度上，商業發展史也是一部自然進化史，許多世界知名公司都經歷了困難時期的鍛造和塑造。達爾文認為，能夠生存下來的人，不是最強大或最聰明的人，而是最能適應變化的人。領導者的錯誤樂觀情緒很容易誤入歧途，阻止制訂應變計劃或採取大膽的行動。要在危機中切合實際並隨機應變採取果斷行動來避免這種陷阱。[7]

　　不同的領導者對危機有不同的反應。激進懷疑論者持極度悲觀的態度，他們認為一切都不可預測，人類歷史說到底就是"一件該死的事件接着另一件"，如同光點上下任意浮動，主題缺乏延續性，變化是隨意的，毫無規律可言。今天起作用的規則，明天就可能讓人失望。[8]

　　擁有激進懷疑論觀點的領導者在危機面前表現出"錯誤的悲觀情緒"，這種情緒和"錯誤的樂觀情緒"一樣會把企業帶入歧途，這類領導者常常誇大"運氣"的作用，這樣就會高估風險，降低主觀能動性，在危機面前裹足不前，聽之任之，表現出領導力的脆弱性。

　　關於個體歸因的研究表明，個體更可能把成功歸因於能力，把失敗歸因於運氣。歸因偏差會轉化成風險估計偏差。誇大運氣的作用，就會高估風險，進而減少風險承擔；相應地，看低運氣的作用，就會低估風險，進而增加風險承擔。結果，連續的失敗，就會導致高估行動風險的傾向；連續的成功，就會導致低估行動風險的傾向。連續成功的人自信有能力險中求勝，傾向於低估行動中的風險，高估行動後的預期回報。[9]

　　堅韌領導者努力去克服這種歸因偏差，他們承認運氣的重要性，但不誇大，也不看低運氣的作用。他們承認企業成功戰勝危機既可能是因為擁有強大的組織能力，也可能有運氣在暗中相助；企業在危機中失敗，既可能是因為能力不足，也可能是因為運氣太差。對堅韌領導者而言，一次的成功與失敗並不能說明問題，只不過是行動不同的表現結果而已，最重要的是要從成功或者失敗中學習經驗或者吸取教訓，以獲得持續的成功或者避免連續的失敗。

　　學習力是堅韌領導者的核心能力，這種能力提高了領導者在危機中的適應能力和權變能力。

　　我在第 2 章曾經介紹了西南航空在創業第 3 年遭遇的 "價格絞殺"，這是一場與布蘭尼夫航空的 "肉搏大戰"。布拉尼夫將其從休斯敦到達拉斯的單程機票從 26 美元打對折至 13 美元，這是西南航空的成本價，顯然，布蘭尼夫航空試圖將西南航空掃出市場。當時的西南航空 CEO 拉瑪爾·繆斯想出了一個絕招跟布蘭尼夫航空對着幹。西南航空讓顧客進行選擇：顧客可以只付 13 美元，也可以支付 26 美元，後者將免費獲得一瓶威士忌。這一招果然很有效果，最終打敗了布蘭尼夫航空，也讓西南航空在價格戰的幾個月內成為得州最大的威士忌批發商。

　　從這場價格戰中，赫伯和他的管理團隊學習到一條重要的經驗：讓顧客擁有選擇權。這條原則至今仍然很有價值，是西南航空商業模式的基本原則。

　　學習力對於領導者固然重要，但要避免短視行為。組織理論的奠基者詹姆斯·馬奇教授指出有三種學習的短視：第一種形式的短視是傾向於忽略長期。組織學習如果偏袒短期，長期生存有時會受到威脅。第二種形式的短視是傾向於忽略全局。組織學習偏袒局部，就會導致整體生存有時受到威脅。第三種形式的短視是傾向於忽略失敗。組織學習偏袒從成功當中汲取經驗，失敗的風險有時會被低估。[10]

　　世界總是在不斷地變化，不確定性永遠無法消失，領導者的學習能力提高了其對危機的適應能力和應變能力，進而塑造了整個組織的領導力韌性。無數戰勝危機的案例表明，越是在危機發生的時候，越需要領導者的堅強韌性。

對比案例：堅韌領導推動 "微軟重生"

　　2014 年 2 月 4 日，微軟迎來了其歷史上第三任 CEO：薩提亞·納德拉。薩提亞是一位微軟老兵，1992 年就加入了微軟，最初從事 Windows NT 方面的工作，2007 年 3 月擔任微軟搜索及廣告平台業務部資深副總裁，參與打造微軟搜索引擎業務，2011 年開始負責微軟雲業務。

　　薩提亞接手時微軟正面臨 "內外交困" 的局面，已經明顯落後於互聯網時代。從外部的競爭角度來看，微軟在互聯網時代的競爭優勢已經很難與蘋果和谷歌相匹敵，蘋果基於 iOS 操作系統，將硬件、軟件和內容無縫銜接起來，不僅發佈了 iPod、iPhone、iPad、Apple Watch 等世界級智能硬件產品，而且這些智能終端產品直接與 iTunes、App Store 等內容服務平台連接起來，創造了基於 iOS 操作系統的平台生態系統。谷歌則基於 Android 操作系統打造了另外一個更加開放的平台生態系統。微軟曾經試圖通過收購諾基亞打造基於 Windows 操作系統的第三個平台生態系統，但並不成功。

　　對比微軟與蘋果自 1991 年至 2019 年的淨利潤變化，從中可以看出微軟的衰落與蘋果的崛起。1991 年，微軟的贏利能力遠勝蘋果，當年微軟的淨利潤為 4.62 億美元，蘋果的淨利潤只有 3.1 億美元。在 2010 年之前，微軟一直領先蘋果，但從 2011 年開始，微軟被蘋果反超，蘋果得益於其獨特的平台商業模式實現了騰飛，淨利潤開始大幅度超越微軟。實際上，微軟從 2008 年開始，個人計算機出貨量和財務增長都已經陷入停滯狀態。蘋果的智能手機和平板電腦銷量呈上升趨勢，谷歌的搜索和在線廣告收入持續增長，微軟的另一個競爭對手亞馬遜大力推出的亞馬遜雲服務（AWS），在雲服務市場建立了領導地位。

　　2011 年，微軟的淨利潤為 232 億美元，而蘋果的淨利潤達到 260 億美元。在此之後的幾年時間裏，蘋果的贏利能力大增，將微軟遠遠地甩在了後面。在 2014 財年，微軟的淨利潤為 221 億美元，蘋果的淨利潤已經達到 395 億美元（圖 9-2）。

　　　微軟發起了個人計算機革命，而我們的成功是具有傳奇性的；在之前的一個世代，微軟可能只有一個競爭對手，即 IBM。但在遙遙領先所有競爭對手多年之後，情況發生了變化，然而並不是朝着更好的方向發展——創新被官僚主義所取代，團隊協作被內部政治所取代，我們落後了。……重塑企業文化將是我的首要任務，讓公司重新回到先前的軌道上：繼續以改變世界為己任。[11]

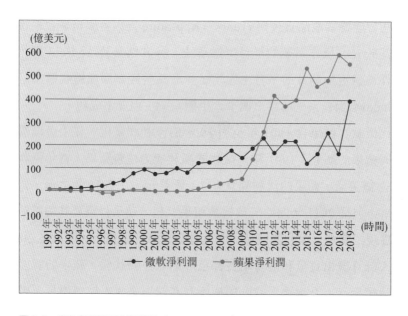

圖 9-2　微軟與蘋果淨利潤對比（1991—2019）

　　除了需要面對蘋果、谷歌、亞馬遜等企業的競爭之外，微軟的內部也出現了許多問題。薩提亞認為微軟患上了"大企業病"，創新能力在下降，內部官僚主義盛行。

　　在上任之初，薩提亞立志要實現"微軟的重生"，但殘酷的現實使他必須要同時進行"兩線作戰"，既要面對蘋果、谷歌、亞馬遜在操作系統、智能硬件、雲服務等領域咄咄逼人的競爭，又要向微軟的官僚主義開刀，而後者是最難的變革，許多 CEO 就是因為未能推動內部轉型而導致變革折戟。薩提亞認識到，治癒大企業病需要有強有力的領導韌性，微軟的轉型也必須首先從內部突破，必須自上而下，先與高層管理團隊達成共識，然後從這個核心一直擴散到整個員工隊伍，這才是確保變革可持續的方式。

　　在擔任 CEO 最初的幾個月時間裏，為了能夠確保把握微軟內部的真正問題，找到變革的突破口，薩提亞和數百名來自公司不同層級和不同部門的員工進行直接交談，他希望聽到各級員工的心聲。在和這些員工代表的交流中，薩提亞發現微軟在移動互聯網時代的確"病了"，各級員工都表現出了不同程度的倦怠和挫折感，但是，他也感受到一些欣慰，他發現微軟員工的內心深處埋藏了一股鬥志，他需要給員工重新樹立希望，點燃它們。

　　點燃員工的鬥志需要找到共鳴點，薩提亞認為儘管微軟在移動互聯網的世界裏落後了，但是微軟依然有強大的轉型基礎，變革的關鍵在於重新找到微軟的靈魂，塑造微軟在危機中的韌性，他要求高層管理者都要思考以下三個問題：微軟為什麼存在？什麼是微軟的靈魂？什麼使微軟與眾不同？

　　這三個問題從本質上來說就是公司的使命和核心價值觀，比爾·蓋茨和保羅·艾倫在創立微軟的時候，提出的使命是"讓每個家庭、每張辦公桌上都有一台電腦"，在個人計算機時代，微軟已經實現了這個使命，成為個人計算機時代的王者，在移動互聯網時代，這一使命已經不能適應時代的發展了，微軟需要重新找到自己的使命。唯有找到公司的使命，才能點燃員工的鬥志，才能激發員工們工作的使命感和自豪感。

在史蒂夫·鮑爾默擔任 CEO 期間，微軟採取了與蘋果和谷歌正面競爭的戰略，其收購諾基亞的目的就是構建基於 Windows 操作系統的平台生態系統，並希望利用這個生態系統與蘋果和谷歌抗衡，但是薩提亞認為世界上不需要第三個手機生態系統，他在收購諾基亞時投了反對票，他認為微軟需要一種全新的、與競爭對手區隔的戰略，需要在競爭中找到一個價值空白點，即找到微軟的藍海。

經過充分的思考和論證，薩提亞和他的高管團隊找到了微軟的藍海——蘋果和谷歌在互聯網時代定義了產品的移動性，微軟要結合自己的優勢進行錯位競爭，微軟要 "定義人類體驗的移動性"，這樣一來，微軟就可以開發操作系統橫跨、連接各種移動設備，並在業務上與蘋果和谷歌進行戰略協同。最終，微軟決定將 "移動性" 和 "雲" 融合在一起，確定為微軟轉型的基礎，並提出了 "移動為先、雲為先" 的戰略。正如薩提亞所言，微軟要把尼采所說的 "直面現實的勇氣" 改成 "直面機遇的勇氣"，微軟要在移動互聯網時代、物聯網時代贏得數十億的聯網設備，而不是憂慮不斷萎縮的傳統市場，換言之，微軟要在萬物互聯時代開闢 "人類體驗移動性" 這一新的藍海。

薩提亞和他的管理團隊找到了微軟的靈魂，並確定了微軟的新使命：賦能全球每一個人、每一個組織，成就不凡。基於這一使命，微軟劃分並確定了新的業務領域，並在以下三個方面塑造核心能力：

第一，重塑生產力和業務流程。微軟的產品需要進化，將不再僅僅局限於開發個人生產力工具，而是基於協作、移動、智能和信任四大原則，開發既能賦能個人，又能賦能團隊和組織提高生產力的工具。第二，構建智能雲平台，通過運用先進的分析工具、機器學習和人工智能，將海量數據轉化為預測和分析能力，打造全球性的、超大規模的雲平台。第三，創造更個性化的計算，推動人們從需要 Windows 到選擇 Windows，進而愛上 Windows，推動工作場所的革命，幫助組織和人們提升工作效率。[12]

　　薩提亞採取了聚焦與開放的戰術。首先，將微軟的核心業務都專注在移動性業務和雲服務上，放棄與此不相關的業務，加強人工智能與雲計算能力。其次，不再採取與蘋果和谷歌對抗的戰略，不再建立一個基於 Windows 操作系統的生態系統，而是採取開放的態度，與谷歌合作，融入 Android 的生態系統。同時，再度與蘋果深度合作，為蘋果的智能設備開發各種應用系統。比如，2015 年夏天，微軟推出了 Surface Pro 3，發佈了適用於包括 iPhone 在內的跨所有設備的 Office 應用，基於雲平台的 Office 365 增加了近 1000 萬用戶。2016 年 5 月，微軟以 3.5 億美元將諾基亞手機業務出售給了富士康。

　　在確定了公司的轉型戰略之後，就需要發揮領導者的韌性來推動這次巨大的變革。在領導力方面，薩提亞向微軟的各級領導者提出了三條基本原則：

　　第一，向共事的人傳遞明確信息。這是領導者每一天、每一分鐘都要做的最基本的事情之一。第二，領導者要產生能量，不僅在他們自己的團隊中產生能量，而且在整個公司產生能量。無論身處順境還是逆境，領導者都要激勵樂觀主義、創造性、共同承諾和成長。第三，找到取得成功和讓事情發生的方式。推動人們參與他們所喜歡的和渴望去做的創新工作，在長期成功和短期勝利之間找到平衡，以及在尋求解決方案時要超越邊界，要有全球化思維。[13]

　　在高韌性企業中，組織的領導力韌性和首席執行官的堅韌有很大的關係，尤其是推動組織內部進行深度變革，挑戰官僚文化，重塑組織的活力，這都需要首席執行官展示出超強的自我批判能力、平衡能力，當然也包括勇氣、感召力和學習力。從小就超級喜歡板球運動的薩提亞從這個運動中領悟到首席執行官的職責，在其出版的《刷新》一書中薩提亞透露自己在推動微軟變革時一直堅守了三個原則：

　　第一個原則是不遺餘力地進行競爭，在面對不確定性和威脅時要充滿激情。第二個原則是要把團隊放在優於個人地位和個人榮譽的位置上。第三個原則是領導力的重要性。領導力的要義就是"激發所帶團隊中成員的信心，讓每個人都展現出最優秀的一面"。

　　從 2014 年到 2019 年，在薩提亞的帶領下，微軟在移動互聯網時代重生了，微軟三大核心業務：生產力與業務流程、智慧雲端業務、個人計算機業務都實現了快速增長，尤其是智能雲業務在微軟三大業務中的佔比越來越高。2019 年，微軟營業收入約 1258 億美元，其中智能雲端業務收入達到約 390 億美元，佔比為 31%。微軟在移動互聯網時代落後了，但是在雲時代、人工智能時代又依靠堅韌的領導力和文化的重塑，走到了時代的前列（圖 9-3）。

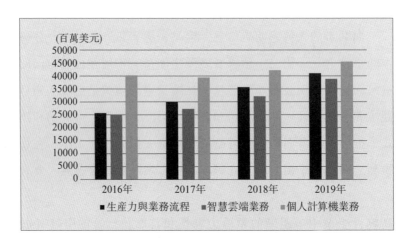

圖 9-3　微軟三大核心業務收入與變化趨勢（2016—2019）[14]

　　微軟這幾年的變革成果得到了資本市場上的認可，微軟市值從 2015 年開始實現了爆炸式增長（圖 9-4），2020 年初其市值一度高達 1.3 萬億美元。2020 年 3 月，美股因新冠肺炎疫情等事件的影響，在 9 日、12 日、16 日、

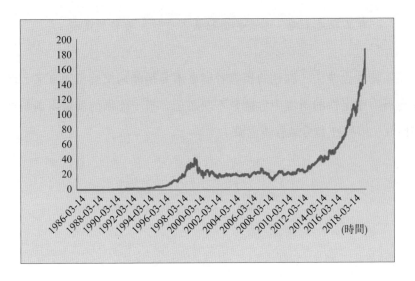

圖 9-4　微軟市值（1986—2018）

18 日分別出現了四次暴跌熔斷，也導致微軟股價大跌。2020 年 3 月 20 日，是美股的 "四權到期日"，又稱 "四巫日" [15]，當日道瓊斯指數又在前兩週的四個 "熔斷" 之後，大跌了 913.21 點，跌幅達到 4.55%。這一天，蘋果股票收盤價為 229.24 美元，下跌 6.35%，市值 1.0 萬億美元。微軟股票收盤價為 137.35 美元，下跌 3.76%，市值 1.0 萬億美元。亞馬遜的當日市值為 9190 億美元，退出了 "萬億美元市值" 的行列。微軟和蘋果成為美國資本市場僅有的兩家市值達到 1 萬億美元的公司。

　　任何宣稱可以準確預測未來技術發展軌跡的人，都是不可信任的。對未知的恐懼會讓你完全失去方向，有時還會讓你陷入惰性的死胡同。領導者必須知道該做什麼——以創新直面恐懼和惰性。我們要敢於投入不確定性中去，要有冒險精神，在犯錯時要迅速改正，要認識到失敗是成功的必經之路。有時候你感覺這就是像一隻學飛的鳥，你一會在天上飛，一會又在地上跑。學飛的過程並不美妙，美妙的是飛。[16]

在高韌性企業中，韌性的領導者從來不妄稱能夠準確預知未來，他們深知在充滿不確定性的環境中危機會不期而至，唯一能做的就是以創新直面恐懼和惰性，以韌性和勇氣戰勝危機。

第 10 章

至善文化

高韌性企業的核心資產

　　"利他之心"是一顆正確的心。要經常思考"作為人，何謂正確"，在做出決策的時候，要捫心自問：自己是否"動機至善、私心了無"？作為一個人是不是應該這麼做？這樣的問題，在自己的心裏要反覆地問，不要放過，在此基礎上再做出各種決定。

——稻盛和夫

士氣是戰勝危機的力量

　　資本與文化是高韌性企業的兩大核心韌性資產。在第 7 章，我分析了企業如何利用穩健資本提升組織韌性，這一章我將聚焦於企業如何利用至善文化來提升組織韌性。

　　員工的共同體意識是組織韌性不可或缺的因素，高韌性的企業常常塑造兩種共同體意識：利益共同體和命運共同體。利益共同體以利益為基石，命運共同體以情感為基石，互惠的利益、積極的情感都有助於提高組織韌性。

　　　　組織韌性是一種能力，它其中的一個表現是員工個體在危機中迅速重新配置資源並積極應對突發事件的能力。因此，在組織動盪和變化時期，員工的情感承諾是非常重要的，因為情感承諾的高低影響了員工個體在動盪期挽救組織的個體韌性。……正向積極的情感有助於提高組織韌性。[1]

　　對任何組織而言，士氣都是個體情感的重要表現。高昂的士氣是正向積極的情感，它提高了組織戰勝危機的可能性和速度；相反，低落的士氣是負向消極的情感，它加速了組織在危機中的衰敗與滅亡。

　　在《戰爭與和平》這部鴻篇巨製中，托爾斯泰細緻地描述了拿破崙入侵俄國期間發生的幾次重大戰役，以及法國軍隊後來的慘敗，並深刻地詮釋了士氣對軍隊戰鬥力的影響。

　　1812 年 6 月 24 日，法國皇帝拿破崙一世親率約 60 萬大軍渡過涅曼河，入侵俄國，一場爭奪歐洲霸權的戰爭爆發了。拿破崙的戰略目標是：速戰速決，佔領莫斯科，迫使俄國投降。俄國軍隊和法國軍隊實力相差懸殊，且戰且退，法軍如願以償地攻佔了莫斯科。但令拿破崙沒有想到的是，俄國軍隊主動放棄了莫斯科，而且在莫斯科放起了大火。更為麻煩的是，俄國既不同意停戰，也不投降。隨着寒冷冬季的來臨，法軍因過於深入俄國腹地，補給線又太長，軍隊無法及時獲得物資。無奈之下，拿破崙於 1812 年 10 月 19 日下令從莫斯科撤退。在撤退過程中，寒冷、飢餓、疾病成了擊潰法軍的三大致命武器，再加上俄國軍隊的不斷侵擾和攻擊，法國軍隊損失慘重，死亡約 23 萬人。儘管拿破崙於 12 月 6 日逃回了巴黎，但隨後不久，拿破崙所創建的歐洲體制因為戰敗而分崩離析，其本人也被迫退位，被流放到意大利一個小島上，拿破崙一世的軍事和政治生涯基本終結。

　　拿破崙在俄法戰爭中的慘敗告訴我們一個基本的事實：在戰略和現實之間永遠會存在巨大的鴻溝，戰略目標的達成不能僅憑領導者的一廂情願，它受制於多種因素。

　　我在第 8 章曾經指出，在領導者致力於把戰略（目標）變成現實（結果）時，環境的不確定性和能力的有限性將會極大地影響目標達成度。戰略（目標）是思考和設計出來的，它們存在於領導者的想像之中，可以是無限宏大的，比如希臘神話中的伊卡洛斯飛向太陽，比如拿破崙征服俄國，但在多變且不可預知的環境中，每個組織、每個人的能力和手段則是有限的，憑藉蠟製的翅膀無論如何也無法飛到太陽上，因此，任何一個組織、一個領導者都必須平衡戰略（目標）、環境與能力之間的關係。

　　從理性的角度來分析，當領導者制定戰略和目標時，需要充分分析環境的可控性，論證能力和資源的匹配性，但是，現實的情況是，儘管領導者在環境分析時下了很大的功夫，也根本無法預知未來到底會發生什麼；儘管領導者傾向於不遺餘力地提高組織的能力，但是，能力總會有差距，資源總是有限的，在這種情況下，士氣就可能成為一種調節變量來影響戰略和目標的達成。

> 在軍事上，軍隊的力量是數量乘上稱為 "X" 的士氣，……軍隊的士氣是組成軍隊的人所具有的或多或少的鬥志和甘冒危險的決心，這種鬥志和決心不依賴人們在戰鬥時是受天才還是不受天才指揮，是排成三路還是排成兩路，是用棍子還是用一分鐘射三十發的槍炮。具有最大的鬥志和決心進行戰鬥的人們，總是具有最有利的戰鬥條件。[2]

托爾斯泰認為，軍隊的力量不僅僅在於它的數量，還在於它的士氣，確定和闡明士氣的價值，不僅是科學家的任務，更是將軍們的職責。任何忽視軍隊士氣的戰術法則，終將失敗。在我看來，這個原則同樣適用於指導企業如何戰勝危機，一個企業在危機中復原的力量不僅僅取決於員工的數量，更重要的是員工的士氣，激發每一個人的士氣是領導者在危機和困境中的首要戰略任務。

激發高昂的士氣需要獨特的文化理念，文化對員工的精神狀態以及企業的長期績效會產生深遠的影響。世界著名領導力專家、哈佛商學院約翰·科特教授歷時多年研究企業文化和績效之間的關係，他發現"特定的企業文化對公司的長期績效會產生重要的影響"。科特教授的實證研究結果強有力地證明了企業文化對績效的重要影響作用，他告誡企業家們，"健康的企業文化是公司能夠持久發展的重要因素，培養健康的企業文化需要企業的領導層進行長期的努力"。[3]

　　我用"至善文化"來概括和定義高韌性企業的文化特徵。"至善"這個詞來源於《大學》："大學之道，在明明德，在親民，在止於至善。"[4]

　　簡單地理解，至善就是大善，就是對卓越、真誠、關愛、善良的至高追求。西南航空的至善文化中主要包含了勇士精神、快樂與關愛的精神。

勇士精神是核心價值觀

　　西南航空的創始人赫伯·凱萊赫曾不止一次地提到，企業精神中有"愛戰鬥的基因"，這可能和他的性格有關。

　　　　我熱愛戰鬥。我想這是我身上的那部分愛爾蘭血統在起作用。就像巴頓將軍說的那樣："戰爭是地獄，可我是如此熱愛它。"我也感同身受。這些年來我和西南航空攜手走過了一場又一場戰鬥。……甚至在我們的第一架飛機升空之前，我們就已經在戰鬥了。

　　赫伯所提到的"戰鬥"是指西南航空在正式運營之前與其他幾家航空公司之間的"爭鬥"，當時，得州國際航空、布蘭尼夫和聯合航空公司都不想看到市場上再殺進一個競爭對手，聯合在法庭上利用"航空監管流程"阻止西南航空投入運營。為了獲得飛行權，西南航空與這幾家航空公司連續打了 3 年多的官司，最終取得了勝利。公司之間爭鬥得非常厲害，以至於當時一家報紙這樣寫道："不要費神花錢去看什麼電影、戲劇或去聽音樂會，來看看赫伯·凱萊赫和得州國際、布蘭尼夫航空公司的律師怎麼互相死掐就行了。"[5]

　　和許多創業公司一樣，西南航空在創業的早期經歷了許多磨難，大型航空公司力圖通過規模優勢、成本優勢把這家通過"低票價"橫空出世的新手扼殺在搖籃裏，但沒有想到的是，赫伯·凱萊赫和他的團隊戰鬥力如此之強，不僅沒有被打趴下，反而越挫越勇，在逆境中實現了持續增長。西南航空在創業早期所遭遇的種種磨難也為其日後的企業文化注入了鬥爭精神，它使得員工們認識到航空業處在一個高度競爭、動態和充滿風險的環境之中，要想生存下來，就必須有鬥爭的精神，愛拚才會贏。

　　西南航空的鬥爭精神在不同的發展時期有不同的演化，但其本質從未發生變化。在第一次危機（1979—1985）期間，西南航空遭遇了經濟大衰退、航空管理員大罷工以及石油危機的衝擊，公司業務受到很大打擊，最為困難的是 1981—1982 年，儘管營業收入保持了增長，但是贏利能力受到了很大的挑戰，尤其是在 1982 年，公司淨利潤首次出現負增長，同期下降 0.5%。在這一段時期，西南航空用"贏"來詮釋企業的鬥爭精神。

　　　　當前，我們的國家、行業都遭遇了最為困難的時期，簡直令人難以忍受。但我對我們公司的運營非常樂觀，這是因為我們的員工擁有努力奮鬥、吃苦奉獻的精神，還有良好的幽默感以及對組織的忠誠。讓我們一起努力，去克服所有的艱難困苦。我們要繼續在航班上給顧客們提供快樂的服務，我們要繼續用行動給股東們交出亮麗的成績。……我相信，這種"贏的精神"（The Winning Spirit）一定會傳承下去，我們也一定會成為贏家。[6]

　　赫伯·凱萊赫在 1981 年首次提出的贏的精神一直傳承了下去，直到第二次危機（1990—1997）期間，公司一直都倡導贏的精神。1991 年，美國航空業整個行業虧損達到 20 億美元，當年西南航空儘管實現了贏利，但是淨利潤大幅度下滑，同比下降了 42.6%。"堅強地活下來"成為西南航空在第二次危機期間的核心命題。赫伯‧凱萊赫的感召力在這次危機中也表現得淋漓盡致，他稱讚西南航空的員工"擁有像獅子一樣的勇敢，擁有像大象一樣的力量，擁有像水牛一樣的決心"。1991 年，在公司 20 週年慶典上，赫伯大聲喊出了西南航空的精神：致敬過去，制勝未來！

　　在第三次危機（2001—2007）期間，西南航空的鬥爭精神得到進一步的昇華，提出了"勇士精神"。這和 2001 年"9‧11 事件"中出現的托德‧比默這位英雄有關。當時，托德‧比默和聯航 93 航班上的其他乘客對恐怖劫機分子展開了無畏的反擊，飛機最終墜毀，機上所有人員全部喪生。"9‧11 事件"過後，托德‧比默在電話中最後喊出的"Let's roll"這句話在美國家喻戶曉。"Let's roll"也成為西南航空用來激勵員工的口號，公司號召全體員工學習托德‧比默的無畏精神、犧牲精神和勇士精神。赫伯充滿感情地寫道："讓我們衝啊！這是英雄者的語言，它代表的是鋼鐵般的意志，代表的是永不磨滅的精神，極大地激發了人們的利他精神。"

　　藉助英雄的精神，西南航空將初創期的鬥爭精神和成長期的贏的精神，最終凝練成勇士精神。從第四次危機（2008—2015）到今天，勇士精神一直是西南航空核心價值的重要組成部分。

我們需要關愛與快樂

　　除了勇士精神之外，西南航空至善文化的另一個要素是"關愛與快樂"，它們共同構成了西南航空核心價值觀體系的核心內容，這一體系主要包含六

個維度：勇士精神、用心服務、快樂與關愛、安全工作、打動顧客、保持低
成本（表 10-1）。[7]

表 10-1　西南航空核心價值觀內容

西南航空核心價值觀		
勇士精神 •追求卓越 •時刻保持緊迫感 •永不放棄	**用心服務** •遵守黃金法則（己所不欲，勿施於人） •尊重他人 •擁抱西南航空大家庭	**關愛與快樂** •做激情洋溢的團隊合作者 •不要讓自己過於嚴肅 •慶祝成功
安全工作 •遵循標準操作程序 •識別並報告風險 •敬畏並遵守規則	**打動顧客** •提供世界一流的服務 •建立難忘的顧客關係 •世界聞名的友善服務	**保持低成本** •積極參與並努力付出 •保護利潤分享機制 •持續尋找更佳方案

　　關愛與快樂的精神從西南航空創業之初一直延續到今天。實際上，每一
家企業的文化都會受到創始人性格的深刻影響，西南航空的創始人赫伯・凱
萊赫就是一個既富有“戰鬥精神”，同時又非常幽默且“愛搞笑”的人，他崇
尚平均主義和關愛的價值觀。赫伯常常以服務員的身份出現在航班上，用他
特有的幽默給顧客提供服務，與顧客深入交流，還經常走到員工們中間，與
員工們聊天、打趣，傾聽員工們的建議。他還經常在公司萬聖節舞會上扮演
各種讓人捧腹大笑的角色，開朗、幽默的性格使得赫伯的人緣很好，被稱為
“赫伯大叔”。

　　圍繞着至善文化，公司設計了各種各樣的活動，讓整個公司處在熱情洋
溢、朝氣蓬勃的狀態之中。每一個重大的節日，西南航空都會舉辦各種慶祝
活動，放鬆員工們的緊張心情，加強員工之間的情感紐帶。最令人矚目的是
西南航空經常舉辦的慶功大會，公司設計了名目眾多的各種獎項，讓每一位

工作出色的員工都有機會獲得表彰，還經常把獲得表彰的員工的名字噴塗在飛機上。

西南航空的至善文化包含了剛柔相濟的智慧，一方面號召員工們要有勇士精神，要奮力拚搏，在競爭中絕不服輸，要通過取得卓越的成績回報顧客、回報股東；另一方面提倡快樂與關愛，要彼此關心，創造快樂，共同擁抱西南大家庭。

西南航空還把快樂與關愛的精神注入為顧客服務之中，要求員工用友善的服務打動每一位顧客，給每一位顧客留下難忘的經歷，與顧客建立持久的關係，從而實現公司讓顧客自由飛翔、快樂飛翔的使命。

西南航空的快樂與關愛並不是什麼秘密武器，而是人人皆知的公司文化，但最了不起的是這家公司把最簡練、最普通的原則應用到實踐之中，並通過各種機制、流程、活動保證了快樂與關愛精神的落地，而不像許多公司只是把這些動人的口號靜靜地懸掛在公司的牆上。

《追求卓越的激情》一書的作者湯姆·彼得斯認為：成功的企業各具特色，但其成功經驗卻都淺顯平常，人人皆知，沒有什麼"新式武器"。他主張面向市場、面向顧客。企業的所有活動都要圍着市場和顧客轉，而且要把顧客當成有血有肉的人，熱愛顧客，滿足顧客越來越特色化的特定需求，對顧客偏好的變化迅速做出反應。[8]

我非常認同彼得斯"顧客至上"的觀點，但同時，企業也應該"員工至上"，二者並不矛盾。把員工當成有血有肉的人，熱愛他們，只有這樣，企業才能夠持續地為顧客創造價值。

要想為顧客持續創造價值，就需要員工對組織有長期的承諾感，而長期承諾感需要文化一致性，只有一致性的承諾才有力量。當然，有諸多因素可以影響承諾的一致性、文化的連續性，但我發現，在諸多的要素之中，連貫的領導力是塑造承諾與文化一致性最為重要的因素。西南航空也不例外，研究西南航空自 1971 年以來其核心管理職務的任職者和任職時間，可以發現從創業到現在，公司只有兩任董事長：赫伯・凱萊赫和加里・凱利，他們兩人也同時長期擔任了公司 CEO 這一職務（表 10-2）。

表 10-2　西南航空核心高管與任職時間

職務	任職者	任職時間
董事長	赫伯・凱萊赫	1978—2007
	加里・凱利	2008 年至今
CEO	拉馬爾・繆斯	1971—1977
	霍華德・帕特南	1978—1980
	赫伯・凱萊赫	1981—2000
	詹姆斯・帕克	2001—2003
	加里・凱利	2004 年至今

　　西南航空高管團隊成員的長期穩定性塑造了西南航空獨特的文化，勇士精神、關愛精神是公司從 1971 年創業以來一直堅持的核心主題，是其企業文化的主旋律。正如曾任執行副總裁的吉姆・溫伯利說："沒有哪家航空公司能擁有西南航空這樣連貫的領導力，它塑造了西南航空獨特的文化，我們受益其中。"[9]

　　德國哲學家康德曾說：人是目的，而不是工具。和世界上其他卓越的企業一樣，西南航空也努力在顧客至上和員工至上之間找到一個平衡點。至善文化彰顯了人性的本真，充滿了人性的光輝，將員工和顧客的價值緊密結合起來，實現了雙贏，培養了員工的命運共同體意識。

對比案例：京瓷的 "至善文化"

在本書所研究的 6 家高韌性企業中，京瓷和西南航空一樣創造了持續贏利的傳奇。從 1959 年成立到今天，在過去數十年的時間裏，京瓷遭遇了石油危機、互聯網泡沫、金融危機、日元危機、大地震等許多危機，但它在危機中堅持不裁員的政策，並成功度過多次危機，實現了 59 年持續贏利。2019年，其營業收入和淨利潤分別高達 1.6 萬億日元和 1032 億日元。

京瓷為什麼能取得如此巨大的成功，又為什麼能夠穿越一次次危機實現持續贏利？許多人認為是京瓷掌握了核心技術，但在創始人稻盛和夫看來，儘管核心技術在京瓷的成功中功不可沒，但真正重要的是京瓷的至善文化，這是京瓷組織韌性和長期發展的根基。

> 在 27 歲時我創辦了京瓷，當時的我那麼年輕，自然沒有什麼經營經驗。因為自己對經營幾乎一無所知，所以就以 "作為人，何謂正確" 作為判斷基準，來處理京瓷中遇到的各種經營問題。現在回想起來，我深深地體會到，正是依靠這一個最基本的倫理觀和道德觀來經營企業，京瓷才能獲得現在的成功。……我認為，京瓷成功的原因就在這裏，除此之外，沒有別的原因。[10]

京瓷至善文化的本質是 "回到人的本性"，它引導每一名員工思考人生的意義，思考存在的價值，並將 "作為人，何謂正確" 作為行事的判斷標準，而不是將 "作為京瓷，何謂正確" 作為決策基準。顯然，這種至善文化超越了公司屬性，直指人的內心，更能夠被員工所接受、所共有。

　　稻盛和夫是“性本善”的堅定信奉者，大善利他，所以，京瓷至善文化倡導利他之心。在稻盛和夫看來，只有利他之心才是一顆正確的心。他要求每一個人在做決策的時候都要捫心自問：自己是否“動機至善、私心了無”？如果遇到難以決策的問題，就要在心裏反覆自問，只有動機至善，才能做出有利於長期發展的決策。

　　之所以稻盛和夫特別強調利他之心，是因為他看到許多企業的衰落、消失都是因為利己之心。作為商業機構的企業，面對惡劣的競爭環境，為了能夠生存下來，很容易變得自私自利。如果企業陷入了利己的陷阱之中，就會無限擴大自己的慾望，企業決策者就會偏離經營之道。

　　京瓷的利他哲學不是稻盛和夫憑空想像出來的，而是他在經營京瓷的過程中不斷感悟、提煉和總結出來的。在稻盛和夫多次的演講中，他總會提起剛剛創業時發生的一件事情，讓他深刻領悟到什麼是經營的本質。1960 年，稻盛和夫創辦京瓷的第二年，公司招收了十多名高中畢業的新員工。他們工作了一年之後，技術水平有了很大提高，便聯名要求稻盛和夫給他們明確未來幾年最低加薪多少，能夠發多少獎金，如果得不到保證，這十多位員工就集體辭職。稻盛和夫感到異常震驚，他沒有想到這些年輕人竟然提出“如此無禮”的要求。作為一名創業者，稻盛和夫對公司的未來發展前景並非信心百倍，他最初的經營目的只是“理直氣壯地向世人展現稻盛和夫的新型精密陶瓷技術”，關於公司的未來，誰也無法保證一定會取得成功。儘管自己的心裏也有怨氣，但是，稻盛和夫還必須和這些年輕人“談判”，如果他們集體辭職，將會對京瓷產生很大的負面影響。最終，稻盛和夫和這群年輕人推心置腹地談了三天三夜，他們才收回了要求，繼續留在公司，這件事對剛剛創業的稻盛和夫觸動很大。

　　這次辭職事件讓年輕的稻盛和夫意識到自己成立企業的最初目的是“利己之心”而不是“利他之心”。他之所以從松風工業公司辭職創辦京瓷，是因為他對松風工業公司感到失望，上司的"蔑視性"語言和粗暴的行為使他一氣之下離開了松風公司，他發誓要"理直氣壯地向世人展現稻盛和夫的新型精密陶瓷技術"，這也正是自己創造京瓷的最初目的。

稻盛和夫在和十幾位要辭職的年輕人深入交流後，發現自己對經營目的思考層次太低了，是出於領導者個人利益的"小義"，而不是兼顧全體員工利益的"大義"。這次事件使稻盛和夫意識到企業領導者必須有利他之心，必須有責任關愛員工，必須有勇氣面對未來。

> 經營企業的目的並不是為了實現領導者個人的夢想，而是要維護員工及其家庭的生活，不僅是現在，還包括將來。我從這次經驗中吸取的教訓就是：所謂經營，就是經營者傾注全部力量，為員工的幸福殫精竭慮；公司必須樹立遠離經營者私心的大義。[11]

稻盛和夫的過人之處就在於他善於時時反思，並立刻行動。不久，稻盛和夫就和公司其他合夥人商議，將京瓷的經營理念確定為：追求全體員工物質與精神兩方面幸福的同時，為人類和社會的進步與發展做出貢獻。當時，提出這一宏大使命時京瓷還是一家規模非常小的企業，但是，稻盛和夫和其他的京瓷員工都堅信這一使命，將此確定為京瓷的核心理念和商業原點，並在此基礎上形成了京瓷"以心為本"的獨特經營模式。

> 京瓷在成立初始，只是一個缺乏資金、信用、業績的小街道工廠。可以依靠的只是僅有的技術和相互信任的夥伴。為了公司的發展，大家都竭盡全力，經營者也用畢生的努力回報大家的信賴，堅信工作夥伴絕不是為了私利私慾，所有員工都真心地慶倖自己能夠在這個公司工作，人人都希望公司不斷發展，這就是京瓷的經營。雖然常言人心易變，但

同時也再沒有比它更堅不可摧的。以這樣牢固的心與心的連接為基礎的經營，就是京瓷的原點。[12]

宏大的使命催生了積極的正能量，推動了京瓷在 20 世紀 70—80 年代的快速增長，也助力京瓷成功度過了 1975 年石油危機帶來的極大衝擊，塑造了組織的韌性。

"經營人心"是京瓷至善文化的核心，但是，人心是善變的，這就需要企業用一種力量把人心凝聚起來，唯有"上下同欲"，企業才可能戰勝危機，獲得持續增長，這種力量源自企業的經營目的和使命。所以，在稻盛和夫獨創的經營十二條原則之中，第一條原則就是"明確事業的目的和意義"。

為什麼要開展這項事業？企業存在的理由到底是什麼？這兩個問題事關企業的經營目的和使命，每一個企業都要認真回答。稻盛和夫認為，企業經營的目的和意義必須是高層次、高水準的，換句話說，必須樹立光明正大的經營目的。要讓全體員工與公司風雨同舟、共同奮鬥、戰勝危機，如果缺乏"大義名分"，事實上是行不通的。"原來我的工作有如此崇高的意義"，這樣的大義名分如果一點都沒有的話，人很難從內心深處產生必須持續努力工作的慾望。[13]

京瓷至善文化的另一個特徵是弘揚鬥志。稻盛和夫經常用格鬥來說明鬥志對京瓷發展的重要性，他告誡員工們，鬥志是企業經營必不可少的元素，就像格鬥一樣，如果沒有鬥志，必敗無疑。同樣，經營者如果缺乏"鬥魂"，不能為保護員工而發揚昂揚的鬥志，必敗無疑。他認為鬥志並不是粗野，並不是張揚暴力，而是"像母親保護孩子時的不顧一切的勇氣"。所有的管理者，尤其是高層管理者，都必須拿出勇氣做事情，要展現出無畏的膽識。

真正的經營者必須具備膽識，所謂膽識，就是見識加上魄力，或者說加上勇氣。如果具備了產生於靈魂深處的堅定不移的信念，具備了徹底貫徹正確信念的、頂天立地的大無畏氣概，那麼經營者就敢於面對一切障礙，做出正確判斷，堅決執行，在風浪中勇往直前。[14]

激勵鬥志是經營者的必修課，當人們處在危機之時，除了危機本身之外，對危機的恐懼是最大的敵人，這就需要經營者有直面危機的勇氣，有堅定的信念，唯有如此才能激勵全體員工去戰勝危機。如果經營者缺乏戰勝危機的膽識，全體員工就會像一盤散沙，不能形成合力，在危機中敗下陣來。為此，在企業經營中經營者必須具備勇往直前的大無畏氣概。所謂氣概，稻盛和夫稱之為"鬥魂"，它類似於"絕不認輸"的格鬥士的那種鬥爭心。[15]

京瓷至善文化還弘揚人與人之間的關愛。關愛之心與利他之心息息相關，兩者都需要站在他人的角度思考問題，在必要時犧牲自己的利益成就他人、施恩於別人。從 1983 年開始，稻盛和夫創辦了"稻盛塾"，把自己在經營中的心得傳授給中小企業的經營者，這本身就是關愛他人的實踐。在稻盛和夫看來，關愛之心是"作為人最美麗的心"，關愛別人，施恩於別人，這種恩惠就會輪迴，最終自己也會受益，從而形成互幫互助的命運共同體。

許多管理者對關愛和利他心存懷疑，認為經營企業首要的目的是賺取利潤，而在一個充分競爭的市場裏，如果人"沒有貪慾之心，做不到冷酷無情，就無法賺錢"，這種論調是稻盛和夫一直堅決反對的，他認為恰恰相反，正是因為"沒有利他之心，沒有同情和關愛之心，"才讓許多企業在危機中敗下陣來，沒有實現持續經營。

稻盛和夫將自己的經營原則濃縮為四個字"敬天愛人"，並將其作為京瓷的社訓。所謂"敬天"，就是按事物的本性做事；所謂"愛人"，就是按人的本性做人。稻盛和夫認為，儘管京瓷的成功依賴於其核心技術，但更重要的優勢是通過至善文化與員工締結了互惠關係，建立了心與心的連接。在過去的半個多世紀，正是長期堅持"以心為本"，塑造了至善文化，才成就了京瓷的長期繁榮和持續增長。

至善文化健康且有韌性

哈佛商學院約翰·科特教授曾經提出一個非常有趣的命題：企業家不能只培養文化，而要培養健康的文化。言下之意，只有健康的企業文化，才能夠幫助企業提升長期績效，而那些不健康的文化則對企業百害而無一利，只會降低企業的韌性，進而削弱企業的競爭力。

至善文化是健康而有韌性的文化。首先，至善文化尊重人性，不違背人的向善本性。明代哲學家王陽明將"至善"解釋為"本性"，他認為人類的本性是純善無惡的，"至善者，性也。性元無一毫之惡，故曰至善"[16]。

至善文化的目標是提升組織中每一個人的生命意義。在社會學家看來，尋找生命的意義是人類區別於其他動物最根本的行為動機，是人的本性。除非人有夢想，否則生活就少了很多意義；如果生活沒有意義，人們就無法體會到生活的美妙。被譽為斯坦福大學最能啟發學生靈感的 Patricia（帕特里夏）教授，在《即興的智慧》一書中說，"夢想不分大小，生命的意義和價值就在於通過有目的的行動來實現夢想"。[17]

我認為，工作意義是員工在工作中獲得正向積極情感的關鍵驅動因素。所謂的工作意義是指讓員工覺得自己從事的工作是非常有價值的，可以給人類和社會帶來貢獻。西南航空的至善文化讓員工意識到，實現"讓顧客自由飛翔"的夢想可以為人們做出貢獻，這提高了個體對生命意義的感知，提升了工作帶來的成就感，這種正向積極的情感在應對危機的時候就會轉化成巨大的能量。研究發現，那些基業長青的公司，都以為廣泛人群謀求價值為最大動力。楊國安和李曉紅在《變革的基因》一書中指出：

> （基業長青公司的）使命超越了賺錢的商業目的，更多是一種道德和社會責任感的目標，激發了善行和利他的本能，讓公司上上下下每個人的工作都有了意義，讓員工為之自豪。例如，迪士尼的使命是"讓人快樂"。[18]

西南航空的快樂與關愛精神，再加上勇士精神，就像是一種情緒催化劑，調動了員工們的正能量和積極的情感，在危機中提升了員工們命運共同體意識，進而塑造了組織的韌性。

其次，至善文化還符合企業的本性。作為一家商業性營利機構，為顧客創造價值，為股東帶來財富，為員工提供安全和有意義的工作等，這些都是企業的本性，是應該致力達成的目標。

不管是創業初期提出的鬥爭精神，還是後來逐步演化出來的贏的精神，以及勇士精神，一句話，其本質都是西南航空長期以來一直追求的績效精神，這是企業的本性。

> 對組織的考驗，就是其績效精神——取得傑出績效的精神。組織中的士氣並不意味着人們在一起相處得很好，即和睦相處，檢驗的標準應該是績效，而不是相互遷就。如果人際關係不是以在工作中取得傑出績效而感到滿足為依據，那麼實際上就是不良的人際關係，並會導致精神的萎靡。[19]

　　最後，至善文化的核心是利他。大善利他，利他主義的本質就是犧牲局部利益，成就整體利益。深陷危機之中，勢必會導致局部利益和整體利益的衝突，比如，為了企業的整體利益，企業就會犧牲局部的個人利益，比如實施裁員、降薪、縮減業務規模等措施，這些都是企業在危機之中容易採取的"理性行為"。但是，這種"理性行為"往往會導致局部利益受到損失，如果局部利益受損者不能站在全局的高度去理解並支持這些"理性行為"，就會引發局部利益和整體利益的衝突，進而從整體上影響企業走出危機。

　　彼得‧德魯克敏銳地意識到"善德"對組織的重要性，他指出，管理的本質就是激發和釋放每一個人的善意。對他人的同情和理解，願意為他人服務，這是一種善意；願意幫助他人改善生存環境、工作環境，也是一種善意。[20]

　　當然，在危機中僅有以上這些善意還是不夠的，最大的善意是犧牲局部的利益，成就組織的整體利益。但是，培養員工奉獻利他的行為並不是容易的事情，員工們憑什麼在企業面臨危機的時候犧牲個人利益？從理性決策的角度來看，每一個員工在企業遭受危機時首先考慮的是個人利益的最大化，而不是企業利益最大化。員工們需要工作的穩定，需要獲得薪資，因為他們需要養家糊口，需要支付各種費用。也就是說，利他精神需要個人做出巨大的犧牲，做出利益的讓步，很明顯這並不是"理性"的選擇。

　　詹姆斯‧馬奇教授認為，人類最值得炫耀的一大財富就是"明智的理性"，但為什麼在擁有至善文化的組織中，員工在危機時情願犧牲個人利益，發揚利他精神，就像西南航空的員工在企業面臨生存危機時，願意主動降薪，給企業提供資金去購買燃油，以保持公司的運營，這"非明智的感性"背後的原因到底是什麼呢？顯然，這不是經濟學家所倡導的"理性決策"行為，而是因為員工對公司的情感承諾而觸發的"非理性行為"。

如果我們只在不被辜負的時候去信任，只在有所回報的時候去愛，
只在學有所得的時候去學習，那麼我們就放棄了為人的本質特徵。……
為了讓信任成為真正有意義的東西，你必須信任那些不值得信任的人，
否則，就只是一場標準的理性交易。[21]

員工“非理性行為”背後的秘訣是企業長期培養的“情感承諾”，這種
情感承諾是在危機時企業與員工不離不棄、共渡難關的基石。

情感承諾需要長期培養，還需要企業有“非明智的感性”行為。當危機
來臨的時候，裁員、降薪等都是企業的理性行為，其背後是標準的理性交易
邏輯。基於這種交易邏輯的企業，無法與員工培養情感承諾，每一次危機來
臨的時候，企業和員工都會在理性決策的指引下，以各自的利益最大化為原
則，展開內部的鬥爭，最終的結局是企業和員工在危機中“共同犧牲”。

承諾感基於情感。我深刻地意識到，管理既需要擁抱理性，也需要擁
抱感性。企業與員工之間的關係雖然包含着交易的元素，但這並不是兩者關
係的全部，只有彼此的互惠與關愛才能帶來長期的承諾，這是至善文化的本
質，也是企業戰勝危機的力量源泉。

正如我在本章開頭所寫的，高韌性利用穩健資本打造了利益共同體，利
用至善文化打造了命運共同體，基於這兩種共同體的意識，企業和員工之間
建立了同舟共濟、互惠互利、共存共生的關係，這既是組織韌性的基石，也
是企業戰勝危機的力量源泉。

第 11 章

百年基業

打造高韌性企業的 "五項修煉"

不管戰略多麼美妙，時不時關注結果很重要。

——溫斯頓·邱吉爾

打造高韌性企業

是什麼措施讓高韌性企業走出危機並獲得持續增長？是什麼因素塑造了高韌性企業的組織韌性？這是我在本書中回答的兩個問題，並在此基礎上為企業塑造組織韌性、戰勝危機提供最佳實踐指導。

當然，塑造組織韌性、積累韌性資產不是一蹴而就的事情，這需要企業有長期的戰略設計、周密的計劃以及切實可行的措施。在危機來臨的時候，儘管臨時抱佛腳不可能瞬間提高組織的韌性，但是總要找到一個突破口先行動起來，否則只能坐以待斃。一個週末的下午，我正在書房寫作，突然接到一個企業家朋友的電話，他告訴我自己的企業現金流很快就要斷裂，恐怕堅持不了一個月了。我心裏一驚，知道他過去兩年做了大量投資，公司的資本槓桿水平很高，我曾經對他的過度擴張有所擔心，但其公司的脆弱還是超出了我的想像。本想安慰他幾句，但一時竟無法找到合適的詞語，於是和他聊了一會關於組織韌性的話題，建議他從公司最為脆弱的地方行動起來，他坦陳自己腦子裏一團亂麻，不知從何做起。我也明白對一家已經極其脆弱的企業而言，立刻提高韌性幾乎是一種奢望，在短期內也不現實。韌性這種能力需要長期的投資才能逐步積累和沉澱下來，才能夠形成公司抵禦危機的核心力量。

這就像一個人在寒冷的冬天裏沒有過冬的棉衣，最緊急且最重要的事情是找到棉衣抵禦嚴寒。此時，他最需要的是棉衣，而不僅僅是告訴他製作棉衣的方法，否則恐怕在新棉衣到來之前，他就被寒冷的冬天吞噬了。

但問題是，當大多數人都缺乏棉衣時，從別人那裏借來棉衣也幾乎是不太可能的事情，有時只能碰運氣看看能否遇到"好心人"。對無力抵禦嚴寒的人來說，春天很遙遠，而且熬不過冬天就無緣春天。只有捱過凍的人才知道棉衣的溫暖和珍貴，只有身處危機旋渦之中的人才能體驗到危機帶來的痛苦和災難。危機，對大多數人或者企業，尤其是對那些從來沒有為危機做過準備的人或企業而言，是"危"而不是"機"，是萬劫不復的災難，而不是千載難逢的機會。

脆弱的企業也許可以憑藉運氣在危機時找到一些有效的抵禦措施，僥倖渡過難關，但並不能保證每一次危機時自己都有這樣的好運氣。而高韌性企業以"有備無患"為經營原則，在危機到來之前就做好準備，夏天的時候就會準備過冬的棉衣。

危機和冬天的不同在於，危機幾乎不可預知，我們不知道它何時會到來，但人人都知道秋天之後必是冬天。危機容易造成恐慌是因為它的不確定性、不可預知性，有時它來得太過突然，一個看起來很偶然、很微小的事件就有可能釀成一場巨大的危機。但危機和冬天也有相似之處，就是危機總會踏着自己的時間節拍突然而至。從那些具有數十年甚至上百年發展歷史的企業來看，活得越久，經歷的危機越多，也正是在危機的一次次錘煉中，高韌性企業從衰落走向繁榮，從平庸走向卓越。

衰落的低點也是繁榮的起點。要想在危機中實現從衰落到繁榮的涅槃，要想在危機中獲得持續增長，企業就需要打造自己的高韌性。本書從西南航空、蘋果、微軟、星巴克、京瓷、樂高等 6 家高韌性企業所提煉出的原則具有普遍意義，所有企業都可以從它們身上學習到塑造組織韌性的經驗，也可以從它們所犯過的錯誤中吸取教訓。

　　從這 6 家世界級高韌性企業的實踐經驗來看，領導者打造高韌性企業需要 "系統思考"，在戰略、資本、關係、領導力、文化等 5 個方面制定相互匹配、相互協同的措施。通過對這 6 家高韌性企業的對比研究，我發現並總結提煉出打造高韌性企業應該堅持的 5 個核心原則，它們分別是：精一戰略、穩健資本、互惠關係、堅韌領導和至善文化，我將這 5 個原則稱為高韌性企業的五項修煉。表 11-1 列舉了五項修煉以及相應的 17 條關鍵措施。這 "五項修煉原則" 渾然一體，相互影響，不可分割，它們共同塑造了企業的強大韌性。

表 11-1　高韌性企業的 "五項修煉" 原則及關鍵措施

精一戰略	穩健資本	互惠關係	堅韌領導	至善文化
戰略方向。 堅持戰略的一致性，一心一意，長期專注於既定的戰略方向和定位，並由此打造核心能力	**現金流動性。** 堅持 "有備無患" 的策略，保持充足的現金儲備	**員工關係。** 堅持為員工長期提供安全的工作、富有競爭力的薪酬，打造利益共同體	**批判思維。** 堅持 "自以為非"，敏銳地識別外部環境的變化，設計自我改善的循環機制，強化適應能力	**勇士精神。** 堅持追求卓越，崇尚績效精神，鼓勵努力奮鬥，永不服輸
戰略目標。 堅持能力驅動戰略，擅長在目標與運營能力之間尋求動態平衡	**資本槓桿。** 堅持採取穩健的財務政策、穩健的資本結構，資本槓桿水平相對行業偏低	**顧客關係。** 堅持為顧客創造獨特的價值，持續提供性價比最優的產品和服務	**平衡思維。** 堅持在使命、環境和能力之間保持一種動態平衡，關注能力的可持續培養	**關愛與快樂。** 堅持善待員工與顧客，將關愛與快樂融入工作之中，倡導利他精神

精一戰略	穩健資本	互惠關係	堅韌領導	至善文化
增長速度。堅持對成長的敬畏，不激進，不保守，以"穩健增長、持續贏利"為成長原則	**贏利能力。**堅持追求利潤最大化，不追求利潤率最高，持續提高贏利能力	**投資者關係。**堅持以提高投資資本回報率為目標，持續回報股東，長期採取分紅政策	**感召力。**堅持將企業打造成能夠發揮每一個人價值的平台，致力於激活組織智慧	**文化一致性。**堅持長期承諾，通過連貫的領導力與機制，持續塑造命運共同體
增長模式。堅持"內生增長為主，外生擴張為輔"的成長模式	—	—	**學習力。**堅持從成功或者失敗中學習經驗或教訓，以獲得持續的成功	—

修煉一："精一戰略" 與關鍵措施

　　稻盛和夫曾經提出過一個人生事業的方程式：人生·工作的結果＝思維方式 × 熱情 × 能力，在這個方程式中，能力和熱情這兩個因素都可以分別用 0 分至 100 分表示，最重要的因素是思維方式，它在很大程度上左右了人生和事業的結果。思維方式指對待人生和事業的態度，思維方式的分數從 +100 分（正面的思維方式）至 -100 分（負面的思維方式）。稻盛和夫認為，思維方式的改變，可以使人生和事業的結果產生一百八十度的大轉變。同樣，思維方式決定戰略選擇，只有擁有韌性思維才能成就韌性企業，因為高韌性企業堅持精一思維，奉行精一戰略。

《管子·心術下》中有一句話詮釋了精一的力量："執一而不失，能君萬物。"這句話告訴我們，只有執着地堅守事物的本質（道理），才能讓萬物為我所用。換言之，只有回到根本，回到本質，才能找到打造高韌性企業的原動力。因此，修煉精一戰略首先是一心一意、心無旁騖地專注於做最擅長的事情。

西南航空、京瓷從創立到現在，一直都專注於自己的使命，不管遇到什麼樣的危機，都堅守使命和初心，毫不動搖。也正是得益於數十年如一日的堅守，這兩家公司保持了數十年的持續贏利。西南航空從1973年開始持續贏利了47年，京瓷從1959年開始持續贏利了61年。

讓我們再看看是什麼原因讓蘋果、微軟、星巴克和樂高都曾深陷危機，它們又採取了哪些措施走出危機。1997年，當蘋果瀕臨倒閉時，喬布斯批評蘋果迷失了自己的方向，不知道自己的使命是什麼，不知道在為誰創造價值。喬布斯拯救蘋果的策略是利用專注的力量，精簡產品線，聚焦核心產品，為用戶創造與眾不同的價值，重新找回蘋果公司致力於"改變世界"的使命。2008年，當星巴克業績大幅下滑時，舒爾茨接任CEO，他反思是因為星巴克背離了"咖啡浪漫的情調"這一定位，偏離了星巴克體驗所倡導的"第三空間"戰略，而他帶領星巴克走出危機的策略就是要找回"星巴克浪漫和舒心的情調"，找回獨特的"星巴克體驗"，重新建立與顧客之間的關係。2014年，當薩提亞接手微軟時，他發現微軟在移動互聯網時代戰略迷失了，他的轉型策略是重塑文化，找回微軟的"靈魂"：賦能全世界每一個人、每一個組織，成就不凡。2004年，當年輕的約根出任樂高CEO時，他認為樂高深陷危機的原因是背離了自身的使命，盲目的業務擴張導致核心業務受損，他拯救樂高的首要問題就是要回答"樂高到底是誰？"，出售非核心業務，將資源集中在"塑料積木"這一核心業務上，最終帶領樂高走出了破產危機。

修煉精一戰略還要不偏不倚，利用動態平衡的力量提高適應能力。《中庸》中有一段話："舜其大知也與，舜好問而好察邇言，隱惡而揚善。執其兩端，用其中於民。"這段話中"執兩用中"所蘊含的智慧是修煉精一戰略的法門。

西南航空、京瓷這兩家高韌性企業的過人之處在於對增長的管理，對成長的敬畏，它們不癡迷於宏大的戰略目標，堅持將增長速度控制在一個合理的範圍之內，不激進，不保守。赫伯·凱萊赫與稻盛和夫都是深諳"平衡智慧"的高手，他們小心地在目標和能力之間尋找動態平衡，深知能力驅動戰略，運營能力與戰略目標的不匹配是公司經營的最大陷阱。

"執一不失"和"執兩用中"是修煉精一戰略的兩大法寶。在這兩個原則的指引下，領導者打造高韌性企業可以採取以下 4 個關鍵措施。

關鍵措施 1：制定宏大的願景和使命並長期堅持。

這一措施包含兩個方面：首先，企業的領導者尤其是創業者應該制定人生的宏大願景和使命；其次，制定企業宏大的願景和使命。如果一個企業的領導者沒有"光明正大"的願景和使命，企業就不可能真正擁有宏大的願景和使命，兩者密不可分。願景和使命不是寫在牆上、印在手冊裏的華麗語言，需要發自內心地堅信它，並為之終生奮鬥。

無形的願景和使命會對有形的戰略和目標產生重要的影響，企業的成長就像是在黑暗中探索前行，唯有"共同願景"是照亮未來的明燈。願景回答"未來是誰"的問題，即一家企業的未來圖景，是對企業未來發展的一種期望；使命回答"為什麼"的問題，即一家企業存在的理由和價值是什麼，它為誰創造價值，以及創造什麼樣的價值。

一些中小型企業領導者在制定願景和使命方面常常心存誤解，認為這是大企業的事情，小企業談論願景和使命顯得太空洞，甚至不好意思說出來，其實，這是不對的，應該利用各種機會向員工宣傳企業的願景和使命，這會激活員工對人生意義的思考，在危機時尤其能夠凝聚人心。如果一家企業沒有願景和使命，只是為了掙錢，就會掉入機會主義的陷阱，做事情短視，投機心強，沒有長期主義，這樣就無法培養韌性思維，塑造組織韌性也就無從談起。

關鍵措施 2：制定明確的發展目標並塑造與之匹配的核心能力。

宏大的願景和使命可以引導員工關注長期發展，但是，願景最終還是需要通過每年、每月、每天、每人的具體目標才能逐步實現。制定目標管理體系首先需要將目標分層次，從時間的維度，目標應該分為長期、中期和短期目標。在極為動盪的環境中，制定太長時間的目標並不現實，企業可以將 5 年確定為長期發展目標，將 3 年確定為中期目標，將 1 年確定為短期目標；從管理層次的維度，目標應該分為公司級目標、部門級目標和個人級目標，最為重要的是這三級目標應該相互支撐，不能脫節。

什麼樣的目標才是有效的目標？可以用以下幾個標準來檢驗：第一，目標要具有挑戰性，能夠激發鬥志；第二，目標要透明，以便組織內部高效協同、互相支持；第三，目標要明確，可以用具體的指標或者關鍵任務來衡量；第四，目標要有動態調整機制，能夠根據外部環境的變化及時做出調整。

當然，在高韌性企業的目標管理體系中，最重要的一個原則是目標與組織能力的匹配，組織能力包括技術、運營和個人勝任力等多個維度，尤其要關注個人的勝任力對目標的影響。一個有效的方式是每年根據戰略目標對組織能力進行診斷，找出能力的差距，並據此制訂組織能力提升方案。

關鍵措施 3：以穩健增長為原則制定合適的增長比例。

高韌性企業會對增長進行管理，使每年的增長速度保持在一個合理的範圍之內。領導者常常關心的一個問題是：每年的具體增長比例到底多少合適呢？這和企業所處行業的增長情況、企業規模等都有很大的關係。

首先，企業的增長速度不能低於市場的增長速度，如果低於市場的平均增長速度，企業就會不斷被邊緣化，競爭優勢會不斷被削弱；其次，企業不要追求"指數級增長"，這種增長模式不會持久，因為，沒有任何一個行業可以保持無限量的增長。

　　高韌性企業以穩健增長為原則。首先，將同比增長比例控制在 10%~20% 之間。在有些成熟的市場，10% 的年增長率已經很有挑戰，當然，在一些成長性市場，20% 的年增長率可能略有保守。其次，穩健增長避免成長速度的大起大落，從長期主義的視角來看，如果企業能夠長期堅持將增長速度平穩地控制在 10%~20% 之間，將會塑造企業的組織韌性，獲得持續增長。最後，將資源聚焦在核心業務上，尤其是在動盪的環境中，更應該追求高質量的增長。所謂高質量的增長，就是企業資源的總體生產力得到提高，即資源利用效率要不斷提高。

　　關鍵措施 4：兼顧內生增長與外生擴張。

　　高韌性企業以內生增長模式不斷強化核心業務，將管理資源、財務資源、技術資源集中在核心業務上，從而在核心業務領域形成核心競爭優勢，構築"護城河"。對核心業務之外的所有新業務儘管保持好奇心，但持謹慎態度，避免受到擴張的誘惑，減少忽視核心業務的風險。

　　高韌性企業不排除外生擴張模式，但是，通過外生擴張帶來的業務增長比例不高，通常不會高於總體業務的 30%。即使採取外生擴張的策略，被併購企業的業務也和自身的核心業務相關，也就是為了強化自身的核心業務。在併購中，資本是硬實力，管理模式是軟實力，為了提高併購的成功率，高韌性企業憑借獨特的管理模式，以軟實力來激活被併購企業的活力。

修煉二："穩健資本" 與關鍵措施

精一戰略決定穩健資本，穩健資本影響精一戰略。當危機來臨的時候，彈性資本是抵禦危機最重要的資源，它就如同冬天的棉衣，讓企業免受冬天的摧殘，迎來燦爛的春天。

打造資本韌性，就需要企業平時注重打造高收益的經營體制。稻盛和夫認為，高收益的經營體制是京瓷應對危機最高明的一招。

高收益意味着什麼呢？它是一種抵禦能力，使企業在蕭條的形勢下照樣能夠站穩腳跟。也就是說，企業即使因蕭條減少了銷售額，也不至於虧損。換句話說，高收益就是預防蕭條最有效的策略。所謂經營，不能臨時抱佛腳，被蕭條逼入困境後才奮起努力，而是在平時就要盡全力打造高收益的企業體制。[1]

打造高收益的經營體制是穩健資本這項修煉的核心目的，主要包括 3 條關鍵措施。

關鍵措施 5：以有備無患為原則，保持充足的現金儲備。

危機具有不可預知的特點，所以，企業必須以有備無患為原則，在夏天的時候就為過冬準備棉衣，要將對現金流的管理上升到戰略高度，不能心存僥倖，等到危機來臨時才想到 "現金為王" 的忠告。

企業需要根據運營資金的使用情況確定合適的現金儲備水平，高韌性企業至少需要儲備維持企業運營 6 個月以上的現金。有些人認為現金儲備多了，會降低資本的利用效率，這種觀點在企業裏普遍存在，但是，這種觀點

忽略了另外一個事實，當大多數現金儲備不足的企業在危機中倒閉的時候，
會留出市場空白，出現增長的機會，這時現金充足的企業可以藉機快速成
長。當然，我並非指儲備的現金越多越好，關鍵是要把握一個度，給企業資
本留有彈性空間。

　　**關鍵措施 6：以穩健的財務政策為原則，將資本槓桿水平控制在合理範
圍之內。**

　　企業的現金既來自公司的運營收入，又來自企業的融資。提高資本的韌
性，企業需要平衡使用債權融資和股權融資兩種策略。將債權融資用於短期
運營發展，將股權融資用於未來的投資機會。

　　在危機來臨的時候，資本槓桿水平高的企業常常最先倒下，因此，企業
需要在平時採取穩健的財務政策，將資本槓桿水平控制在一個合理的範圍之
內，不激進，不保守。企業需要將資產負債率和資產利用率兩個戰略指標進
行協同管理，持續提高資本利用效率，並根據自身的運營特徵制定一個資產
負債率的安全標準，將其視為一項嚴格的財務紀律長期堅守。

　　關鍵措施 7：以利潤最大化為原則，持續提高贏利能力。

　　利潤是衡量企業創造價值能力的重要指標，高韌性企業追求利潤最大
化，但不追求利潤率最大化，這兩種邏輯會直接影響企業的定價機制。是採
取低價策略，薄利多銷，還是採取高價策略，厚利少銷？是採取內部定價機
制，還是採取市場定價機制？許多企業都採取的是內部成本定價法，即在成
本的基礎上加上一定的淨利潤率就是產品的價格，這是以自我為中心的定價
機制。

　　高韌性企業採取市場定價機制，即根據顧客的承受力，結合產品的價
值，確定一個讓顧客感受到性價比最優的產品價格，這種價格讓顧客樂於購
買，既能保證一定的利潤率，又能提高銷售量，從而實現了利潤最大化。定
價至關重要，它直接影響產品在市場上的競爭力，也直接影響企業的贏利能

力，事關企業的生死存亡。

　　有兩個指標可以衡量企業的贏利能力：淨利潤率（Net Margin，淨利潤率＝淨利潤 / 營業收入 ×100%）和淨資產收益率（ROE，淨資產收益率＝淨利潤 / 淨資產 ×100%），前者從企業運營的角度來衡量贏利能力，後者是從投資者角度來評價企業的贏利能力。高韌性企業並不認為淨資產收益率越高越好，因為，為了提高淨資產收益率，企業可以減少資本投入，這樣就會犧牲長期利益。高韌性企業會給淨利潤率設定一個底線標準，從卓越運營的標準來看，淨利潤率達到 10% 是一個基準，這就需要企業在降低成本、提高運營效率方面做到極致。

修煉三："互惠關係" 與關鍵措施

　　穩健資本決定互惠關係，互惠關係影響穩健資本。企業只有持續提高贏利能力，打造高收益的體制，才能與員工、顧客、投資者建立互惠的關係，才能夠抵禦危機的衝擊，保持持續增長，這是經營的基本常識。

　　互惠關係的本質是利益共同體，它塑造了企業的關係韌性。關係韌性可以在危機來臨的時候讓企業與員工、顧客和投資者形成強大的凝聚力，共渡難關。修煉互惠關係，可以採取以下幾個措施。

　　關鍵措施 8：以"員工第一"為原則，打造利益共同體。

　　只有員工才是創造價值的主體，高韌性企業將 "員工第一" 確定為首要的經營原則。在所有危機中，最大的危機是凝聚力的瓦解。高韌性企業致力於在平時塑造與員工之間的互惠關係，提高員工敬業度和凝聚力。

"員工第一" 不能成為炫耀的口號，而要真正成為企業經營行動的準則，危機來臨的時候，就是檢驗這一原則的最佳時刻。基於 "員工第一" 原則，高韌性企業持續創新管理模式，發揮每一名員工的價值，持續提高員工的工作效率，並通過為員工提供安全的工作、富有競爭力的薪酬，打造利益共同體。

與員工建立互惠關係，就需要給員工提供發揮能力的平台，最大限度地激發員工的潛能。比如，稻盛和夫利用全員參與經營的阿米巴模式激發每一個員工的活力。

> 阿米巴經營的目的是在企業內部形成這種與中小企業相似的有生命力的組織體，在公司內部培育出與中小企業經營者具備相同經營感覺的領導人。處於末端的每個員工都能掌握自己所在阿米巴的經營目標，在各自的崗位上為提升業績而努力，實現全員參與型經營。[2]

阿米巴模式的基礎是企業與員工，以及員工與員工之間建立的深厚的信賴關係。對阿米巴經營來說，最重要的不是自己的組織獲得了多少利潤，而是要讓大家知道自己的組織在每個小時生產了多少附加值，對作為命運共同體的公司做出了多少貢獻。

關鍵措施 9：以顧客為中心，持續創造獨特價值。

企業存在的唯一目的是為顧客創造價值，但僅僅創造價值尚不能與顧客建立持久信賴的關係，只有為顧客創造獨特的價值才能贏得顧客的信任。在企業身處危機時，顧客的信任至關重要，但是，信任的建立需要持之以恒，需要長期培養。

在贏得信任的基礎上，高韌性企業還努力贏得顧客的尊敬。尊敬是比信任更高層次的社會關係，要贏得顧客的尊敬，企業首先必須具備令顧客尊敬的高貴品質，這就需要企業以顧客為中心，在品牌管理、顧客關係、社會責任等方面做到極致。

要想贏得顧客的尊敬，僅僅有顧客滿意度是不夠的，高韌性企業關注的是顧客忠誠度這一指標，通過對顧客忠誠度指標的關注來改進公司的運營、產品和服務。

關鍵措施 10：以持續贏利為原則，為投資者創造長期價值。

投資者的持續投資是企業長期發展的基石，不管是公開上市企業，還是私人投資企業，企業都應該建立專門的投資者關係管理部門，把與投資者建立互惠關係上升為公司的戰略行為。

持續贏利是與投資者建立互惠關係的基石，投資者關注的是企業長期創造價值的能力。高韌性企業除了關注淨資產收益率這一指標之外，還關注經濟附加價值（EVA）這一指標。淨資產收益率的缺點之一是沒有考慮資本的成本，而經濟附加價值恰恰彌補了這一缺點，將投資者的資本成本考慮在內，這樣就可以更加全面地衡量企業創造價值的能力。

修煉四："堅韌領導"與關鍵措施

水能載舟，亦能覆舟。互惠關係決定堅韌領導，堅韌領導影響互惠關係。高韌性企業的第四項修煉是塑造堅韌領導力，領導力是一個企業走出危機、持續增長的戰略資源。正如稻盛和夫所言："所謂經營，只能由經營者的器量來決定。要讓企業發展，經營者的人格必須成長。引導經營者做出判斷的，就是經營者的人格。"在領導者的人格中，堅韌是最為可貴的品質之一。塑造堅韌領導力，企業可以採取以下幾個措施。

關鍵措施 11：以"自以為非"為原則，保持敬畏之心。

這項措施事關領導者的個人修煉，是堅韌領導力的基礎。"自以為非"是一種自我批判思維，沒有它，領導者就無法持續進步。"自以為非"的反面是"自以為是"，後者是許多領導者身上的通病，沉醉於過去的成功，把過去成功的經驗當成法寶，在決策中獨斷專行，聽不進他人的意見，把自己當成企業的"救世主"。

要培養"自以為非"的領導風格，第一，需要保持謙虛低調，過度的自信並不意味着卓越的成就，對不確定性的敬畏可以使領導者對未來的增長有更好的判斷能力，這樣的領導者能夠更加敏感地掃描外部環境發生的變化，而不是沉浸在過去的成功之中。第二，"自以為非"的領導者善於傾聽他人的意見，能廣開言路，發揮集體的智慧和力量。第三，需要在決策機制上進行設計，防止領導者獨斷決策。比如，有些高韌性企業成立了高層管理委員會，集體行使決策權，在委員會中沒有人有一票決策權，但給公司一把手保留了"一票否決權"，這種決策機制可以有效地防止決策的盲目性，避免企業陷入危機。

關鍵措施 12：以"執兩用中"為原則，提高平衡智慧。

堅韌領導者擁有"平衡的智慧"，他們能夠同時在腦海中容納兩種相反的想法，但並不會採納任何一個極端的想法，而是"執兩用中"，選擇一個相對平衡的想法，這是一種精一思維方式。

平衡智慧是領導力修煉中最難達到的境界，需要領導者在每日的工作中，以及每次的決策中細細體悟，方可觸摸到這種智慧的邊緣。擁有平衡智慧的領導者不喜歡劍走偏鋒，不願意走極端路線，不喜歡險中求勝，這種思維模式防止了將企業推向危險的邊緣，而且有助於形成 "有備無患" 的文化和機制，從而幫助企業在危機來臨時快速復原、逆勢成長。

關鍵措施 13：以激活組織智慧為原則，提高感召力。

領導者的感召力可以激活組織智慧，提高組織韌性。這項措施和第一項措施息息相關，提高感召力首先需要領導者和員工擁有共同的願景和使命，對使命的追求可以在危機中激發員工的激情，讓他們在困難中看到希望。

提高感召力的第二個關鍵因素是領導者在危機中所表現出的鬥志和勇氣。在危機中，大多數人都會陷入恐慌，這時就需要領導者展示出堅強的意志、堅韌的毅力，從而形成巨大的正能量，激發每一個員工的鬥志和困難中拚搏的精神。如果在危機中領導者首先示弱，流露出恐懼，就會導致人心渙散，組織喪失韌性。

關鍵措施 14：以兼顧 "利用" 和 "探索" 為原則，持續提高學習力。

實施提高學習力這項措施要避免三個短視：時間短視、空間短視和失敗短視。避免第一個短視就需要平衡短期學習和長期學習。短期學習是為了獲得特定的能力，解決當下的問題，適應當前的環境。長期學習是探索未來需要的能力，當外部的環境發生變化，既有的特長、能力可能會變成未來成長的阻礙。適應現在和探索未來有時會發生矛盾，有利於短期生存的戰略往往會增加組織的長期脆弱性，這就需要在資源分配上兼顧適應性學習和探索性學習，既要充分利用已有的知識和能力，又要追求新知識，培育新能力。

避免第二個短視就需要平衡領導者的個人學習力與企業的整體學習力，提高學習力不能只顧局部而忽視整體，如果沒有企業整體的學習力，局部管理者的學習力並不能提高組織整體的能力，因為，所有領導者的決策都需要全體員工的行動才能得以實施。

避免第三個短視需要平衡向成功學習和向失敗學習。組織更傾向於向自身成功的經驗學習，重複曾經被證明有效的行動，迴避曾經被證明無效或導致不好結果的行動。如果世界很簡單也很穩定，那麼重複被證明有效的行動就是明智的做法。然而，世界複雜多變，而企業積累經驗的速度相對緩慢，所以經驗並不總是最好的老師。在複雜多變的世界裏運用經驗式學習法，可能會造成迷信經驗的錯誤。[3]

　　這就需要在向成功經驗學習的同時，也向失敗學習，從失敗中得到的教訓有時比成功的經驗更能塑造組織的韌性。

修煉五：＂至善文化＂與關鍵措施

　　高韌性企業在穿越一次次危機中意識到，只有將組織文化置於首要位置，並在公司建立命運共同體的意識才能度過危機，員工的共同體意識是組織韌性不可或缺的因素。

　　微軟 CEO 薩提亞認為，領導者必須同時看到外部的機會和內部的能力與文化，以及它們之間的所有聯繫，並在這些洞察變得眾所周知之前率先反應，搶佔先機。這是一種藝術，而不是科學。所以，在推動微軟走出增長危機時，薩提亞將重塑文化作為他的首要任務。

　　　首席執行官（CEO）中的字母 C，我希望它代表的是文化（Culture）。首席執行官是一家組織的文化管理者。組織文化並不是一個能以一種理想方式簡單解凍、改變、再凍結的事物，推動文化變革需要細緻的工作，需要一些具體的理念。同時，它還需要顯著的、明確的行動，抓住團隊成員的注意力，並將他們推出熟悉的舒適區。我們以客戶為中心，保持文化的多元化和包容性，上下一心，共同進退。文化變革的關鍵是個人賦能。[4]

構建至善文化，塑造命運共同體意識可以採取以下 3 條措施。

關鍵措施 15：以追求卓越為原則，崇尚績效精神。

沒有追求卓越的精神，就沒有打造高韌性企業的動力。追求卓越，需要企業內部推崇績效精神，鼓勵努力奮鬥，將事情做到極致，鼓勵提出更高標準，更重要的是，要有永不服輸的精神。

企業屬於商業機構，為了保障員工、顧客和股東的利益，為了造福社會，就必須提高贏利能力，就必須創造高利潤，就必須為顧客持續創造獨特的價值。市場環境下，企業之間的競爭異常殘酷，領導者必須正視競爭，直面競爭，在公司中塑造績效精神，並將其作為選人、用人、留人的重要依據。在績效面前，人人平等。凡是不能為企業創造價值的人，都就是企業的冗員。崇尚績效精神，就需要不斷完善績效管理和激勵管理兩大機制，不讓奮鬥者吃虧。

關鍵措施 16：以利他為原則，倡導關愛與快樂。

高韌性企業並不是冷冰冰的商業機器，崇尚績效精神與倡導關愛與快樂並不矛盾，相反，二者相輔相成，相得益彰，剛柔相濟。高韌性企業善待每一位為公司創造價值的員工，以高績效者為本，而不是以低績效者為本。

利他是凝聚人心的利器，在戰勝危機中，人心是最重要的，憑藉凝聚人心成就偉業的事例不勝枚舉，許多企業成功都依靠的是人們的志向和團結之心。而由於人心渙散，最終導致企業崩潰的事例也有很多。"如果説最容易動搖、最難以把握的是人心，那麼，一旦相互依賴、心心相連，最牢固、最可靠的還是人心"。[5]

關鍵措施 17：以塑造命運共同體為原則，堅守長期承諾。

利益共同體和命運共同體是高韌性企業最顯著的兩個特徵，前者以利益為紐帶，後者以情感為紐帶。培養組織內部的情感，需要企業堅守長期的承諾。

企業領導者在承諾上常常犯的錯誤是過多地給予承諾，給員工開空頭支票，而不兌現承諾，這是對組織信任和組織情感最大的傷害。承諾不在於多少，不在於語言多麼華麗，不在於多麼誘人，而在於兌現。對領導者而言，通過虛假的承諾來騙取員工的信任是最愚蠢的行為，是對組織韌性最大的破壞。

以上，我闡述了打造高韌性企業的 17 項實踐措施及原則，我們應該清醒地意識到，塑造組織韌性絕非一朝一夕的事情，儘管我們渴望奇跡發生，但遺憾的是，這個世界上奇跡並不多。企業領導者若想打造高韌性企業，成就百年基業，就需要一步一個腳印，從點滴做起，當然，在起步的時候，也不必面面俱到，可以從企業最脆弱的地方開始行動。

從歷史的長週期來看，任何困境都是暫時的，高韌性的企業都是在逆境中不斷奮進，在磨難中成就了輝煌。尤其是在萬物互聯的時代，競爭的格局已經發生了很大的變化，從企業之間的競爭到價值鏈的競爭，再到生態的競爭。正如我在《第四次管理革命》這本書中所得出的結論：未來的企業只有兩種命運，要麼生態化，要麼被生態化。一家企業不僅需要提高自身的組織韌性，還需要提高生態韌性。

打造高韌性企業必會歷經艱難，需要領導者竭盡全力，拚命工作，當我們遇到困難時，不妨用心揣摩稻盛和夫的忠告。

在經營和人生中，每當我碰壁時，痛苦煩惱時，我都會回到"作為人，何謂正確"這個原點認真思考，依據"何謂正確"這個原則採取行動。正是這種思考和行動的日積月累，不知不覺中給我們帶來難以置信的巨大成果。[6]

冬天來了，春天就不遠了，但你必須熬過冬天。

注釋與參考資料

第 1 章

1. 所謂熔斷機制，指的是基於參考價格的一系列價格波動限制。美國推出熔斷機制的動因是 1987 年的 "黑色星期一"。1987 年 10 月 19 日，道指暴跌 508.32 點，跌幅 22.6%。3 個月之後，1988 年 2 月熔斷機制出台，10 月首次開始實施。在美國交易時段，熔斷機制可以分為三級。(1) 一級市場熔斷，是指市場下跌達到 7%。(2) 二級市場熔斷，是指市場下跌達到 13%。(3) 三級市場熔斷，是指市場下跌達到 20%。

2. 西南航空公司 1966 年年報。

3. 西南航空公司 1971 年年報。

4. 沃爾特・艾薩克森著，管延圻等譯，《史蒂夫・喬布斯傳》，中信出版社，2011 年。

5. 沃爾特・艾薩克森著，管延圻等譯，《史蒂夫・喬布斯傳》，中信出版社，2011 年。

6. 來源：https://zh.wikipedia.org/wiki/ 微軟。

7. 曹仰鋒著，《第四次管理革命》，中信出版社，2019 年。

8. 薩提亞・納德拉著，陳召強、楊洋譯，《刷新：重新發現商業與未來》，中信出版社，2019 年。

9. 《微軟的股價還會繼續上漲嗎？》，《格隆匯》，2019 年 10 月 14 日。

10. 泰勒・克拉克著，米拉譯，《星巴克：關於咖啡、商業和文化的傳奇》，中信出版社，2014 年。

11. 林晨、譚淑金，《從 1000 家店到 13000 家星巴克無度擴張釀苦果》，《21 世紀經濟報道》，2009 年 1 月 13 日。

12. 稻盛和夫著，曹岫雲譯，《敬天愛人：從零開始的挑戰》，機械工業出版社，2016 年。

13. 京瓷公司年報、光大證券研究所電子研究團隊（楊明輝、黃浩陽）。

14. 尼爾斯・隆德著，張同譯，《樂高：玩出奇跡》，中譯出版社，2019 年。

15. 尼爾斯・隆德著，張同譯，《樂高：玩出奇跡》，中譯出版社，2019 年。

16. 西南航空公司 2018 年年報。

17. Gary Hamel、Liisa Välikangas，The Quest for Resilience，*Harvard Business Review*，September 2003. https://hbr.org/2003/09/the-quest-for-resilience.

18. 王林等，《管理者韌性對企業—員工共同感知的機制研究》，《管理學報》，2019 年 6 月。

第 2 章

1. Martin Zimmerman，M. Lamar Muse, 86; airline industry maverick had a hand in rise of Southwest Airlines，Feb 9，2007. https://www.latimes.com/archives/la-xpm-2007-feb-09-me-muse9-story.html.

2. 西南航空公司 1975 年年報。

3. https://wiki.mbalib.com/wiki/ 第二次石油危機。

4. 饒溪，《羅納德‧里根的勞工政策：一些事實和澄清》。2016 年 3 月 13 日。https://uslaborlawob.com/2016/03/observation/466/。

5. 里格斯‧道格尼斯著，邵龍譯，《迷航：航空運輸經濟與營銷》，航空工業出版社，2011 年。

6. 西南航空公司 1978 年年報。

7. 西南航空公司 1980 年年報。

8. 飛機客座英里數（Available Seat Miles，ASM）：每一個航班的 ASM 等於飛機的座位數（無論該座位是否有人乘坐）乘以航班的里程數。衡量航空運營能力的常用指標有三個：座英里成本（OE-PASM, Operating Expense Per Available Seat Miles），座英里收入（OR-PASM, Operating Revenue Per Available Seat Miles），客英里收入（Average Revenue Per Passenger Miles）。

9. 西南航空公司 1984 年年報。

10. 西南航空公司 1979 年年報。

11. 西南航空公司 1988 年年報。

12. 西南航空公司 1983 年年報。

第 3 章

1. 西南航空公司 1990 年年報。

2. 西南航空公司 1995 年年報。

3. 西南航空公司 1990 年年報。

4. 喬迪‧霍弗‧吉特爾著，周亮、戰鳳梅譯，《西南航空模式》，機械工業出版社，2011 年。

5. 西南航空公司 1990 年年報。

6. 西南航空公司 1994 年年報。

7. 西南航空公司 1999 年年報。

8. 西南航空公司 1990 年年報。

9. 西南航空公司 1991 年年報。

第 4 章

1. Jody Hoffer Gittell，Kim Cameron,Sandy Lim,Victor Rivas, Relationships，Layoffs, and Organizational Resilience: Airline Industry Responses to September 11，*The Journal of Applied Behavioral Science*，Vol. 42 No. 3，September 2006 300-329.

2. 樊海華，《航空業的悲哀：911 事件的後續影響非常嚴峻》，美國證券網，http://finance.sina. com.cn/j/20030910/1413440321.shtml。

3. 喬迪‧霍弗‧吉特爾著，周亮、戰鳳梅譯，《西南航空模式》，機械工業出版社，2011 年。

4. 喬迪‧霍弗‧吉特爾著，周亮、戰鳳梅譯，《西南航空模式》，機械工業出版社，2011 年。

5. 西南航空公司 2001 年年報。

6. 嚴恒元，《管理縱橫：美國西南航空何以賺大錢》，《經濟日報》，2002 年 3 月 25 日，http:// finance.sina.com.cn/jygl/20020325/184563.html。

7. 西南航空公司 2002 年年報。

8. 錢曾，《燃油套期保值優勢及風險研究》，《商場現代化》，2011 年 1 月。

9. 西南航空 2001 年年報。

10. 西南航空 2002 年年報。

11. 西南航空 2002 年年報。

12. 西南航空 2001 年年報。

13. https://zh.wikipedia.org/wiki/ 聯合航空 93 號班機恐怖襲擊。

14. 西南航空 2001 年年報。

15. 西南航空 2001 年年報。

16. James F. Parker，*Do the Right Thing: How Dedicated Employees Create Loyal Customers and Large Profits*，FT Press，2007.

17. 西南航空 2007 年年報。

第 5 章

1. 財新網，《美國金融危機加重航空業困境》，http://companies.caixin.com/2008-09-23/100051309.html。

2. 西南航空 2008 年年報。

3. 西南航空 2011 年年報。

4. 計算每乘客營業收入時，用當年的營業收入除以當年的乘客人次數。

5. 西南航空 2010 年年報。

6. 西南航空 2015 年年報。

第 6 章

1. 納西姆‧尼古拉斯‧塔勒布著，南珂譯，《反脆弱：從不確定性中獲益》，中信出版社，2014 年。

2. 陳明哲，《精一管理：企業永續經營的生生之道》，《清華管理評論》，2016 年第 12 期。

3. 詹姆斯‧凱恩著，曾德國譯，《傑出經理人 7 大營銷新手段》，中國言實出版社，2005 年。

4. 陳明哲，《戰略思維比好戰略更重要》，《中歐商業評論》，2012 年第 9 期。

5. 西南航空公司 1990 年年報。

6. 喬迪·霍弗·吉特爾著，周亮、戰鳳梅譯，《西南航空模式》，機械工業出版社，2011 年。

7. 吉姆·柯林斯、莫滕·T. 漢森著，陳召強譯，《選擇卓越》，中信出版社，2014 年。

8. Gary Hamel、Liisa Välikangas，The Quest for Resilience，*Harvard Business Review*，September 2003. https://hbr.org/2003/09/the-quest-for-resilience.

9. 曹仰鋒著，《第四次管理革命》，中信出版社，2019 年。

10. Katrina Brooker，《西南航空公司的成功之旅》，財富中文網，2001 年 10 月 1 日。

11. 龍其林譯注，《孫子兵法》，商務印書館，2015 年。

12. 約翰·劉易斯·加迪斯著，臧博、崔傳剛譯，《論大戰略》，中信出版社，2019 年。

13. 詹姆斯·凱恩著，曾德國譯，《傑出經理人 7 大營銷新手段》，中國言實出版社，2005 年。

14. 謝祖墀，《何謂韌性組織》，今日頭條，2019 年 12 月 10 日。

15. 西南航空 1995 年年報。

16. 泰勒·克拉克著，米拉譯，《星巴克：關於咖啡、商業和文化的傳奇》，中信出版社，2014 年。

17. 泰勒·克拉克著，米拉譯，《星巴克：關於咖啡、商業和文化的傳奇》，中信出版社，2014 年。

18. 牙韓翔、劉雨靜、李媚玲，《霍華德·舒爾茨告別親手締造的星巴克帝國》，界面新聞，2018 年 6 月 6 日。https://baike.baidu.com/tashuo/browse/content?id=6d6b44f74107b31e14d81eed。

19. 星巴克 2008 年年報。

20. 菲利普·E. 泰特洛克著，季乃禮等譯，《狐狸與刺蝟：專家的政治判斷》，中國人民大學出版社，2013 年。

第 7 章

1. 朱武祥、陳寒梅、吳訊，《產品市場競爭與財務保守行為：以燕京啤酒為例的分析》，《經濟研究》，2002 年第 8 期。

2. 西南航空 2001 年年報。

3. 西南航空 1980 年年報。

4. 資產負債率 = 負債 / 總資產，負債權益比率 = 負債 / 所有者權益，資產負債率（Debt to

Asset Ratio）和負債權益比率（Debt to Equity Ratio）都可以衡量企業的負債情況，比值越小，表明企業的債務越少。

5.　西南航空 1984 年年報。

6.　朱武祥、陳寒梅、吳訊，《產品市場競爭與財務保守行為：以燕京啤酒為例的分析》，《經濟研究》，2002 年第 8 期。

7.　吉姆‧柯林斯、莫滕‧T. 漢森著，陳召強譯，《選擇卓越》，中信出版社，2017 年。

8.　彼得‧德魯克著，朱雁斌譯，《巨變時代的管理》，機械工業出版社，2016 年。

9.　嚴恒元，《管理縱橫：美國西南航空何以賺大錢》，《經濟日報》，http://finance.sina.com.cn/jygl/20020325/184563.html。

10. 彼得‧德魯克著，王永貴譯，《管理：使命、責任與實務》，機械工業出版社，2016 年。

11. 尼爾斯‧隆德著，張同譯，《樂高：玩出奇跡》，中譯出版社，2019 年。

12. 尼爾斯‧隆德著，張同譯，《樂高：玩出奇跡》，中譯出版社，2019 年。

13. 戴維‧羅伯遜、比爾‧布林著，田琴華譯，《樂高：創新者的世界》，中信出版社，2014 年。

14. 彼得‧德魯克著，姜文波譯，《動盪時代的管理》，機械工業出版社，2009 年。

第8章

1.　弗雷德里克‧泰勒著，馬風才譯，《科學管理原理》，機械工業出版社，2013 年。

2.　曹仰鋒著，《海爾轉型：人人都是 CEO（修訂版）》，中信出版社，2017 年。

3.　喬迪‧霍弗‧吉特爾著，周亮、戰鳳梅譯，《西南航空模式》，機械工業出版社，2011 年。

4.　西南航空公司 1978 年年報。

5.　喬迪‧霍弗‧吉特爾著，周亮、戰鳳梅譯，《西南航空模式》，機械工業出版社，2011 年。

6.　西南航空 1975 年年報。

7.　曹仰鋒著，《第四次管理革命》，中信出版社，2019 年。

8.　加布里埃爾‧哈瓦維尼等著，孔寧寧譯，《高級經理人財務管理：創造價值的過程》，機械工業出版社，2017 年。

9.　沃爾特‧艾薩克森著，管延圻等譯，《史蒂夫‧喬布斯傳》，中信出版社，2011 年。

10. 沃爾特‧艾薩克森著，管延圻等譯，《史蒂夫‧喬布斯傳》，中信出版社，2011 年。

11. 大衛・B. 尤費、邁克爾・A. 庫蘇馬羅著，王海若譯，《戰略思維》，中信出版社，2018 年。

12. 大衛・B. 尤費、邁克爾・A. 庫蘇馬羅著，王海若譯，《戰略思維》，中信出版社，2018 年。

第 9 章

1. 約翰・劉易斯・加迪斯著，臧博、崔傳剛譯，《論大戰略》，中信出版社，2019 年。

2. 關於良好判斷力的研究以及關於刺猬、狐狸的隱喻，可參考《狐狸與刺猬：專家的政治判斷》，菲利普・E. 泰特洛克著，季乃禮等譯，中國人民大學出版社，2013 年。

3. 約翰・劉易斯・加迪斯著，臧博、崔傳剛譯，《論大戰略》，中信出版社，2019 年。

4. 約翰・劉易斯・加迪斯著，臧博、崔傳剛譯，《論大戰略》，中信出版社，2019 年。

5. 喬迪・霍弗・吉特爾著，周亮、戰鳳梅譯，《西南航空模式》，機械工業出版社，2011 年。

6. Katrina Brooker，《西南航空公司的成功之旅》，財富中文網，2001 年 10 月 1 日。

7. Doug Leone、沈南鵬、Roelof Botha，《紅杉資本：要做好應對疫情 "黑天鵝" 的準備》，鳳凰財經微信公眾號，2020 年 3 月 6 日。

8. 菲利普・E. 泰特洛克著，季乃禮等譯，《狐狸與刺猬：專家的政治判斷》，中國人民大學出版社，2013 年。

9. 詹姆斯・馬奇著，丁丹譯，《馬奇論管理》，東方出版社，2010 年。

10. 詹姆斯・馬奇著，丁丹譯，《馬奇論管理》，東方出版社，2010 年。

11. 薩提亞・納德拉著，陳召強、楊洋譯，《刷新：重新發現商業與未來》，中信出版社，2019 年。

12. 薩提亞・納德拉著，陳召強、楊洋譯，《刷新：重新發現商業與未來》，中信出版社，2019 年。

13. 薩提亞・納德拉著，陳召強、楊洋譯，《刷新：重新發現商業與未來》，中信出版社，2019 年。

14. 微軟公司年報。

15. "四巫日" 指美股市場每季度的衍生品到期結算日，分別在三月、六月、九月和十二月的第三個星期五，當日股指期貨、股指期權、個股期貨、個股期權同時到期。當天基金經理會進行倉位調整，導致市場波動劇烈。在上漲行情中催化行情再創新高，下跌趨勢裏會加速滑坡。

16. 薩提亞・納德拉著，陳召強、楊洋譯，《刷新：重新發現商業與未來》，中信出版社，2019 年。

第 10 章

1.　王勇，《組織韌性的構念、測量及其影響因素》，《首都經濟貿易大學學報》，2016 年 7 月。

2.　列夫・托爾斯泰著，劉遼逸譯，《戰爭與和平》，人民文學出版社，2015 年。

3.　約翰・P. 科特、詹姆斯・L. 赫斯克特著，李曉濤譯，《企業文化與經營業績》，中國人民大學出版社，2004 年。

4.　《大學・中庸》，王國軒譯注，中華書局，2016 年。

5.　Katrina Brooker，《西南航空公司的成功之旅》，財富中文網，2001 年 10 月 1 日。

6.　西南航空公司 1981 年年報。

7.　西南航空官方網站：https://careers.southwestair.com/culture。

8.　湯姆・彼得斯、南希・奧斯汀著，《追求卓越的激情》，中信出版社，2003 年。

9.　喬迪・霍弗・吉特爾著，周亮、戰鳳梅譯，《西南航空模式》，機械工業出版社，2011 年。

10.　稻盛和夫著，曹岫雲譯，《在蕭條中飛躍的大智慧》，中國人民大學出版，2009 年。

11.　稻盛和夫著，曹岫雲譯，《敬天愛人：從零開始的挑戰》，機械工業出版社，2016 年。

12.　來源：京瓷公司官方網站。

13.　稻盛和夫著，曹岫雲譯，《在蕭條中飛躍的大智慧》，中國人民大學出版，2009 年。

14.　稻盛和夫著，曹岫雲譯，《在蕭條中飛躍的大智慧》，中國人民大學出版，2009 年。

15.　稻盛和夫著，曹岫雲譯，《敬天愛人：從零開始的挑戰》，機械工業出版社，2016 年。

16.　王陽明著，葉聖陶點校，《傳習錄》，北京時代華文書局，2014 年。

17.　Patricia Ryan Madson 著，七印部落譯，《即興的智慧》，華中科技大學出版社，2014 年。

18.　楊國安、李曉紅著，《變革的基因》，中信出版社，2016 年。

19.　彼得・德魯克著，王永貴譯，《管理：使命、責任與實務》，機械工業出版社，2016 年。

20.　邵明路，《德魯克：管理的本質是激發善意和潛能》，《商業評論》微信公眾號。

21.　詹姆斯・馬奇著，丁丹譯，《馬奇論管理》，東方出版社，2010 年。

第 11 章

1. 稻盛和夫著，曹岫雲譯，《在蕭條中飛躍的大智慧》，中國人民大學出版，2009 年。

2. 稻盛和夫著，曹岫雲譯，《在蕭條中飛躍的大智慧》，中國人民大學出版，2009 年。

3. 詹姆斯・馬奇著，丁丹譯，《馬奇論管理》，東方出版社，2010 年。

4. 薩提亞・納德拉著，陳召強、楊洋譯，《刷新：重新發現商業與未來》，中信出版社，2019 年。

5. 稻盛和夫著，曹岫雲譯，《敬天愛人：從零開始的挑戰》，機械工業出版社，2016 年。

6. 稻盛和夫著，曹岫雲譯，《敬天愛人：從零開始的挑戰》，機械工業出版社，2016 年。